ABITUR TRAINING

Johannes Kaiser

Katholische Religion 2

Grundlagen und Aufgaben mit Lösungen
Grundkurs

STARK

Dieser Band wurde nach der neuen Rechtschreibung abgefasst. Ausgenommen sind Texte von Autoren und Verlagen, die mit der Umwandlung in die neue Schreibweise nicht einverstanden sind.

ISBN: 3-89449-346-1

Inhalt

Kirche in der Welt von heute

Christliche Anthropologie, Freiheit – Verantwortung – Schuld

Vorwort

Liebe Abiturientin, lieber Abiturient,

dieser Trainingsband soll Ihnen helfen sich vor allem auf die **mündliche Abiturprüfung vorzubereiten.** Er behandelt die wesentlichen Inhalte der meisten Lehrpläne für das Fach Katholische Religion und ist daher auch **unterrichtsbegleitend** gut einsetzbar.

Jeweils im Anschluss an die drei Hauptkapitel finden Sie passende Aufgaben, die Sie zum Rekapitulieren des Stoffes auffordern und Ihnen auch zur Vorbereitung auf Klausuren nützlich sein können. Zu allen Aufgaben finden Sie am Ende des Bandes die entsprechenden **Antworten** zur eigenen **Wissenskontrolle.**

Begriffe, die im Text mit einem * gekennzeichnet sind, werden in einem **Glossar** ebenfalls am Ende des Buches erklärt. Schließlich soll Ihnen das **Stichwortverzeichnis** helfen bestimmte Inhalte oder Personen gezielt aufzufinden.

Noch ein Wort zum Schluss: Dieses Trainingsbuch soll Wissen schülergerecht aufbereiten, nicht zuletzt damit es problemlos und effektiv gelernt werden kann. Sie haben es im Fach Religion jedoch auch mit Glaubensfragen zu tun, die Sie ganz persönlich angehen. Es wäre schön, wenn Ihnen dieser Band in Ihrer eigenen Spiritualität Anregungen geben könnte. Lassen Sie sich keinesfalls durch die Theologie von Ihrem persönlichen Weg mit Gott abbringen, der vielleicht ganz anders ist, denn mit jedem Menschen hat Gott seine eigene „Liebesgeschichte" (Paul M. Zulehner).

Für Ihre Prüfungsvorbereitung und nicht zuletzt für Ihr Abitur wünsche ich Ihnen viel Erfolg!

Johannes Kaiser

Johannes Kaiser

Hinweis

Sie können den Band ebenso nutzen, wenn Sie Schülerin oder Schüler eines beruflichen Gymnasiums in Baden-Württemberg sind, denn folgende Lehrplaneinheiten entsprechen sich:

Allgemeinbildendes Gymnasium	*Berufliches Gymnasium*
LE 1: Gottesglaube – Atheismus	LE 4: Hoffnung auf die Zukunft – Leben mit oder ohne Gott
LE 2: Jesus Christus: Weg – Wahrheit – Leben	LE 5: Jesus Christus – Der neue Mensch
LE 3: Kirche in der Welt von heute	LE 7: Kirche unterwegs – Anstoß und Chance für den Menschen
LE 4: Christliche Anthropologie, Freiheit – Verantwortung – Schuld	LE 1: Menschsein in der heutigen Zeit – Größe und Elend des Menschen *bzw.* Menschsein – In Verantwortung leben
LE 5: Soziale Gerechtigkeit – Lebensprinzip der Gesellschaft	LE 6: Eine neue Welt – Unsere Zukunft gestalten
LE 6: Wissen und Glauben	LE 2: Was ist wahr? – Verschiedene Zugänge zur Wirklichkeit

Im vorliegenden Band sind alle Inhalte von **allgemeinbildendem** und **beruflichem Gymnasium** sinnvoll miteinander verzahnt. Möglicherweise müssen Sie daher für Ihren Kurs nicht alle Teilkapitel bearbeiten. In jedem Fall gilt: Ihre Fachlehrerin bzw. Ihr Fachlehrer wird Ihnen sicherlich bei der genauen Stoffbegrenzung helfen.

Wissen und Glauben

1 Die Suche nach Wahrheit

Die Menschen sind fragende Wesen. Schon Kleinkinder stellen in einem gewissen Alter die Frage nach dem „Warum?“. Dabei sind die Fragenden darauf angewiesen, dass sie die Wahrheit erfahren.

1.1 Anlässe für die Suche nach Wahrheit

Sowohl in der Begegnung mit der Natur als auch im Zusammenleben mit anderen sowie im Umgang mit sich selbst ergeben sich zahlreiche Anlässe, bei denen nach der Wahrheit verlangt wird:

- Im **Umgang mit der Natur** stellen sich zahllose Rätsel, welche die Menschheit im Verlauf der Jahrhunderte nach und nach zu lösen begonnen hat (Erforschung der Naturgesetze). Dennoch bleiben unzählige Fragen offen und auch bereits gewonnene Erkenntnisse werden teilweise revidiert: Worin liegt die Wahrheit der Phänomene?
- In der **politischen und weltanschaulichen Standortbestimmung** bestehen verschiedene Angebote; im öffentlichen Leben gibt es eine Meinungsvielfalt; die Medien vermitteln die unterschiedlichsten Positionen; die Vielzahl der gesellschaftlichen Gruppierungen mit ihren Ideologien lässt die Frage entstehen: Gibt es überhaupt eine Wahrheit? Oder sind die vertretenen Werte nicht vielmehr relativ?
- Auf der **Suche nach der eigenen Identität** ereignet sich Selbsterkenntnis. Der nach sich selbst fragende Mensch ist darauf angewiesen, dass diese Erkenntnis zutrifft: Darf ich auf die Wahrheit vertrauen, die sich mir erschlossen hat?

Am dringendsten ist die Notwendigkeit der Wahrheit bei der Suche nach Orientierung in Entscheidungssituationen **(Frage der Ethik)** sowie bei der Frage nach dem Sinn des Lebens **(Sinnfrage).**

1.2 Verschiedene Wahrheiten

Die verschiedensten gesellschaftlichen Gruppen und Größen (z. B. in Politik, Wirtschaft, Wissenschaft, Kultur, Religion) scheinen wie selbstverständlich davon auszugehen, dass sie wissen, was wahr ist. Dazu kommt, dass die vermittelnden Medien oft nicht sorgfältig mit der Wahrheit umgehen. So kann bei den Menschen in unserer Gesellschaft der Eindruck entstehen, dass sich letztlich alle

irgendwo widersprächen; dass die Bemühung um eine gründliche und umfassende Erkenntnis der Wahrheit wenig Sinn hätte.
Die Wahrheit im Sinne von **‚nachweisbaren Tatsachen'** erhält in dieser Situation besondere Bedeutung. Viele Menschen suchen in der Pluralität der Wahrheiten einen festen Halt bei den Naturwissenschaften. Denn diese vermitteln den Eindruck der Überprüfbarkeit auf ihre Richtigkeit – selbst wenn ihre vermeintlichen Ergebnisse teilweise kontrovers diskutiert werden.

1.3 Die Bedeutung des Zweifelns

Der Zweifel besitzt im allgemeinen Bewusstsein oft eine negative Einschätzung. In Bezug auf die Wahrheit scheint er destruktiv zu sein. Doch ist dagegen festzuhalten, dass Menschen dann, wenn sie zweifeln, der Wahrheit erst richtig auf der Spur sein können:

- In der Wissenschaft werden neue Erkenntnisse oft erst dann möglich, wenn scheinbar unumstößliche Wahrheiten in Zweifel gezogen werden (z. B. GALILEO GALILEI). Dieser **methodische Zweifel** ist ein Motor des Erkenntnisfortschritts. Er motiviert zu einer eigenständigen Weiterentwicklung von Erkenntnissen.
- Auch die persönliche Entwicklung eines Menschen setzt voraus, dass das von den Eltern und der Schule übernommene Wertgefüge in Frage gestellt wird. Dieser **existenzielle Zweifel** verhilft zu einer eigenständigen Identität und zu einer persönlichen Überzeugung in Fragen der Weltanschauung, der Sinngebung und der Religiosität.

Die Grenze sinnvollen Zweifelns ist dort erreicht, wo eine **Fixierung im Zweifel** entsteht. Wenn alles und jedes bezweifelt wird, entsteht ein Gefühl der Sinnleere und der Absurdität. Diese Ver-zweiflung kann die kreativen Kräfte eines Menschen binden und seine persönliche Entwicklung hemmen, weil sie ihn daran hindert, bedrohliche Situationen zu ändern und zu bewältigen.

1.4 Voraussetzungen des Erkennens

Immer wieder macht man, etwa bei öffentlichen Diskussionen, die Erfahrung, dass Menschen aneinander vorbei reden, weil sie sich der unterschiedlichen Perspektiven, aus denen sie die Sachverhalte beurteilen, nicht bewusst sind. Folgende Voraussetzungen des Erkennens sind zu berücksichtigen:

- Beachtung der **Mehrdimensionalität und Komplexität der Wirklichkeit:** Der Mensch kann beispielsweise aus naturwissenschaftlicher, ethischer, ästhetischer oder religiöser Sicht gesehen werden (Ein Biochemiker kann den menschlichen Organismus in seine Bestandteile zerlegen; ein Philosoph kann der Frage nachgehen, inwiefern der Mensch tun soll, was er auf Grund seiner technischen Errungenschaften tun kann; ein Künstler kann in einem Porträt Aussagen über das Wesen einer Person zu machen suchen; ein Theologe kann die Begründung der Menschenwürde in der Gottebenbildlichkeit des Menschen finden).
- Beachtung des **jeweiligen Vorverständnisses** sowie des **erkenntnisleitenden Interesses:** Es ist wichtig zu wissen, aus welchem Lebenskontext eine Erkennende/ein Erkennender zu ihrer/seiner Erkenntnis gelangt. Die Methode der **Hermeneutik** (vgl. S. 11 ff.) versucht das jeweilige Vorverständnis ausdrücklich in den Verstehensprozess einzubeziehen. Hinzu kommt das Interesse der Erkenntnissuchenden. Es ist als Impuls notwendig, kann aber zu Blickverengungen führen (vgl. S. 9).
- Beachtung der **Subjektivität bzw. Intersubjektivität** jeder Erkenntnis: Wichtig ist sich einzugestehen, dass eine völlig objektive Erkenntnis nicht möglich ist. Allenfalls ist im kommunikativen Austausch von Erkenntnissen eine Annäherung an die objektive Wahrheit zu erreichen. Indem im gegenseitigen Austausch der jeweils subjektive Standort anderer Erkenntnissuchender eingenommen wird, erreicht man eine intersubjektive Erkenntnis.

2 Unterschiedliche Zugänge zur Wirklichkeit

Die Menschen werden täglich mit den unterschiedlichsten Weltanschauungen und Weltdeutungen konfrontiert. Die Ursache dafür liegt in der Vieldimensionalität und Komplexität der Wirklichkeit. Um die Wirklichkeit erschließen zu können, bedarf es verschiedener Zugänge. Die verschiedenartigen Erschließungswege verlangen unterschiedliche Methoden.

2.1 Alltägliche Zugänge zur Wirklichkeit

Im vorwissenschaftlichen, pragmatischen Zugang zur Wirklichkeit gebrauchen Menschen ihren **„gesunden Menschenverstand“.** Dies ist keinesfalls falsch oder sinnlos, denn jeder Mensch muss in seinem Leben Entscheidungen treffen, die

teilweise weitreichende Folgen haben können, ohne dass er sich in jedem Fall auf wissenschaftliche Untersuchungen stützen kann.
Im „gesunden Menschenverstand" können sich Erfahrungen verdichten, die durch **Probieren,** durch **Intuition,** durch **liebendes Erkennen** oder auch durch **Übernahme von Vorbildern** gewonnen worden sind. Die Grenze dieser Erkenntnismöglichkeit liegt dort, wo der „gesunde Menschenverstand" dazu dient, eingefahrene Denkgewohnheiten zu rechtfertigen. Deshalb müssen sich die im Alltag erworbenen Erkenntnisse im kritischen Dialog bewähren.

2.2 Vernetzung der Erkenntniswege

Am Beispiel der verschiedenen Unterrichtsfächer in der Schule kann gezeigt werden, dass erst in der Zusammenschau unterschiedlicher Zugänge eine Annäherung an das ganze der vieldimensionalen Wirklichkeit eröffnet wird. Ein **„Baum"** etwa wird folgendermaßen zum Thema:

- Im Fach Biologie wird der Baum als **Pflanze** unter den Aspekten der Botanik untersucht (z. B. Photosynthese) sowie seine Rolle in einem Ökosystem (z. B. tropischer Regenwald). Die Biologie arbeitet dabei mit der naturwissenschaftlichen Methode.
- Das Fach Erdkunde kann die Bedeutung des Baumes für das **Klima** und als **Wirtschaftsfaktor** darstellen. Dabei verbindet die Geografie die naturwissenschaftliche mit der mathematisch-statistischen Methode.
- Das Fach Deutsch oder die Fremdsprachen können sich mit dem Baum als Thema der **Literatur** (z. B. Lyrik) in seiner Symbolik befassen. Der ästhetische Zugang zur Wirklichkeit wird ergänzt durch Erkenntnisse der hermeneutischen Methode.
- Im Fach Religion wird der Baum als **religiöses Symbol** begriffen. Des Weiteren kann der Baum als Geschöpf die Achtung vor der Schöpfung repräsentieren und die Verantwortung des Menschen im Umgang mit dem Lebewesen Baum aufzeigen. In der Beschäftigung mit Mythen eröffnet die Religion auch den spirituell-meditativen Zugang zur Wirklichkeit und erschließt deren Tiefendimension.

Wenn es gelingt die verschiedenen Zugänge in ihren Zusammenhängen zu beschreiben, kann angesichts der Ordnung und Vielfalt des Ganzen **Faszination** entstehen. Möglicherweise lässt sich hinter den Zusammenhängen eine schöpferische Kraft und eine letzte Sinnhaftigkeit erahnen, die mit dem Glauben an Gott korrespondiert.

2.3 Erkenntniswege der empirischen Naturwissenschaften

Die Naturwissenschaften erheben den Anspruch, **objektiv** gültige Erkenntnisse über die Wirklichkeit zu gewinnen. Sie suchen diese **empirisch** darzustellen, das heißt sie gehen nach einer Methode vor, die – für jeden **wiederholbar** – im Experiment quantitativ **messbare** Daten erhebt, sie logisch verknüpft und zu Ergebnissätzen weiterentwickelt, die jeder andere unter den gleichen Voraussetzungen ebenfalls aufstellen könnte. Damit erzielen die Naturwissenschaften Ergebnisse, die unabhängig sind von subjektiven Erfahrungen und Wertungen.

2.3.1 Die klassische naturwissenschaftliche Methode

Die naturwissenschaftliche Erkenntnismethode

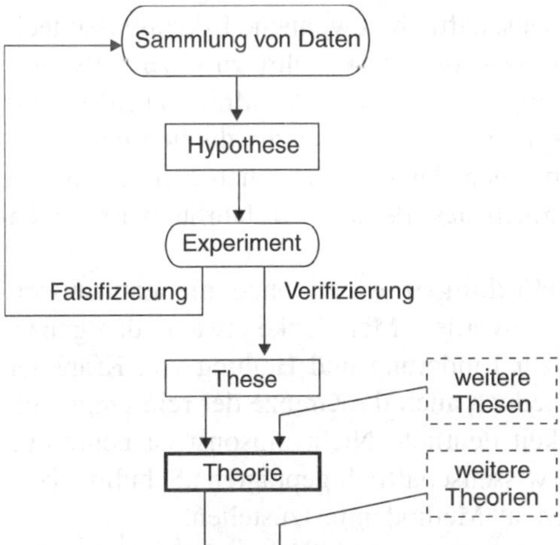

Der naturwissenschaftliche Erkenntnisprozess ist **induktiv***: Er beginnt mit der Sammlung von Daten in Beobachtungen, Experimenten, Tests oder Interviews. Die Zusammenfassung dessen, was diesen Daten gemeinsam ist, führt zur Hypothesenbildung. Die Gültigkeit der **Hypothese** wird im Experiment **verifiziert** oder **falsifiziert** (d. h. für richtig bzw. für falsch befunden). Sofern die Hypothese in einer Vielzahl von gleichen Experimenten verifiziert und in keinem Fall falsifiziert worden ist, wird sie als Naturgesetz **(These)** formuliert. Mehrere Thesen führen in ihrer Zusammenschau schließlich zur **Theorie.** Ein Beispiel dafür wäre die Evolutionstheorie. Aus der Zusammenschau verschiedener Theorien entsteht ein **Modell** zum Verständnis der Wirklichkeit, das aber prinzipiell offen bleiben muss für neue Erkenntnisse.

2.3.2 Möglichkeiten und Grenzen der naturwissenschaftlichen Methode

Die **Möglichkeiten** der naturwissenschaftlichen Erkenntnis liegen in ihrem umfassenden Wissenszugang. Dies ist zugleich der wichtigste Aspekt der naturwissenschaftlichen Methode. Die Explosion des Wissens, die durch die Naturwissenschaften stattgefunden hat und künftig in noch stärkerem Maß stattfindet, stellt die Menschheit vor größte Herausforderungen. Grundlage dafür ist die grundsätzliche Möglichkeit, naturwissenschaftlich gewonnene Erkenntnisse technisch umzusetzen und industriell zu verwerten. Dies führt zu einer teilweisen Befreiung von naturgegebenen Abhängigkeiten, etwa in der Mobilität (Motoren), sowie zu weitreichenden Gestaltungsmöglichkeiten der individuellen und sozialen Lebensbedingungen, insbesondere auch der ökonomischen Strukturen, wie dies durch die industriellen Revolutionen des 19. und 20. Jahrhunderts augenfällig geworden ist.
Ungezählte Entdeckungen und Erfindungen wären ohne die naturwissenschaftliche Perspektive nicht möglich geworden. Man denke etwa an den ganzen Bereich pharmazeutischer Präparate zur Linderung und Heilung von Krankheiten. Gerade an diesem Beispiel wird jedoch auch die Grenze der rein empirisch-objektivistischen Sicht der Wirklichkeit deutlich. Nicht umsonst ist heute eine deutliche Skepsis gegenüber der naturwissenschaftlich geprägten „Schulmedizin" und eine Hinwendung zu „ganzheitlichen" Methoden festzustellen.
Zwar liegt eine der Stärken der naturwissenschaftlichen Methode in ihrer Beschränkung auf das Messbare, auf die konkret nachvollziehbaren Funktionszusammenhänge; denn durch die naturwissenschaftliche Methode werden in diesem Bereich genauere Erkenntnisse gewonnen als durch jede andere Methode. Aber genau diese Beschränkung markiert auch ihre Begrenztheit: Die **Grenzen** der naturwissenschaftlichen Methode ergeben sich immer dort, wo empirische Zusammenhänge überschritten werden. Das sind die meisten Fragen der Philosophie und Theologie: die Frage nach der Ethik, nach Wesen, Sinn und Wert von Welt und Mensch, nach der Theorie des Wissens und seiner Erkenntnismethode sowie die Frage nach Gott. Wo von naturwissenschaftlichen Erkenntnissen

Ableitungen philosophischer oder theologischer Art gemacht werden, finden unzulässige Grenzüberschreitungen statt, die zu Ideologien führen (vgl. S. 44).

> Die Grenzen wissenschaftlicher Erkenntnis überhaupt lassen sich allgemein formulieren:
> Wissenschaftliche Sacherkenntnis ist nicht Seinserkenntnis. Denn alle Wissenschaft ist partikular, auf bestimmte Gegenstände und Aspekte, nicht auf das Sein selbst gerichtet.
> Wissenschaftliche Erkenntnis vermag keine Ziele für das Leben zu geben. Je klarer sie über sich selbst wird, um so entschiedener verweist sie auf einen ihr unzugänglichen anderen Ursprung, auf unsere Freiheit. Wissenschaft vermag keine Antwort zu geben auf die Frage nach ihrem eigenen Sinn. Dass Wissenschaft sein soll, beruht auf einem ursprünglichen Wissenwollen, dessen Recht nicht wissenschaftlich bewiesen werden kann.
> Im Besonderen bedarf die wissenschaftliche Erkenntnis der Voraussetzungen. Dass sie weiß oder wissen will, welche Voraussetzungen sie jeweils macht, das allein ist ihre Voraussetzungslosigkeit. Grenze der modernen Wissenschaft ist, dass jede Voraussetzung zu einer hypothetischen werden muss und ihrer Absolutheit beraubt ist.
>
> *Karl Jaspers: Wahrheit und Wissenschaft. In: Ders.: Philosophische Aufsätze. Frankfurt a. M. 1967, S. 67*

2.3.3 Ergebnis und Interesse in der naturwissenschaftlichen Forschung

Eines der Merkmale der naturwissenschaftlichen Methode ist die Abstraktion des Erkenntnisweges vom erkennenden Subjekt: Das **Ergebnis** eines Experiments soll ja gerade unabhängig sein von demjenigen, der das Experiment durchführt; die Wiederholbarkeit des Experiments durch verschiedene Personen begründet wesentlich die Annahme einer größtmöglichen Objektivität des Ergebnisses.

Dennoch ist zu beachten, dass jede Forschungstätigkeit unter **Bedingungen** erfolgt, die vorgegeben sind: Sie setzt eine Welt voraus, die von Erkenntnissen, Überzeugungen, Normen und Konventionen früherer Menschen geprägt und vorgebildet ist; die logischen Gesetze, die Methode selbst, sogar die Sprache, in der das Ergebnis formuliert wird, enthalten unausgesprochene Voraussetzungen.

Das Ergebnis des Erkenntnisprozesses wird auch in den Naturwissenschaften entscheidend mitbestimmt durch die **Fragestellung.** Hierbei spielt das erkenntnisleitende Interesse der Forscherin/des Forschers eine große Rolle. Dieses wird von persönlichen Erfahrungen sowie weltanschaulichen und politischen Einstellungen geprägt. In den letzten Jahren haben wirtschaftliche Interessen immer starker auf die Forschung Einfluss gewonnen, indem z. B. Wirtschaftsunternehmen mit Forschungsaufträgen an Institute und Hochschulen ihre Ziele wissenschaftlich zu begründen suchten.

Umgekehrt haben die naturwissenschaftlichen Erkenntnisse Auswirkungen auf Gesellschaft, Wirtschaft, Technik und Politik sowie auf die existenziellen und ethischen Einsichten der erkennenden Personen selbst. Da die Subjekte und die Objekte der Erkenntnis in dieser Weise verzahnt sind, muss festgestellt werden, dass die Naturwissenschaften in ihren Ergebnissen wie in ihren Methoden **ethisch nicht indifferent** sind.

2.3.4 Methodischer und weltanschaulicher Atheismus

Atheismus ist die Haltung, die den Glauben an Gott ablehnt. Da die naturwissenschaftlichen Methoden die Fragen nach der Begründung des Seins und nach dem Wesen der Dinge (Fragen der Metaphysik) ausblendet, sind sie in gewisser Weise atheistisch. Denn der Glaube an Gott macht Aussagen über Dimensionen der Wirklichkeit, die den Naturwissenschaften nicht zugänglich, weil empirisch nicht überprüfbar sind. Diese Art des Atheismus ist ein **methodischer Atheismus,** der den Glauben an Gott nicht grundsätzlich ablehnt. Doch die Aussagen des Gottesglaubens werden von den Naturwissenschaften als „unwissenschaftlich" betrachtet und daher aus dem Bereich naturwissenschaftlicher Wirklichkeitsbeschreibung ausgeklammert.

Davon zu unterscheiden ist der **weltanschauliche Atheismus,** der im Namen der Naturwissenschaften die metaphysischen Fragen und die Frage nach Gott als prinzipiell unsinnig ablehnt. Diesem Atheismus unterliegt eine positivistische* Ideologie mit folgender Aussage: Naturwissenschaftlich kann man nur über die empirisch zugängliche Dimension der Wirklichkeit sprechen; da aber Gott empirisch nicht zu beschreiben ist, kann es ihn nicht geben. Mit einer solchen Argumentation wird eine wissenschaftstheoretisch unzulässige Grenzüberschreitung vorgenommen: die Übertragung von Erkenntnisprinzipien, die unter einer sich beschränkenden Fragestellung und mit einer bestimmten Methode angewendet werden, auf andere Dimensionen der Wirklichkeit.

2.4 Erkenntnisweg der Geisteswissenschaften

Da die naturwissenschaftliche Methode sich selbst eine bewusste Beschränkung auferlegt, ist eine zusätzliche wissenschaftliche Perspektive unverzichtbar, um der Komplexität der Wirklichkeit gerecht zu werden und verantwortlich handeln zu können.

2.4.1 Der Mensch – Subjekt und Objekt der Forschung

Die Geisteswissenschaften beschäftigen sich zentral mit dem Menschen. Dabei kommen seine vielfältigen Beziehungen zur Welt, zu den Mitmenschen und zu sich selbst in den Blick. Bei allen Untersuchungen sind sich die Geisteswissenschaften darüber bewusst, dass der Mensch im Erkenntnisprozess zugleich betrachtetes Objekt (als Gegenstand der Forschung) *und* betrachtendes Subjekt (als Wissenschaftlerin oder Wissenschaftler) ist.
Die Geisteswissenschaften beschreiben **Qualitäten des Menschseins,** z. B. ethischer, historischer, ästhetischer oder religiöser Art. Die geisteswissenschaftlichen Erkenntnisse wirken sich auf die Existenz der Gesellschaft oder der einzelnen Personen direkt aus. Wenn z. B. die Geschichtswissenschaft erkennt, dass die nationalsozialistische Rassenideologie die theoretische Grundlage für den Holocaust an vielen Millionen europäischen Juden war, dann muss die Wahrnehmung einer modernen Rassenideologie einen sozialen und politischen Impuls für die Gesellschaft zur kollektiven Abwehr ihrer Parolen nach sich ziehen; unter Umständen kann sich ein/e Geschichtswissenschaftler/in durch ihre/seine Erkenntnis veranlasst fühlen, mit ganzer Person gegen Neonazismus einzutreten. An diesem Beispiel wird deutlich, dass die Ergebnisse der Geisteswissenschaften grundsätzlich nicht wertneutral sein können.

2.4.2 Die hermeneutische Methode

Die hermeneutische Erkenntnismethode

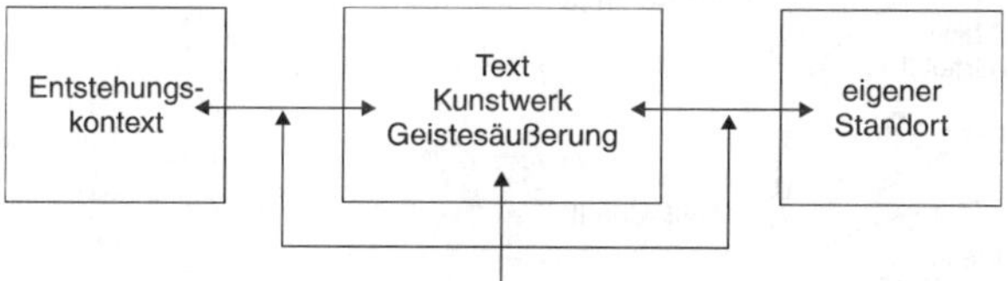

Die Hermeneutik ist die geisteswissenschaftliche Methode des Sinnverstehens von menschlichen Geistesäußerungen, insbesondere der deutenden Auslegung von Texten und anderen kulturellen Schöpfungen. Sie findet ihren Mittelpunkt in der „Interpretation der in der Schrift enthaltenen Reste menschlichen Daseins“ (WILHELM DILTHEY). Ziel der Hermeneutik ist die **Sinnerkenntnis.** Die

Methode ist nicht rein analytisch; vielmehr setzt sie in ihren Untersuchungen eine synthetische Zusammenschau des gesamten Verstehensprozesses zwischen dem verstehenden Subjekt und dem zu verstehenden Objekt voraus.
Die wissenschaftliche Forschungstätigkeit der Hermeneutik bezieht sich vor allem auf den **Entstehungskontext** einer Äußerung, wobei gleichzeitig der **Kontext des erkennenden Subjekts** in Betracht gezogen wird: Welche heutigen Vorstellungen und Begriffe werden in den Verstehensprozess eingebracht? Welche heutigen Vorstellungen und Begriffe vom damaligen Entstehungskontext spielen eine Rolle? Solche „Hintergründe" werden in der Hermeneutik als **Vorverständnis** (Vor-Urteil) bezeichnet.
Die hermeneutische Methode sucht nun dieses Vorverständnis durch ein immer sachgemäßeres Verstehen zu verändern, zu erweitern, gegebenenfalls zu korrigieren. Das neue **Verständnis** (Urteil) ermöglicht ein besseres Erkennen des Gegenstandes. Doch bleibt es **zugleich Vorverständnis** für den nächsten, weiter vertiefenden Verstehensprozess, so dass die Erkenntnis nie abgeschlossen ist. Der Verstehensprozess kann mit einer spiralförmigen Bewegung verglichen werden, die als **„hermeneutischer Zirkel"** bezeichnet wird.

Der hermeneutische Zirkel

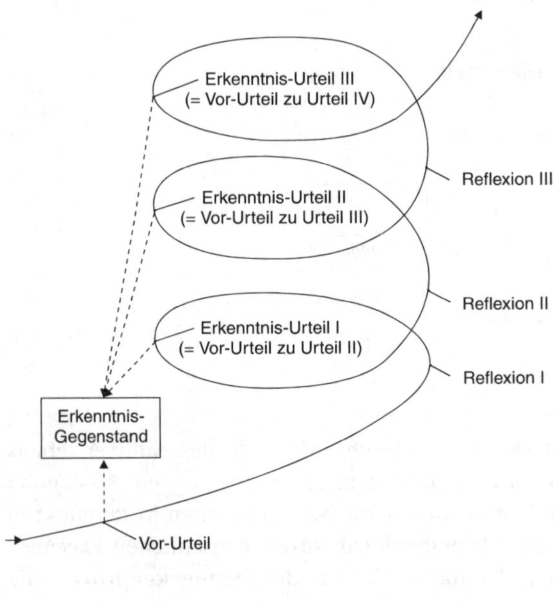

2.5 Biblische Hermeneutik

Insofern die Geisteswissenschaften mit Hilfe der hermeneutischen Methode Texte und Kunstwerke auslegen, deuten sie selbstverständlich auch religiöse Texte und Kunstwerke. So können beispielsweise die Texte und Zeichen der Liturgie (gottesdienstliche Formen) hermeneutisch erschlossen werden. Umgekehrt ist die **Theologie** als Wissenschaft, die den Glauben denkend verantworten will, vor allem auf die geisteswissenschaftlichen Methoden, besonders die Hermeneutik, angewiesen, da sie ebenfalls wesentlich Texte auslegt: geschichtliche Zeugnisse des Glaubens und der christlichen Ethik. Besonders wichtig ist die Beschäftigung mit der Bibel als *der* Urkunde des Glaubens.

Die theologische Disziplin, die sich mit der Auslegung der Bibel befasst, ist die **biblische Exegese.** Sie erforscht auf der Grundlage der historisch-kritischen Methode die historischen Fakten, die aus den biblischen Texten ablesbar sind, und versucht eine Deutung der biblischen Glaubenszeugnisse aus ihrer Entstehungszeit. Die Exegese verfolgt darüber hinaus den hermeneutischen Ansatz, aus dem Vorverständnis des christlichen Glaubens die existenzielle Bedeutung der biblischen Texte für die heutigen Menschen zu erschließen. Auf diese Weise soll die biblische Botschaft als wahre Aussage über die eigene Existenz erkannt werden.

Die biblische Hermeneutik stellt sich der Aufgabe, die die Würzburger Synode* folgendermaßen beschrieben hat: „Der Glaube soll im Kontext des Lebens vollziehbar, und das Leben soll im Licht des Glaubens verstehbar werden" (Beschluss *Der Religionsunterricht in der Schule,* Nr. 2.4.2). Indem die biblische Hermeneutik Leben durch Glauben und Glauben durch Leben erschließt, strebt sie über das historisch-kritische Faktenwissen eine **existenzielle Erfassung der Wirklichkeit** aus Verfügungs- und Orientierungswissen an:

- Das **Verfügungswissen** vermittelt **Informationen und Fakten** als intersubjektive Erkenntnisse, über die „verfügt" werden kann.
- Das **Orientierungswissen** vermittelt Zugänge zur **Sinn- und Wertdimension,** aus der heraus verantwortlich gehandelt werden kann.

Die aus den biblischen Zeugnissen erkannte Wahrheit soll helfen sich in der Welt zurechtzufinden.

Heute werden vor allem Recht und Grenzen der historisch-kritischen Methode diskutiert. Man sucht neue Zugänge zur Bibel aus der Sprachwissenschaft (Strukturalismus, Semiotik, Textlinguistik), der Soziologie (dabei u. a. „materialistische" Auslegung), der Tiefenpsychologie („Mythen und Träume" als Hilfe zum Verstehen), der Kommunikationswissenschaft (Bibelauslegung als „Interaktion") usw.

Nur eine „mehrdimensionale“ Schriftauslegung scheint manchen Beurteilern dem Sinngehalt der Bibel gerecht zu werden. In der Tat ist die Bibel für verschiedene Zugänge offen.
Gläubige Bibelleser wollen aus der Bibel sowohl Glaubensstärkung als auch Lebenshilfe erfahren. Für die „Verteidigung und Bekräftigung des Evangeliums“ (Phil 1,7) ist die vernünftige Erforschung der Bibel mit Hilfe der historisch-kritischen Methode unverzichtbar; aber um die das Leben durchdringende, die persönliche Existenz wie das gesellschaftliche Leben betreffende Kraft der Bibel zu erfahren, bedarf es darüber hinaus eines gläubigen Hörens und Befolgens dessen, was die Bibel dem Einzelnen, der Kirche, der Menschheit hier und jetzt zu sagen hat. Man kann die Bibel nicht wie jedes andere Buch lesen, weil das, was sie sagt, nicht nur gelesen, sondern getan werden will. Daraus fließt das Recht, ja die Dringlichkeit, neue Zugänge zum Buch der Bücher zu suchen, um seine Worte ins Leben umzusetzen.

Rudolf Schnackenburg: Bibel. In: Ulrich Ruh/David Seeber/Rudolf Walter (Hrsg.): Handwörterbuch religiöser Gegenwartsfragen. Freiburg i. Br. ²1989, S. 60

2.6 Die Vermittlung von Wahrheit durch Symbole

In zahlreichen Lebensbereichen besitzen Symbole eine wichtige kommunikative Bedeutung. So sind Literatur, Bildende Kunst und Musik nicht denkbar ohne sie. Die Religionen verwenden Symbole zur Vermittlung ihrer Glaubenswahrheiten, aber auch in ihren Riten (z. B. in der Liturgie). In der frühen christlichen Kirche wird das Glaubensbekenntnis kurz „Symbolon“ genannt.
„Symbole“ im hier verwendeten Sinn besitzen die Wesensmerkmale der **Uneigentlichkeit** (d. h. sie weisen über sich hinaus auf das eigentlich Gemeinte), der **Anschaulichkeit** (d. h. sie eröffnen Zusammenhänge, die anders nicht darstellbar wären), der **Selbstmächtigkeit** (d. h. sie sind aus sich heraus „sprechend“) sowie der **Anerkanntheit** (d. h. es besteht unter den Verwendern der Symbole eine Konvention über deren Bedeutung).
In der Religion sind zu unterscheiden **Gegenstands- und Natursymbole** auf der einen Seite sowie **Handlungssymbole** auf der anderen Seite.

- Als Beispiel für ein religiöses Gegenstandssymbol kann das **Wasser** gelten: Im Alten Testament symbolisiert es die Allgegenwart Gottes, welche die Pole Leben, Tod und Wiedergeburt umfasst (z. B. in den Schöpfungserzählungen, bei der Flucht durch das Schilfmeer, während der Wüstenwanderung, aber auch im Sinne einer Reinigung bei JONA). Im Neuen Testament wird diese Bedeutung auf den Messias übertragen, der das Wasser des ewigen Lebens schenkt (vgl. Joh 4,10–14): Das Wasser ist bei Jesus Symbol für Heil und Gnade, für Umkehr und Neubeginn und verweist auf den Geist, der alles neu macht. Die Kirche verwendet das Wasser in diesem Sinn als Symbol bei der Taufe, aber auch bei liturgischen Segnungshandlungen.

- Für die christliche Religion sind Handlungssymbole von zentraler Bedeutung, da die **Sakramente** als solche aufgefasst werden können: Jesus Christus selbst ist demnach das Ursakrament, aus dem heraus das Grundsakrament Kirche und die einzelnen Sakramente als symbolische Handlungen zur Vermittlung der befreienden Heilswirklichkeit Gottes abzuleiten sind. So vermittelt beispielsweise die **Eucharistie** die Geborgenheit der Mahlgemeinschaft, wo Freude und Leid „auf den Tisch" kommen, mit der Erinnerung an die bis ins Letzte konsequente Verkündigung des Reiches Gottes durch Jesus (vgl. S. 80 ff.).

Gegenstands- und Handlungssymbole werden häufig miteinander verknüpft (Wasser und Taufe; Brot und Eucharistie). Während die Gegenstandssymbole aber von einer konkreten Anschauung geprägt sind, müssen die Handlungssymbole weitererzählt und im vergleichenden Hören nacherlebt werden. Symbole sind **Brennpunkte,** in denen offenbarte Glaubensüberlieferung und existenzielle Lebenssituation zusammentreffen. Bei der Weitergabe des Glaubens muss deshalb die Katechese (kirchliche Glaubensunterweisung, z. B. Firmunterricht) den Glauben durch Leben, die Religionspädagogik (z. B. der Religionsunterricht) das Leben durch Glauben erschließen. Dabei sollte der Sinn der traditionellen Symbole geklärt werden.

> Symbole vermitteln also nicht Lehren, sondern Sinnmöglichkeiten, indem das „Ganze" in ein Symbol integriert wird, die Vielfalt auf eine einzige Situation zurückgeführt und dadurch zugleich transparent gemacht wird. [...] Besonders im religiösen Symbol kann der Sinn für das Ganze, das Verbindende der Lebensbereiche verdichtet werden. Dadurch findet der Mensch gleicherweise einerseits innere Geborgenheit und Ruhe, wie er sich andererseits zu Freiheit und verantwortlichem Tun motiviert fühlt. [...]
> Symbole können nicht wie Tabletten von außen verabreicht werden. Sie müssen in der Kommunikation mit Welt und Menschen *gefunden* und verinnerlicht werden. Dabei geschieht eine Art „disclosure", eine Erfahrung, bei der es „wie Schuppen von den Augen fällt" und sich der einende Hintergrund der Dingwelt erschließt. [...] Um solchem Sinnerleben Dauer zu verleihen muss das einzelne Symbol (z. B. ein Baum, der als Symbol von Bergung und Stärke erfahren wird) in eine offene, bewusste, von einem Integrationszentrum gehaltene Symbol*welt* eingebettet sein. Die Notwendigkeit einer solchen individuellen, bewussten Symbolwelt mit einem Integrationszentrum, in dem sich wiederum alle Symbole in einem zentralen und tragenden „Kernsymbol" verdichten, ist bisher weitgehend übersehen worden. Bei einem Menschen, der sich als Christ versteht, wäre dieses Symbolzentrum der gekreuzigte und als Messias lebendige Jesus aus Nazaret als Inbegriff menschlich-göttlichen Heils und menschlicher Vollkommenheit: das Ursakrament des Glaubens.
>
> *Marie-Theres Ex/Georg Baudler: Zum Inhalt des Symbolbegriffs. In: Georg Baudler: Korrelationsdidaktik: Leben durch Glauben erschließen. Paderborn 1984, S. 42 f.*

3 Vertrauen und Hoffnung – Grunderfahrungen für gelingendes Leben

Zu den wesentlichen Voraussetzungen für die Reifung einer menschlichen Persönlichkeit gehören das Urvertrauen und die Hoffnung auf Lebenserfüllung. Beide Existenziale verweisen zugleich auf Transzendenz*, indem sie Zugänge zum Ganzen der Wirklichkeit und zu ihrem Sinn eröffnen. Aus der Perspektive gläubiger Menschen ist die Grunderfahrung, dass ohne Vertrauen das Leben nicht gelingen kann, ein Hinweis auf die Sinnhaftigkeit des Glaubens an einen göttlichen Daseinsgrund.

3.1 Das Urvertrauen – seine Entwicklung und seine Bedeutung

Der Psychologe Erik H. Erikson beschreibt das Urvertrauen als **„Eckstein der gesunden Persönlichkeit".** Die personale Entfaltung des Kleinkindes zu einem ausgeglichenen erwachsenen Menschen hängt grundlegend ab vom Vertrauen in die Mitmenschen, in die Umwelt und in sich selbst. Dieses Vertrauen entwickelt sich durch die **Zuwendung verlässlicher Bezugspersonen,** die ebenfalls aus einem Urvertrauen heraus leben. Die Kraft des Urvertrauens hilft Enttäuschungen im Leben zu bewältigen. Wenn das Urvertrauen zu schwach ausgeprägt ist, können solche Enttäuschungen zur Ausbildung eines **Urmisstrauens** führen. Durch intensive Therapie lassen sich Defizite jedoch ausgleichen.

> Als erste Komponente der gesunden Persönlichkeit nenne ich das Gefühl eines *Ur-Vertrauens,* worunter ich eine auf die Erfahrungen des ersten Lebensjahres zurückgehende Einstellung zu sich selbst und zur Welt verstehen möchte. Mit ‚Vertrauen' meine ich das, was man im Allgemeinen als ein Gefühl des Sich-Verlassen-Dürfens kennt, und zwar in Bezug auf die Glaubwürdigkeit anderer wie die Zuverlässigkeit seiner selbst. Wenn ich davon als einer *Ur*-Erfahrung spreche, so meine ich damit, daß weder diese noch die später hinzutretenden Komponenten sonderlich bewußt sind, in der Kindheit so wenig wie im Jugendalter. Tatsächlich gehen alle diese Kriterien, wenn sie sich in der Kindheit entwickeln und im Jugendalter integriert werden, in der Gesamtpersönlichkeit auf. [...]
> Beim Erwachsenen drückt sich die Verletzung des Ur-Vertrauens in einem Ur-Mißtrauen aus. Ein solcher Mensch zieht sich in einer bestimmten Weise in sich selbst zurück, wenn er mit sich selbst und anderen uneins ist. Deutlicher wird diese Verhaltensweise, wenn die Betroffenen in psychotische Zustände regredieren*, etwa sich einschließen, Nahrung und Zuspruch verweigern und jede menschliche Beziehung vergessen. Um ihnen mittels Psychotherapie helfen zu können, muß man versuchen sie auf diesen ihren Rückzugswegen zu erreichen, um sie die Überzeugung zurückgewinnen zu lassen, daß sie dem Therapeuten, der Welt und sich selbst vertrauen dürfen. [...]

Das Ur-Vertrauen ist der Eckstein der gesunden Persönlichkeit; das hat uns die Kenntnis solcher radikaler Regressionen* und die Entdeckung der tiefsten und am weitesten in die Kindheit zurückreichenden Schichten bei leichter erkrankten Patienten gelehrt. [...]
Immerhin stimmen heute die Psychiater, Geburtshelfer, Kinderärzte und Anthropologen, mit denen ich mich verbunden fühle, darin überein, daß die Herausbildung beständiger Muster, nach denen das Individuum ein Übergewicht seines Urvertrauens über sein Urmißtrauen erreicht, eine Hauptaufgabe der erwachenden Persönlichkeit ist und daher auch bei der mütterlichen Pflege des Säuglings an die erste Stelle gehört. [...] (Hier bildet sich die Grundlage des Identitätsgefühls, das später zu dem komplexen Gefühl wird, ‚in Ordnung zu sein', man selbst zu sein und einmal das zu werden, was die Umwelt von einem erwartet.)
Erik H. Erikson: Identität und Lebenszyklus. Frankfurt a. M. [5]1979, S. 62–72

Die Erkenntnisse der Entwicklungspsychologie korrespondieren mit den biblischen Aussagen, dass das Vertrauen die wesentliche Voraussetzung dafür ist, an Gott glauben zu können (vgl. S. 19 ff.). Vom christlichen Standpunkt aus findet das Urvertrauen in die Welt und die Menschen seine volle Berechtigung erst in der **Beziehung auf das göttliche Du**.

3.2 Hoffnung auf Lebenserfüllung im Blick auf die Zukunft

Hoffnung ist ein Existenzial, d. h. eine Grundbefindlichkeit der Menschen, die ihr Handeln bestimmt (vgl. Bd. 1, S. 11 ff.). Menschliches Leben braucht, um gelingen zu können, die Zuversicht auf die Durchsetzungskraft des Guten.
Doch alle Erfüllungen von Wünschen und Plänen, worauf die Menschen hoffen und welche sie im Verlauf ihres Lebens erfahren können, erscheinen als vorläufig angesichts der Grenze, welche der **Tod** setzt. Diese Grenze scheint alle Hoffnung zu bedrohen. Trotzdem verweist gerade die Existenz der Hoffnung darauf, dass ein Sinn darin liegt, „gegen alle Hoffnung voll Hoffnung" zu glauben (vgl. Röm 4,18).
Die **christliche Hoffnung** ist in der Auferweckung Jesu Christi begründet. Sie vermittelt den Glauben an die letzte Erfüllung der unbegrenzten menschlichen Sehnsucht. Denn Gott ist „der Gott der Hoffnung" (Röm 15,13), der mehr ist als ein „Prinzip Hoffnung" (ERNST BLOCH), mehr als der personifizierte Fortschritt, mehr als ein Zielpunkt von Evolution oder Revolution. Die Hoffnung des christlichen Glaubens gründet im Vertrauen auf die Macht Gottes, die das Scheitern und die Ohnmacht überwindet, indem sie die menschliche Ohnmacht in Jesu Leiden am Kreuz selbst durchlebt (vgl. Bd. 1, S. 14 ff., 103, 140 f.).

Der Gott unseres Glaubens ist der Grund unserer Hoffnung, nicht der Lückenbüßer für unsere Enttäuschungen. [...] Die Gottesbotschaft unserer christlichen Hoffnung widersetzt sich einem schlechthin geheimnisleeren Bild vom Menschen, das nur einen reinen Bedürfnismenschen zeigt, einen Menschen ohne Sehnsucht, das heißt aber auch ohne die Fähigkeit zu trauern und darum ohne die Fähigkeit, sich wirklich trösten zu lassen und Trost anders zu verstehen denn als reine Vertröstung. Die Gottesbotschaft unserer Hoffnung widersteht einer totalen Anpassung der Sehnsucht des Menschen an seine Bedürfniswelt. Dadurch wird der Name Gottes nicht zum Deckwort für eine gefährliche Beschwichtigung oder vorschnelle Aussöhnung mit unserer leidvoll zerrissenen Wirklichkeit. Denn gerade diese Hoffnung auf Gott ist es ja, die uns an sinnlosem Leiden immer wieder leiden macht. Sie ist es, die uns verbietet mit der Sinnlosigkeit dieses Leidens zu paktieren. Sie ist es, die in uns immer neu den Hunger nach Sinn, das Dürsten nach Gerechtigkeit für alle, für die Lebenden und die Toten, die Kommenden und Gewesenen weckt und die es uns verwehrt, uns ausschließlich innerhalb der verkleinerten Maßstäbe unserer Bedürfniswelt einzurichten.

Gemeinsame Synode der Bistümer in der Bundesrepublik Deutschland.
Beschluss „Unsere Hoffnung". Freiburg i. Br. ²1976, S. 87 f.

3.3 Offenheit und Transzendenz

Der Mensch ist ein prinzipiell offenes Wesen. Seine Erfahrungen sind ganzheitlich, er kann von Augenblicken des Glücks und der Liebe geradezu überwältigt werden. Diese Erfahrungen wecken die **Sehnsucht nach Dauer und Beständigkeit.** Doch ist allen Menschen klar, dass sie das totale Glück in diesem Leben nicht gewinnen können. Die Glückserfahrung ist daher eine **Kontingenzerfahrung,** d. h. selbst im Glück wird den Menschen bewusst, dass sie endliche, unvollkommene („kontingente") Wesen sind (vgl. Bd. 1, S. 8 f.).

Die Kontingenzerfahrung kann allerdings transparent werden für die Erkenntnis eines letzten glücklichen Zieles unseres Daseins, auf den tragenden Grund unserer Existenz. Denn auch jener Mensch, der auf Grund von Leiderfahrungen und Enttäuschungen dem Leben misstraut, trägt im Kern seines Misstrauens die Sehnsucht nach Geborgenheit. Die **Sehnsucht nach dem „ganz Anderen",** nach dem unendlichen Glück und der vollkommenen Liebe, ist eine **Spur der Transzendenz*:** Sie zeigt, dass die Menschen sich auf eine Dimension verwiesen finden, die ihr Begreifen übersteigt (lat. „transcendere" – ‚hinübersteigen').

Der Theologe KARL RAHNER beschreibt die Offenheit des Menschen für Transzendenz in der menschlichen Sehnsucht nach der Erfüllung seiner Fragen. Im transzendentalen Frageprozess erfährt sich der Mensch selbst als Frage und als „unendliche Möglichkeit":

Der unendliche Horizont menschlichen Fragens wird als ein Horizont erfahren, der immer weiter zurückweicht, je mehr Antworten der Mensch sich zu geben vermag. Der Mensch kann versuchen die unheimliche Unendlichkeit, in die er fragend ausgesetzt ist, auf sich beruhen zu lassen; er kann aus der Angst vor dem Unheimlichen sich zu dem Vertrauten und Alltäglichen flüchten; aber die Unendlichkeit, in die er sich ausgesetzt erfährt, durchdringt auch sein alltägliches Tun. Er bleibt grundsätzlich immer unterwegs. Jedes angebbare Ziel im Erkennen und in der Tat ist immer schon wieder relativiert als Vorläufigkeit und Etappe. Jede Antwort ist immer wieder nur der Aufgang einer neuen Frage. Der Mensch erfährt sich als die unendliche Möglichkeit, weil er notwendig in Praxis und Theorie jedwedes erzielte Resultat immer wieder in Frage stellt, immer wieder in einen weiteren Horizont hineinrückt, der sich unabsehbar vor ihm auftut. [...] Der Mensch ist nicht die in sich fraglose, fraglos gegebene Unendlichkeit der Wirklichkeit; er ist die Frage, die leer, aber wirklich und unausweichlich vor ihm aufsteht und die von ihm nie überholt, nie adäquat beantwortet werden kann.

Karl Rahner: Grundkurs des Glaubens. Einführung in den Begriff des Christentums. Freiburg i. Br. 1976, S. 43

Angesichts der Aporien des Fortschritts und dem Bewusstwerden persönlicher Grenzen in der Erfahrung der Kontingenz ergeben sich neue Chancen für eine religiöse Welt- und Lebensdeutung jenseits des „Machbaren“ und Verfügbaren. Für den christlichen Glauben findet alles menschliche Streben nach Erfüllung seine Antwort in Gott, der sich in seiner Schöpfung und in der Geschichte offenbart. Diese Offenbarung kann nach christlichem Verständnis „mit der Vernunft wahrgenommen“ werden (Röm 1,20).

4 Vertrauen, Menschenfreundlichkeit, Zukunft – der biblisch-christliche Glaube

Nach dem Zeugnis der Bibel ist das Vertrauen die wesentliche Voraussetzung für den Glauben: Wer sich auf einen anderen vertrauend einlässt, hält für wahr, was er sagt; er glaubt ihm. Wer so glaubt, muss nicht alles überprüfen. Auf der anderen Seite geht er ein Wagnis ein, das nur im Vertrauen auf die Glaubwürdigkeit des anderen gerechtfertigt wird. In diesem Sinn ist der Glaube an Gott ein Vertrauen, das nicht leichtfertig aufgebracht wird, sondern seine Begründung in der absoluten Vertrauenswürdigkeit Gottes findet.

4.1 Der biblische Glaubensbegriff

Das hebräische „emunah“ ist das Schlüsselwort für den biblischen Ausdruck des Glaubens. Es bedeutet ‚Treue‘, ‚Festigkeit‘, ‚Zuverlässigkeit‘, ‚Wahrhaftigkeit‘. Davon abgeleitet ist die Verbform „aman“, die entsprechend heißt ‚festmachen‘, ‚festhalten‘, ‚fest glauben‘, ‚trauen‘, wobei eine wechselseitige vertrauensvolle Beziehung mitgemeint ist.
Daraus folgt: Der biblische Begriff des Glaubens bedeutet nicht das Annehmen unbewiesener Inhalte, sondern eine **Ich-Du-Korrelation zwischen Gott und Mensch.** Glaube ist ein personales Geschehen. Indem sich die Menschen auf das Du Gottes einlassen, erfahren sie seine Menschenfreundlichkeit:

> 1 Wer im Schutz des Höchsten wohnt
> und ruht im Schatten des Allmächtigen,
> 2 der sagt zum Herrn: „Du bist für mich Zuflucht und Burg,
> mein Gott, dem ich vertraue.“ [...]
> 4 Er beschirmt dich mit seinen Flügeln,
> unter seinen Schwingen findest du Zuflucht,
> Schild und Schutz ist dir seine Treue.
> 5 Du brauchst dich vor dem Schrecken der Nacht nicht zu fürchten
> noch vor dem Pfeil, der am Tag dahinfliegt,
> 6 nicht vor der Pest, die im Finstern schleicht,
> vor der Seuche, die wütet am Mittag. [...]
> 14 „Weil er an mir hängt, will ich ihn retten;
> ich will ihn schützen, denn er kennt meinen Namen.
> 15 Wenn er mich anruft, dann will ich ihn erhören.
> Ich bin bei ihm in der Not,
> befreie ihn und bringe ihn zu Ehren.
> 16 Ich sättige ihn mit langem Leben
> und lasse ihn schauen mein Heil.“ *Ps 91,1 f. 4–6.14–16*

Das Vertrauen als existenzielle Entscheidung ist der Ungewissheit ausgeliefert. In diesem Sinn bezeugt auch die biblische Tradition neben dem Vertrauen auf Gott immer wieder Anfechtung und Zweifel. Der Vertrauglaube herausragender Menschen der Bibel ist nicht blind, sondern er ist ein **vernünftiges Vertrauen, das Denken, Fragen und Zweifeln einschließt.** Erst dann hilft der Glaube wirklich zur Lebensbewältigung.
In der neutestamentlichen Erzählung von der Heilung eines besessenen Jungen (Mk 9,14–29 parr) wird der Vater des Jungen als Skeptiker dargestellt, der zu Jesus sagt: „Wenn du kannst, hilf uns“ (Mk 9,22). Jesus nimmt den Zweifel wahr und fragt zurück: „Wenn du kannst? Alles kann, wer glaubt. Da rief der Vater des Jungen: Ich glaube, hilf meinem Unglauben!“ (Mk 9,23 f.). Jesus akzeptiert die kritische Nachfrage und heilt den Jungen.

Insofern also ist **des Menschen Glaube an Gott** weder ein rationales Beweisen noch ein irrationales Fühlen noch ein dezisionistischer* Akt des Willens, sondern ein begründetes und in diesem Sinn eben vernünftiges **Vertrauen.** Dieses vernünftige Vertrauen, das Denken, Fragen und Zweifeln einschließt und das zugleich Sache des Verstandes, des Willens und des Gemütes ist: dies heißt im biblischen Sinn **„Glauben".** Kein bloßes Fürwahrhalten von Sätzen also, sondern ein Sicheinlassen des ganzen Menschen, und zwar nicht primär auf bestimmte Sätze, sondern auf die Wirklichkeit Gottes selbst. Wie es schon der große Lehrer der lateinischen Kirche Augustinus von Hippo unterschieden hat: nicht nur ein „etwas glauben" („credere aliquid"), auch nicht nur „jemandem glauben" („credere aliqui"), sondern „an jemand glauben" („credere in aliquem"). Dies meint das Urwort **„Credo":** „Ich glaube"

- nicht an die Bibel (das sage ich gegen den protestantischen Biblizismus*), sondern an den, den die Bibel bezeugt;
- nicht an die Tradition (das sage ich gegen den östlich-orthodoxen Traditionalismus), sondern an den, den die Tradition überliefert;
- nicht an die Kirche (das sage ich gegen den römisch-katholischen Autoritarismus), sondern an den, den die Kirche verkündet;
- also, und das ist unser ökumenisches Bekenntnis: „Credo in Deum": ich glaube an Gott!

Hans Küng: Credo. Das Apostolische Glaubensbekenntnis – Zeitgenossen erklärt. München 1992, S. 22 f.

4.2 Biblische Glaubensmodelle

Die Bibel stellt zum Beispiel ABRAHAM und MARIA als Modelle für gläubige Menschen vor.

4.2.1 Abraham – „Prototyp" des Gläubigen

Abraham ist für Juden, Christen und Muslime der „Prototyp" des glaubenden Menschen, der seine Hoffnung ganz auf Gott setzt:

> [18] Gegen alle Hoffnung hat er voll Hoffnung geglaubt, dass er der Vater vieler Völker werde [...].[20] Er zweifelte nicht im Unglauben an der Verheißung Gottes, sondern wurde stark im Glauben, und er erwies Gott die Ehre, [21] fest davon überzeugt, dass Gott die Macht besitzt zu tun, was er verheißen hat.
>
> *Röm 4,18.20 f.*

Dieses vertrauende Hoffen des Abraham und die Glaubensgewissheit, dass Gott mit ihm sei, finden in seiner **Offenheit gegenüber dem Anruf Gottes** ihre Voraussetzung. Der Glaube Abrahams nimmt seinen Anfang im **Hören:**

> 1 Der Herr sprach zu Abram: Zieh weg aus deinem Land, von deiner Ver-
> wandtschaft und aus deinem Vaterhaus in das Land, das ich dir zeigen werde.
> 2 Ich werde dich zu einem großen Volk machen, dich segnen und deinen Namen
> groß machen. Ein Segen sollst du sein. 3 Ich will segnen, die dich segnen; wer
> dich verwünscht, den will ich verfluchen. Durch dich sollen alle Geschlechter
> der Erde Segen erlangen. 4 Da zog Abram weg, wie der Herr ihm gesagt hatte.
>
> *Gen 12,1–4*

Abraham beweist hier den zum Glauben notwendigen Mut, Altes zurückzulassen, sich auf die Zumutung Gottes einzulassen und sich auf den ungesicherten Weg zu machen. Sein **Handeln im Vertrauen auf Gott** zeigt sich im Aufbruch nach Gottes Weisung.

An anderer Stelle tritt Abraham durchaus in einen Dialog mit Gott ein, um sich angesichts aufkommender **Zweifel** zu vergewissern, ob Gott glaubwürdig sei: „Herr, mein Herr, was willst du mir schon geben? Ich gehe doch kinderlos dahin“ (Gen 15,2). Doch die Verheißung Gottes, seine Nachkommenschaft werde zahlreicher sein als der Staub auf der Erde, die Sterne am Himmel und der Sand am Meeresstrand, wird von Abraham fraglos geglaubt. Abrahams **Hoffen** erweist sich in der Annahme der Glaubwürdigkeit Gottes, die auf der Erfahrung der Größe Gottes beruht. Abrahams **Glaubensgehorsam** geht schließlich so weit, dass er bereit wäre seinen lange ersehnten, geliebten Sohn ISAAK Gott zu opfern (Gen 22).

In der Struktur des Glaubens Abrahams offenbaren sich existenzielle Grundvoraussetzungen für gelingendes menschliches Leben: Jeder Mensch erfährt den Anruf, seinem Leben einen Sinn zu geben. Jeder Mensch erfährt die Notwendigkeit, sich mit Traditionen auseinanderzusetzen, unter Umständen mit ihnen zu brechen und einen ureigenen Weg zu gehen, der nicht einfach eine Kopie anderer Lebensentwürfe sein kann. Der **bedingungslose Glaube als Akt des ganzen Menschen** ist schließlich Ausdruck des Urvertrauens, das die innere Zustimmung zu Gott auch da umfasst, wo der Mensch Gottes Weg nicht versteht.

4.2.2 Maria – Vorbild im Glauben

Die Strukturmerkmale des biblischen Glaubens, wie sie an der Abraham-Geschichte abzulesen sind, werden im Neuen Testament auch an der Person Marias, der Mutter Jesu, deutlich:

- In der Begegnung mit dem Engel GABRIEL zeigen sich ihre **Offenheit** und ihr **Hören auf Gottes Wort** (Lk 1,26–38).

- Im Dialog mit dem Boten erfolgt eine **Rückfrage;** sie verlangt nach einer **Vergewisserung** für die Glaubwürdigkeit der Botschaft: „Maria sagte zu dem Engel: Wie soll das geschehen, da ich keinen Mann erkenne?“ (Lk 1,34).
- Schließlich ist sie bereit, die bezeugte Glaubwürdigkeit anzunehmen und sich im **vertrauenden Gehorsam** auf die Zumutung Gottes einzulassen: „Da sagte Maria: Ich bin die Magd des Herrn; mir geschehe, wie du es gesagt hast“ (Lk 1,38).

Maria steht als glaubender Mensch ganz im Dienst ihres Sohnes und seiner Botschaft. Nach dem Zeugnis des Neuen Testaments ist sie *das* Vorbild für den Glauben der Christenheit (vgl. Bd. 1, S. 124 f.).

4.3 Jesus Christus – Mitte des christlichen Glaubens

Nach dem Zeugnis des Neuen Testaments ist Jesus Christus „Urheber und Vollender des Glaubens“ (Hebr 12,2). Das bedeutet, dass im christlichen Glauben an Jesus Christus der Glaube an Gott zur Vollendung kommt; gleichzeitig ist **Jesus** selbst **der Glaubende,** der den bedingungslosen Gottesglauben exemplarisch vorgelebt hat.

In der Biografie Jesu sind die Strukturmerkmale des biblischen Glaubens besonders intensiv greifbar: Bei der Taufe durch JOHANNES DEN TÄUFER erfährt Jesus seine **Berufung.** Er wählt ein unsicheres Prophetengeschick als Lebensentwurf und zeigt seinen Jüngerinnen und Jüngern immer wieder, dass das **Antworten auf Gottes Botschaft im Beten** („Vater unser“; vgl. S. 155) und im tätigen Verwirklichen des Heilswillens Gottes besteht. Das heißt: Liebe zu erfahren und zu geben (wie z. B. im Gleichnis vom verlorenen Sohn [Lk 15,11–32]), Solidarität mit Schwachen und Kranken zu beweisen (z. B. bei der Heilung eines Aussätzigen [Mk 1,40–45 parr]), Konflikte durchzustehen (z. B. in seinen Auseinandersetzungen mit den Pharisäern) und Schmerz und Scheitern zu ertragen, wie schließlich seine qualvolle Folter und Hinrichtung am Kreuz.

Die **Vergewisserung angesichts aufkommender Glaubenszweifel** wird eindrucksvoll in der Getsemani-Perikope geschildert (z. B. Mk 14,32–42), wo Jesus mit dem Schicksal ringt und Gott bittet, den Kelch an ihm vorübergehen zu lassen. Doch schließlich ergibt er sich in **vertrauendem Gehorsam** Gottes Willen: „Nicht, was ich will, sondern was du willst, soll geschehen“ (Mk 14,36). Jesus lässt sich auf die Zumutung Gottes ein und akzeptiert unschuldig den brutalen Tod, weil er Gott, dem Vater, den er mit dem Kosenamen „Abba“ (‚Papa‘) anspricht, bedingungslos vertraut.

Der Hebräerbrief fasst die Biografie Jesu als eines Glaubenden von der hoffenden Offenheit bis zur Vollendung zusammen:

> 7 Als er auf Erden lebte, hat er mit lautem Schreien und unter Tränen Gebete und Bitten vor den gebracht, der ihn aus dem Tod retten konnte, und er ist erhört und aus seiner Angst befreit worden. 8 Obwohl er der Sohn war, hat er durch Leiden den Gehorsam gelernt; 9 zur Vollendung gelangt, ist er für alle, die ihm gehorchen, der Urheber des ewigen Heils geworden. *Hebr 5,7–9*

4.4 Glaube und Offenbarung

Der spätantike Philosoph und Theologe AURELIUS AUGUSTINUS (vgl. S. 21) brachte in die Theologie die Unterscheidung ein zwischen dem Glauben als einem **Glauben an einen bestimmten Inhalt** („fides quae creditur“: ‚Glaube an das, was geglaubt wird‘) und dem **Glauben als einem personalen Vertrauensverhältnis** („fides qua creditur“: ‚Glaube, aufgrund dessen geglaubt wird‘). Zentraler Inhalt des christlichen Glaubens im Sinne des „fides quae“ ist das Evangelium von Jesus Christus, das durch Bibel und kirchliche Lehre überliefert wird. Der Glaube im Sinne des „fides qua“ bezeichnet ein Verhältnis zwischen Gott und Mensch, welches „Kopf, Herz und Hand“ betrifft: die Zustimmung des Verstandes, das liebende Vertrauen und den Willen zur Umsetzung der Konsequenzen, die aus dem Glauben entstehen.

Beide Aspekte des Glaubens fallen im Glauben an Jesus Christus zusammen:

- Wer von Jesus Christus gehört hat, wem von Jesus Christus erzählt worden ist, wird zur **Botschaft Jesu** hingeführt: zur Botschaft vom angebrochenen Reich Gottes, in dem das Heil Gottes für alle Menschen greifbar wird.
- Wer an die Botschaft Jesu vom angebrochenen Reich Gottes glaubt, vertraut auf Jesus, unsern Bruder, und gewinnt ein **persönliches Verhältnis** zu ihm als ihrem bzw. seinem Freund.

4.4.1 Die Christen: Hörerinnen und Hörer des Wortes

Der Prophet

Nach christlichem Verständnis beginnt der Glaube mit dem Anruf Gottes; die Menschen sind „Hörer des Wortes", wie es PAULUS in seinem Brief an die Römer darstellt, indem er in rhetorischen Fragen die Bedeutung der Verkündigung des Evangeliums durch die Apostel betont:

> 14 Wie sollen sie nun den anrufen, an den sie nicht glauben? Wie sollen sie an den glauben, von dem sie nichts gehört haben? Wie sollen sie hören, wenn niemand verkündigt? 15 Wie soll aber jemand verkündigen, wenn er nicht gesandt ist? Darum heißt es in der Schrift: Wie sind die Freudenboten willkommen, die Gutes verkündigen!
> 16 Doch nicht alle sind dem Evangelium gehorsam geworden. Denn Jesaja sagt: Herr, wer hat unserer Botschaft geglaubt? 17 So gründet der Glaube in der Botschaft, die Botschaft im Wort Christi. 18 Aber, so frage ich, haben sie die Boten etwa nicht gehört? Doch, sie haben sie gehört; denn ihre Stimme war in der ganzen Welt zu hören und ihr Wort bis an die Enden der Erde. *Röm 10,14–18*

Am Anfang des christlichen Glaubens steht demnach ein **Geschenk Gottes:** das Wort Jesu Christi, das durch die „Freudenboten" tradiert wird und dem die Christinnen und Christen im Glauben antworten.

4.4.2 Offenbarung als Selbstmitteilung Gottes

Die Bibel enthält an keiner Stelle eine Definition Gottes oder einen Gottesbeweis; es gibt nicht einmal eine systematische Sammlung von Glaubenssätzen. Stattdessen bezeugen die biblischen Texte ganz persönliche **Gotteserfahrungen,** welche auch heutige Menschen, die davon hören, existenziell betreffen können.

Für PAULUS etwa erweist sich die **Menschenfreudlichkeit Gottes** in seiner Menschwerdung zur Rettung der Welt:

> [4] Als aber die Güte und Menschenliebe Gottes, unseres Retters, erschien, [5] hat er uns gerettet – nicht weil wir Werke vollbracht hätten, die uns gerecht machen können, sondern auf Grund seines Erbarmens – durch das Bad der Wiedergeburt und der Erneuerung im Heiligen Geist. *Tit 3,4 f.*

Die Gotteserfahrungen, wie sie die Bibel bezeugt, sind allein dadurch möglich, dass Gott von sich aus auf die Menschen zugeht: **Offenbarung ist Selbstoffenbarung Gottes.** Diese Selbstoffenbarung ereignet sich ganz allgemein im Menschen und in der ganzen Schöpfung. Sie ereignet sich aber auch personal in der Geschichte mit Abraham, Isaak und Jakob, in der Berufung des Mose, im Sprechen durch den Mund der Propheten und in der Person, in Worten und Taten Jesu (vgl. Bd. 1, S. 20–43, bes. S. 42 f.). Indem sich Gott in seinem Dasein für die Menschen mitteilt – sein Name Jahwe bedeutet sinngemäß: „Ich bin für euch da!“ – bleibt er zugleich ein nicht be-greif-bares Geheimnis. Mit den Worten des jüdischen Religionswissenschaftlers Franz Rosenzweig ist Gott „Deus absconditus, sed non ignotus“ (‚der verborgene, aber nicht unbekannte Gott‘).

> Nach dem Zeugnis des Neuen Testaments hat Gott sich zuletzt, einzigartig und endgültig, geoffenbart in einem Menschen: in Jesus von Nazaret. In seiner Person, in seinem Leben und in seinem Geschick, in seinem Tod, in seiner Auferstehung von den Toten. Darin gründet das Glaubensbekenntnis des Christen, auf diesen Inhalt ist es bezogen. In der Offenbarung Gottes in Jesus von Nazaret wird noch offenkundiger, dass Gott nicht nach des Menschen Bild und Gleichnis geschaffen ist, sondern dass er sich seine Göttlichkeit vorbehält. Der Gott, der in der Schöpfung und im Geist, Herz und Gewissen des Menschen sich kundgetan hat und dies ständig tut – deshalb ist er nicht tot –, ist zugleich derjenige, der in der Gestalt der Unscheinbarkeit, der Armut, der Niedrigkeit, der Entäußerung, der Not, des Leidens, des Kreuzes, der Angst und des Todes sich offenbart und darin seine verborgene Anwesenheit und seine anwesende Verborgenheit zeigt. [...]
>
> Die aus der „Geschichte sonst“ nicht ableitbare Auferweckung Jesu von den Toten ist insofern Geschichte, als sie Geschichte stiftet, als sie neue Geschichte eröffnet, Geschichte, in der der Mensch leben kann, Geschichte, die die Zukunft, die endgültige und absolute Zukunft erschließt und die deshalb der unvergängliche Grund der Hoffnung ist. Sie eröffnet das Ziel aller geschichtlichen Wege: unser aller Auferstehung von den Toten und das ewige Leben.
>
> Durch die Auferweckung von den Toten, durch die dadurch erfolgte „Entgrenzung“ aus Raum und Zeit ist Jesus Christus jener, der immer und jederzeit in Welt und Geschichte anwesend sein kann, der durch seinen Geist, durch sein Wort, durch sein Werk, durch sein Leben unter den Menschen gegenwärtig und gleichzeitig ist. Bis an das Ende der Welt ist Jesus Christus, der Auferstandene und Lebendige, der Bürge und Zeuge dessen: Gott ist nicht tot, Gott lebt. Es ist an uns, nicht Abschied von Gott zu nehmen, sondern ihm zu begegnen. Die – vielen – Wege dazu sind auch heute offen.
>
> *Heinrich Fries: Abschied von Gott? Freiburg i. Br. [5]1977, S. 123, 125 f.*

4.4.3 Das Festhalten an der Offenbarungswahrheit

Die Gemeinschaft der an Jesus Christus Glaubenden, die Kirche, hat schon früh begonnen, ihre Glaubenserfahrungen in sprachliche Wendungen zu fassen. Auf diese Weise konnte die Offenbarung Gottes festgehalten werden um an ihr festhalten zu können. Das **Bekenntnis zum Gott der Bibel und zu Jesus Christus** hat sich – historisch gesehen – etwa in folgenden Stufen herausgebildet (vgl. Bd. 1, S. 105–121):

- Ausgangspunkt ist das jüdische Bekenntnis zu dem sich **in der Geschichte offenbarenden Gott** der Befreiung, Schöpfung, Wegweisung und Verheißung. Für die Gemeinde der Auferstehungszeugen erfüllt sich diese Verheißung in Jesus, der der Messias (Christus) ist.
- Nach dem Auferstehungserlebnis erfolgt das Glaubensbekenntnis zu Anfang im **Bekenntnis zur Person Jesu Christi,** im **Erzählen** seiner Worte und Taten sowie in der **Nachfolge.**
- Das erste Festhalten von Glaubensinhalten in **Bekenntnisformeln** geschieht zunächst in der **Liturgie,** dann auch zur **öffentlichen Rechtfertigung** und zur **Katechese:** Durch die Bekenntnisformeln konnte sich die liturgische Festgemeinde gegenseitig im Glauben bestärken, konnten sich die Einzelnen im Glauben vergewissern und waren so schließlich in der Lage den Glauben prägnant weiterzugeben. Die Bekenntnisse, wie z. B. der **Philipper-Hymnus** (Phil 2,6–11; vgl. Bd. 1, S. 108 f.), wurden gemeinsam gebetet oder gesungen und verwirklichten damit die Vorstellung, dass sich Glauben im Beten vollzieht und Beten im Glauben. Gegenüber Andersdenkenden konnte im Dialog Rechenschaft über die Hoffnung aus dem Glauben geleistet werden: „Seid stets bereit, jedem Rede und Antwort zu stehen, der nach der Hoffnung fragt, die euch erfüllt" (1 Petr 3,15).
- Ab dem Beginn des zweiten Jahrhunderts entstehen **vollständige Glaubensbekenntnisse,** wie das *Apostolicum* (apostolisches Glaubensbekenntnis, endgültige Form im 9. Jh.) oder das *Nizäno-Konstantinopolitanum* („großes Glaubensbekenntnis", 4. Jh.), welche die Identität des kirchlichen Glaubens und der kirchlichen Tradition maßgeblich prägen.

Die Bekenntnisformeln und Glaubensbekenntnisse spiegeln in ihrer sprachlichen Struktur ihre Herkunft aus der **Taufliturgie:** Die Taufbewerber mussten den Text des Bekenntnisses auswendig lernen und in einer Art Prüfung als Antwort auf die Fragen des Bischofs wiedergeben:

Das Credo ist eine Restformel aus dem ursprünglichen Dialog „Glaubst du – ich glaube“. Dieser Dialog verweist seinerseits auf das „Wir glauben“, in dem das Ich des „Ich glaube“ nicht aufgesaugt ist, aber seinen Ort erhält. So ist aber in der Vorgeschichte dieses Bekenntnisses und in seiner ursprünglichen Form die ganze anthropologische Gestalt des Glaubens mit anwesend. Es wird sichtbar, dass Glaube nicht Ergebnis einsamer Grübelei ist, in der das Ich sich etwas ausdenkt, losgelöst von allen Bindungen allein der Wahrheit nachsinnt; er ist vielmehr das Ergebnis eines Dialogs, Ausdruck von Hören, Empfangen und Antworten, das den Menschen durch das Zueinander von Ich und Du in das Wir der gleichermaßen Glaubenden einweist. [...]
Wenn sich so in der dialogischen Struktur des Glaubens ein Menschenbild abzeichnet, können wir hinzufügen, dass darin auch ein Gottesbild zum Vorschein kommt. Der Mensch erhält mit Gott zu tun, indem er mit dem Mitmenschen zu tun erhält. Der Glaube ist wesentlich auf das Du und auf das Wir hingeordnet, nur auf dem Weg über diese doppelte Verklammerung verbindet er den Menschen mit Gott. Das bedeutet umgekehrt, dass Gottesverhältnis und Mitmenschlichkeit von der inneren Bauform des Glaubens her nicht voneinander trennbar sind; das Verhältnis zu Gott, zum Du, zum Wir greifen ineinander und stehen nicht nebeneinander. Nochmals von einer anderen Seite her könnten wir dasselbe formulieren, indem wir sagen: Gott will zum Menschen nur durch Menschen kommen; er sucht den Menschen nicht anders als in seiner Mitmenschlichkeit.

Joseph Ratzinger: Einführung in das Christentum. München ^{4}1980, S. 52, 54 f.

4.4.4 Der christliche Glaube als Zugang zur Wirklichkeit

Das Glauben ist die *eigentliche* Wirklichkeit der Menschen, die eindimensionale Weltsicht zu transzendieren*:

- Der Glaube lässt **die Welt als Gottes Schöpfung** verstehen. Dadurch eröffnet sich der Blick für das Geheimnis der Wirklichkeit. Menschen, die an Gott glauben, leben aus dem Bewusstsein, dass das Geschenk des Lebens dem Schöpfergott zu verdanken ist. Sie entwickeln Ehrfurcht und Verantwortungsbereitschaft gegenüber allem Lebendigen und vertiefen so ihre ursprüngliche Wertschätzung von Natur und Umwelt. Der Glaube realisiert sich im „Bebauen und Hüten“ des Gartens (vgl. Gen 2,15), der den Menschen anvertraut ist.
- Der Glaube lässt **den Menschen in seiner Würde** und **die Mitmenschen als Schwestern und Brüder** sehen. Indem alle Menschen als „Abbilder Gottes“ (vgl. Gen 1,27) erkannt werden, kommt ihnen dieselbe Würde zu. Der Glaube realisiert sich im Einsatz für das Wohl der Geschwister in der einen Menschheitsfamilie.
- Der Glaube lässt **die Wirklichkeit in der personalen Beziehung zum göttlichen Du** entdecken. Ausgehend vom Urvertrauen ist der Sprung zum

Vertrauen auf Gott – zum Glauben – möglich. Der christliche Glaube weckt zugleich die Erkenntnis, dass das Urvertrauen in der Beziehung zum göttlichen Du seine volle Berechtigung findet. Die Erfahrung des Angenommenseins von Gott, dem Vater, macht die Menschen wahrhaft frei – zu einer Freiheit, die die Verantwortung wahrnimmt.

4.4.5 Die Bedeutung des Glaubens für die Lebensbewältigung

Das Leben kann bewältigt werden, wenn der Mensch im Dasein einen Sinn erkennt. Angesichts der „Grenzen des Machbaren“ und der Aporien des Fortschritts sowie der Erfahrung persönlicher Grenzen **(Kontingenzerfahrungen)** entsteht in der „Postmoderne“ eine ganz neue Sensibilität für die Welt- und Lebensdeutung durch den Glauben.
Weil für die Menschen das Sich-verlassen-Können auf andere, die Beständigkeit in Beziehungen und die Geborgenheit in Gemeinschaft lebensnotwendige Voraussetzungen sind, korrespondiert das Menschsein schon existenziell mit dem Angebot des Glaubens.
Wer sich auf den Glauben einlässt, erhält **dauerhafte Sinn- und Wertperspektiven** für sein Leben. Wer an den Gott Jesu Christi glaubt, kann seine Ich-Befangenheit transzendieren* und z. B. die Stimme seines Gewissens als unbedingten Anspruch erfahren, der ein „ganz anderes“ Licht auf die Wirklichkeit wirft (vgl. S. 127 ff.).

5 Wissen und Glauben als Grundlage verantwortlicher Lebensgestaltung

Verantwortungsbewusste Naturwissenschaftlerinnen und Naturwissenschaftler suchen nach **ethischen Maßstäben** für ihre Arbeit; verantwortungsbewusste Theologinnen und Theologen machen sich **sachkundig.** Beide Seiten – die Seite des „Wissens“ und die Seite des „Glaubens“ – sind daher auf den wechselseitigen Dialog angewiesen.
Häufig lassen sich Wissen und Glauben personal nicht trennen: Wissende Menschen können zugleich Glaubende sein. Hinzu kommt, dass Wissenschaftlerinnen und Wissenschaftler schon durch die Wahl ihres Forschungsgegenstandes eine Sinn- und Wertentscheidung treffen, etwa wenn sie durch die Aussicht auf das Wohl der Menschheit für eine bestimmte Forschungstätigkeit motiviert werden. Umgekehrt müssen glaubende Menschen – um ihren Glauben denkend zu verantworten – so viel wie möglich wissen wollen.

5.1 Die Bedeutung von Naturwissenschaft und Technik

Die Naturwissenschaften erschließen die Wirklichkeit auf der Ebene des Verstandes. Dabei rufen sie nicht selten ein Staunen über die bis ins Kleinste durchgeführten Ordnungsstrukturen des natürlichen Kosmos hervor. Folgende Aspekte naturwissenschaftlicher Erkenntnis sind für die heutige Welt von Bedeutung:

- Die naturwissenschaftliche Forschung und die technologische Anwendung ihrer Ergebnisse sind **Garant für das Überleben** der Menschheit. Beispiele hierfür lassen sich in der Medizin (pharmazeutische Präparate, Medizintechnik), der Landwirtschaft (Züchtung von Pflanzen als Grundlage für die Ernährung), im Bereich der Energiegewinnung (Kraftwerke, Energieübertragung) oder in der Kommunikationstechnik (z. B. Möglichkeiten zur Übermittlung von Notfallmeldungen) finden.
- Naturwissenschaft und Technik besitzen eine **relative Autonomie,** d. h. dass die Forschungs- und Entwicklungstätigkeit innerhalb ihrer Sachkompetenz selbstbestimmt ist. Insofern durch diese Tätigkeit jedoch die Menschen und die natürliche Umwelt betroffen sind, ist die Autonomie auf übergeordnete und für Wissenschaft und Technik unverfügbare Werte bezogen, als da wären z. B. die Menschenwürde oder die Verantwortung für die Natur.
- Die **technologische Anwendung** von wissenschaftlichen Erkenntnissen ist **ambivalent,** d. h. sie kann sowohl nutzen als auch schaden. Diese Ambivalenz lässt sich an vielen Beispielen zeigen: Die Diskussion um den Autoverkehr zeigt die Vorteile der Mobilität bei gleichzeitiger Umweltbelastung; die Diskussion um die Energiegewinnung offenbart die Lebensnotwendigkeit, über genügend Energie zu verfügen, bei gleichzeitiger Ausbeutung der natürlichen Erdressourcen; die Diskussion um die Rüstungstechnologie wirft die Frage auf, ob die Produktion von Waffen ausschließlich zur Verteidigung überhaupt möglich ist.

Aus der Perspektive des biblischen Schöpfungsglaubens gehört es zur freiheitlichen Würde der Menschen, dass sie die Welt erforschen und gestalten. Doch die Menschen stehen der Natur nicht einfach in einem Subjekt-Objekt-Verhältnis gegenüber, sondern sie sind auch selbst Teil der Natur und ihr deshalb zu Achtung verpflichtet. Daraus folgt die Notwendigkeit einer **verantwortlichen Selbstbeschränkung** der Menschen gegenüber der übrigen Schöpfung. Die Menschen müssen sich stets bewusst sein, dass die Welt von Gott auf eine eschatologische* Vollendung hin ausgelegt ist.

5.2 Die Bedeutung von Theologie und Glauben

Eine Weltsicht, die ausschließlich aus der Perspektive der Naturwissenschaften gewonnen ist **(„Szientismus"),** führt zur Fortschrittsgläubigkeit, die zwangsläufig enttäuscht werden muss, weil die Menschen letztlich nie alles wissen können. Darüber hinaus bieten die Naturwissenschaften keine Orientierung in der Frage, ob die Menschen tun dürfen, was sie können (Grundfrage der Ethik), weil sie die Aspekte der Ethik aus methodischen Gründen ausklammern.
Wissenschaftlerinnen und Wissenschaftler reflektieren allerdings meist aus ihrer Verantwortung *als Person* die Konsequenzen ihrer Forschungstätigkeit. Folgende **Orientierungen** bieten Theologie und Glaube für eine verantwortliche Gestaltung von Welt und Leben:

- Die wissenschaftliche Theologie setzt für die Einzelnen und für die Gesellschaft als Ganzes **ethische Normen** im Hinblick darauf, wie mit naturwissenschaftlichen Erkenntnissen und technischen Möglichkeiten umgegangen werden soll. Die Theologie formuliert ihre Aussagen auf der Basis der biblischen und der kirchlichen Tradition; sie bezieht sich auf die biblisch bezeugte Offenbarung Gottes in der Geschichte sowie seine Offenbarung in der geschaffenen Natur. Wesentliche Beiträge liefern glaubende Menschen mit ihrer Sachkompetenz, z. B. in Politik und Wirtschaft. Wer sich an den biblischen Weisungen und an den theologisch gewonnenen Prinzipien orientiert, erhält zuverlässige Maßstäbe für ein menschenwürdiges Dasein.
- Die Theologie als Wissenschaft soll den tradierten Glauben gedanklich aufarbeiten, ihn für die Menschen heute interpretieren und aktualisieren. Der Glaube verlangt die verständige Einsicht („fides quaerens intellectum"), damit der **Glaube denkend verantwortet** werden kann.
- Theologie und Glaube erschließen **Sinn,** indem sie Halt, Trost und Zuversicht in den Fragen der Lebensbewältigung vermitteln. Zahlreiche christliche Lebenszeugnisse belegen, dass der durch Glauben erschlossene Lebenssinn in ein **soziales Engagement** mündet: Wer im Glauben erfahren hat, wofür er lebt, begreift, dass ein christliches Leben immer die Einsatzbereitschaft für andere erfordert.
- Theologie und Glaube haben seit jeher **Kultur geprägt.** Die Deutung der Welt aus dem Glauben beeinflusst Literatur (z. B. Legenden), Kunst (z. B. biblische Motive), Musik (z. B. „Messen"), Architektur (z. B. Kirchenbau), Film usw. (vgl. Bd. 1, S. 120 f.). Umgekehrt können kulturelle Werke dem Glaubensverständnis neue Impulse geben, d. h. Glaube und Kultur stehen in einer wechselseitigen Beziehung zueinander.

5.3 Fehlentwicklungen des Gottesglaubens

Es gehört zum Wesen der Menschen, religiöse Fragen zu stellen („Woher komme ich?", „Wohin gehe ich?", „Was ist der Sinn meines Lebens?"). In die jeweiligen Antworten fließen die Bedürfnisse der Einzelmenschen und Gruppen ein, was zu Missbrauch und Fehlformen des Glaubens führen kann.

5.3.1 Glaube und Macht

Der Glaube steht in der Gefahr, zur ideologischen Rechtfertigung von Ausbeutung und Unterdrückung missbraucht zu werden. So ist die Kirche – und mit ihr die Theologie – im Verlauf der Geschichte vielfach „unheilige Allianzen" mit den Herrschenden eingegangen und hat deren Macht, aber auch die Verantwortung für deren **Machtmissbrauch** geteilt.
Im Namen des Glaubens wurde und wird immer wieder Unfreiheit und Angst erzeugt. Die Entmündigung kann im **politischen Bereich** ebenso erfolgen wie im Bereich der **Erziehung,** wenn beispielsweise mit dem „Auge" gedroht wird, „das alles sieht, auch wenn's in finsterer Nacht geschieht", oder wenn der heilige NIKOLAUS als letztes „pädagogisches" Druckmittel herhalten muss.

5.3.2 Aberglaube

Die Theologie hat die Aufgabe, ihre Erkenntnisse in der Sprache der Menschen zu formulieren und auf diese Weise den Glauben als lebensgestaltende Wirklichkeit erfahrbar werden zu lassen. Wenn ihr das nicht (mehr) gelingt, suchen die Menschen häufig nach Ersatz. Solchen Ersatz finden sie in Kulten und Praktiken, die aus der Sicht des christlichen Glaubens als Aberglaube zu bezeichnen sind:

Okkultismus – Spiritismus – Satanismus

Die verbreitetste Form des Aberglaubens äußert sich in – teils scheinbar nicht ganz ernst genommenen – Praktiken wie der Deutung bestimmter Ereignisse als **Glücks- oder Unglückszeichen** (z. B. Begegnung mit einer schwarzen Katze oder mit einem Kaminfeger) oder der entsprechenden Verwendung von Zahlensymbolen (Freitag, der 13.).
Von diesen alltäglichen Praktiken her ist der Übergang zum eigentlichen **Okkultismus** (von lat. „occultus" – ‚verborgen', ‚geheim') fließend. Darunter versteht man eine Art „Geheimwissenschaft" von verborgenen Wirklichkeiten sowie eine „Geheimtechnik", um sich diese Wirklichkeiten dienstbar zu machen. Die bekanntesten Techniken sind das Pendeln und das Gläserrücken.

Der **Ausgangspunkt** für den Okkultismus ist die Erfahrung, dass es mehr gibt als die oberflächlich erfahrbare Wirklichkeit, die vom naturwissenschaftlichen Weltbild geprägt ist. Die Existenz unerklärlicher Phänomene und übersinnlicher Wahrnehmungen erschüttert dieses Weltbild und schafft bei den Einzelnen eine Disposition zum Okkultismus. Das Bedürfnis, diese unerklärlichen Phänomene zu instrumentalisieren, d. h. sich für seine eigenen Machtfantasien dienstbar zu machen, wird vom Okkultismus verarbeitet.
Zentrales Merkmal ist hierbei das **magische Bewusstsein.** Magie ist die Vorstellung, einen Gott oder eine übersinnliche Wirklichkeit durch Beschwörungen und rituelle Handlungen verfügbar machen zu können. Im Okkultismus wird das magische Bewusstsein ins Zentrum des Handelns gerückt; das rationale Bewusstsein wird entsprechend marginalisiert.

> Der Okkultist verwandelt das absolut Jenseitige der Religion in ein Empirisches, er respektiert die Würde des Glaubens nicht und überschreitet die Möglichkeiten der Wissenschaften. Der Okkultismus versucht meist mit technischen Mitteln, eines Jenseitigen, Transzendenten*, des Geistigen habhaft zu werden, welches in der industriell-bürokratischen Lebenswelt verloren zu gehen scheint.
>
> *Hartmut Zinser: Moderner Okkultismus als kulturelles Phänomen unter Schülern und Erwachsenen. In: Das Parlament. Beilage vom 08.10.1993, S. 21*

Dem **Spiritismus** liegt die Vorstellung zu Grunde, dass die sinnlich wahrnehmbare Wirklichkeit in eine Welt von normalerweise nicht wahrnehmbaren Geistwesen integriert sei. Diese Wesen werden meist als die Geister von Verstorbenen betrachtet, die den realen Menschen Botschaften zukommen lassen können, wenn es gelingt mit ihnen in Kontakt zu treten. Der Spiritismus versucht nun diese Kontaktaufnahme in „Séancen", das sind gemeinschaftliche Riten, die oft magische oder ekstatische Züge besitzen. Häufig stellen sog. „Medien", d. h. Menschen mit besonderen übersinnlichen Fähigkeiten, den Kontakt her und treten als Sprachrohr der Geisterwelt auf.

Der **Satanismus** in seiner heutigen Form geht auf ALEISTER CROWLEY (1875–1947) zurück, der sich für die Verkörperung des „großen Tieres 666" aus der Apokalypse des JOHANNES hielt (Offb 13,18). Seinem „Thelema-Orden", den er zunächst von Sizilien, dann von Thüringen und schließlich Berlin aus leitete, gab er das Gesetz: „Es gibt kein Gesetz außer: Tue, was du willst, soll sein das ganze Gesetz".
Der Satanismus besitzt ein ausgeprägt dualistisches* Weltbild: Dem von den Christen verehrten Gott steht der **eigentliche Gott Satan** (auch „Luzifer" oder „Antichrist") gegenüber. Satan verkörpert das Böse – das eigentlich Richtige –, während die Christen die Welt falsch gepolt hätten. Daher müssten die Menschen

umkonditioniert werden, z. B. durch sog. „Ekeltraining“, in welches insbesondere der Bereich der Sexualität einbezogen wird. Auch politische Grundüberzeugungen werden pervertiert, indem beispielsweise bewusst Nazi-Symbole Verwendung finden.
Die bewusste **Umdrehung christlicher Glaubensinhalte, Riten und Symbole** ist kennzeichnend für den Satanismus: Das Kreuz wird auf den Kopf gestellt; statt der heiligen Messe werden „schwarze Messen“ abgehalten; statt Liebe wird Hass, statt Barmherzigkeit gnadenlose Brutalität gepredigt; statt des Glaubens an das Leben wird ein Todeskult gepflegt.

Astrologie – Esoterik – New Age

In den letzten drei Jahrzehnten hat der Bereich der Esoterik eine explosionsartige Verbreitung erfahren: Esoterik-Messen, spezielle Esoterik-Läden und eigene Esoterik-Abteilungen in Buch- und Musikalienhandlungen belegen die mittlerweile auch wirtschaftliche Bedeutung dieses Phänomens.
Die **Astrologie** hat ihre Wurzeln in antiken Weltdeutungsmodellen. Ihre Grundannahme besteht darin, dass die Menschen Teil einer großen kosmischen Ordnung sind, wobei die irdischen Vorgänge – insbesondere das Leben der Menschen – mit den Bewegungen der Sternenwelt korrespondieren. Die Sterne üben nach dieser Überzeugung gewisse bestimmbare Kräfte auf die Menschen aus, so dass aus der Konstellation der Sterne auch Aussagen über die Zukunft gemacht werden können (Horoskope).
Die Astrologie hatte von der Antike bis ins 17. Jahrhundert wissenschaftlichen Rang. Erst das naturwissenschaftliche Weltbild hat sie – da empirische Belege für ihre Richtigkeit fehlen bzw. nicht möglich sind – in den Bereich des Aberglaubens verdrängt. Vom Standpunkt der postmodernen Skepsis an rationalen Weltbildern aus erscheint das **ganzheitliche Weltdeutungssystem** der Astrologie für viele Menschen heute wieder attraktiv.

Die Suche nach ganzheitlicher Welterklärung in der spezifizierten Welt der Naturwissenschaften und der Technik ist auch eine der Hauptursachen für den Boom der **Esoterik.** Unter Esoterik (von griech. „esoteros“: ‚der Innere‘) lassen sich die verschiedensten Kulte und Praktiken zusammenfassen, z. B. Schamaismus, Druidenkult, Sufismus, Taoismus, I Ging, Zen, Psychosynthese, Urschrei-Therapie, Bio-Feedback, PSI usw. Esoterik wird teilweise als Oberbegriff für ganzheitliche Lebenshilfe aller Art betrachtet, worunter u. U. sogar die traditionelle christliche Theologie gerechnet wird. Für die Anhänger esoterischer Praktiken in den westlichen Industriestaaten ist eine synkretistische* Kombination verschiedenster Praktiken und Lehren typisch.

Gemeinsame Züge der esoterischen Weltdeutungsmodelle sind die ganzheitliche Weltsicht, der Glaube an die Macht des Bewusstseins sowie der Glaube an die Evolution. Das Individuum soll auf einem Weg „nach Innen" die Harmonie mit dem Kosmos erreichen. Dazu muss sich das Bewusstsein transformieren und sich als Teil des kosmischen Bewusstseins erkennen; das Ich muss seine Energien mit dem kosmischen Energiefeld in Einklang bringen.

> Jeder Mensch soll wählen und seine eigene Wahrheit bei der Verwirklichung seiner Existenz finden. Neue Formen von Religiosität und Spiritualität sollen zur Erkenntnis einer Wahrheit führen, die alle institutionalisierten Religionen und spirituellen Lehren weit übersteigen soll, die den menschlichen Verstand einem umfassenderen geistig-globalen Bewusstsein zuordnet.
>
> *Joachim Müller: Auf dem Weg in ein neues Zeitalter, in: Oswald Eggenberger u. a.: New Age – aus christlicher Sicht, Freiburg/Schweiz ²1987, S. 15*

Ein besonders ausgeprägtes esoterisches Weltdeutungsmodell legt die **New-Age-Bewegung** vor: In einem zyklischen System von „Weltmonaten", die jeweils etwa 2.000 Jahre dauern, durchläuft die gedachte Erdachsenverlängerung den ganzen Erdkreis in insgesamt rund 24.000 Jahren. Den zwölf Weltmonaten sind die aus der Astrologie bekannten Tierkreise zugeordnet. Nun werden dieser Einteilung auch die bisher durchlaufenen Zeitalterstufen der Menschheit (und die noch zu durchlaufenden) angepasst. Dabei entstehen so interessante symbolische Korrespondenzen wie die Bezeichnung des „ägyptischen Zeitalters" (4.000–2.000 v. Chr.) mit dem Stier – Symbol etwa des Baalskultes; das „jüdische Zeitalter" (2.000 v. Chr.–0) wird mit dem Widder bezeichnet – Symbol etwa für das Opfer des ABRAHAM; das „christliche Zeitalter" (0–2.000 n. Chr.) schließlich erhält das Tierkreiszeichensymbol der Fische – eine Anspielung an das urchristliche Geheimsymbol für den christlichen Glauben.

Nach FRITJOF CAPRA, auf dessen Buch *Wendezeit – Bausteine für ein neues Weltbild* dieses System beruht, ist das „christliche Zeitalter" geprägt von Kriegen und Konflikten. Die Wende zum dritten Jahrtausend, die Ablösung des Fische-Zeitalters durch das „New Age" – das **Zeitalter des Wassermanns** –, ist zugleich die entscheidende Chance für den Aufbruch in eine neue Menschlichkeit, in der die Menschheit die Gelegenheit erhält das Bewusstsein zu evolutionieren. Die New-Age-Bewegung muss daher ein weltweites Netzwerk bilden, worin die Menschen für die Wende gewonnen werden.

Das New-Age-System

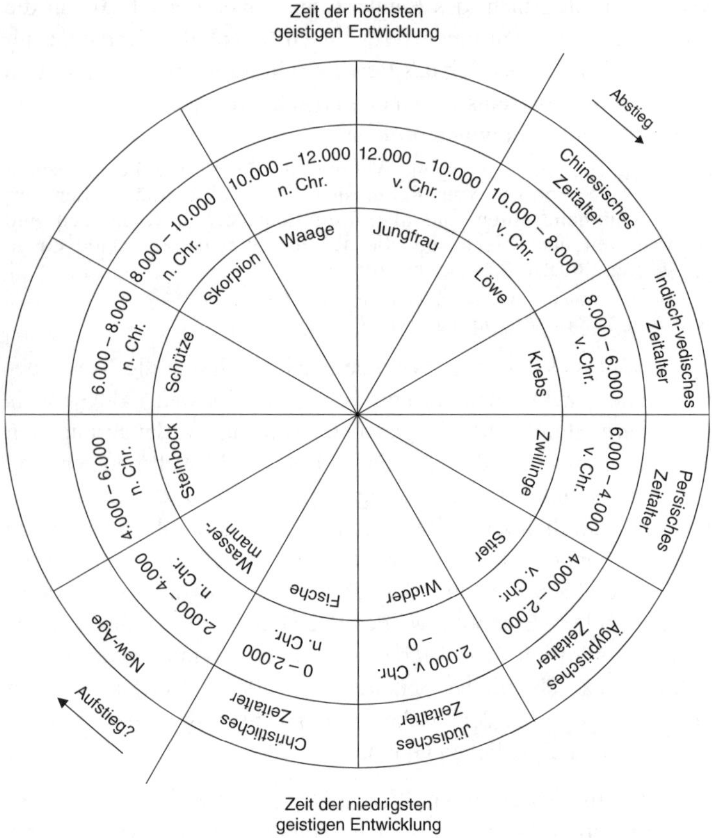

(nach F. Capra)

Aberglaube im Christentum

Aberglaube im Sinne einer dem befreienden christlichen Glauben entgegengesetzten Glaubenspraxis gibt es auch innerhalb der an die kirchliche Tradition gebundenen Frömmigkeit. Von Aberglaube *im* Christentum müsste insbesondere immer dann gesprochen werden, wenn **magische Praktiken** gepflegt werden, bei denen die freie Glaubensentscheidung des Einzelnen missachtet wird. Das folgende Beispiel vermischt legitime Inhalte des Glaubens an die Wirksamkeit der Sakramente (vgl. S. 81 ff.) mit magisch-okkulten Vorstellungen:

Wir dürfen uns wirklich voller Vertrauen in den Schutz Mariens begeben; sie enttäuscht uns nie. Als sichere Bürgschaft dafür hat auch sie uns ein sichtbares Zeichen gegeben, ein Symbol ihres Mantelschutzes. Dieses Zeichen erblicken wir in jedem kirchlich geweihten Skapulier, einem kleinen Stückchen Stoff, das uns Maria durch die Hand unserer Mutter Kirche überreicht als Unterpfand dafür, dass sie ihren mütterlichen Mantel um uns schlingt.
[...] Wiederholt ist Maria bisher heiligen und heiligmäßigen Seelen erschienen und hat sie ausdrücklich zur Verbreitung von Skapulieren beauftragt. So erschien sie am 28. Januar 1840 in Paris der jungen Schwester Justine Bisqueyburu, die der Kongregation der „Töchter der barmherzigen Liebe“ vom hl. Vinzenz von Paul angehörte, und ermächtigte sie zur Verbreitung des sogenannten Grünen Skapuliers vom Unbefleckten Herzen Mariens. Dies sollte besonders die Bekehrung der Ungläubigen und Sünder erwirken und ihnen eine gute Sterbestunde vermitteln. Papst Pius IX. gab dem Grünen Skapulier die kirchliche Gutheißung.
Es ist unmöglich, die große Zahl auffallender Gebetserhörungen anzugeben, die auf den vertrauensvollen Gebrauch des Grünen Skapuliers zurückzuführen sind. Besonders hat es sich – gemäß der Verheißung Mariens – bei der Gewinnung oder Rückgewinnung religiös Abständiger oder Ungläubiger immer wieder bewährt, vor allem auch bezüglich des Empfangs der heiligen Sterbesakramente. Oft wussten die Kranken nichts davon, dass man ihnen ein geweihtes Grünes Skapulier unter das Kopfkissen gelegt oder irgendwie in ihrer Kleidung befestigt hatte. Stets aber waren solche barmherzigen Taten der Angehörigen von sichtbarem Segen begleitet. [...]
Das Grüne Skapulier muss vor dem Gebrauch kirchlich geweiht sein; diese Weihe kann jedoch jeder beliebige katholische Priester vornehmen.

Unbek. Verf.: Das Grüne Skapulier vom Unbefleckten Herzen Mariens. In: Horst Gorbauch/ Dorothea Mehner-Weber (Hrsg.): Materialien Glaube und Fehlformen des Glaubens. Stuttgart 1992, S. 37 f.

Ursachen und Folgen des Aberglaubens

Für das Aufkommen des Aberglaubens werden folgende **Ursachen** verantwortlich gemacht:

- Globale und/oder individuelle Krisen sowie die komplexe moderne Lebenswelt schaffen Verunsicherung und lassen das Bedürfnis nach einfachen Welterklärungsmodellen entstehen.
- Der Werteverlust in der pluralen Gesellschaft verunsichert die Einzelnen in ihren Glaubensentscheidungen; gleichzeitig existiert ein „Markt der Sinnfindungsangebote“.
- Die Privatisierung der persönlichen Sinnfindung in der heutigen Gesellschaft schafft eine Tabuisierung religiöser Fragestellungen und eine Verarmung der Kommunikation über religiöse Erfahrungen, so dass die Einzelnen letztlich auf sich allein gestellt sind.
- Enttäuschungen im Bereich persönlicher zwischenmenschlicher Beziehungen (Trennung) lösen u. U. die Hinwendung zu unpersönlichen Mächten aus.

- Langeweile in der Konsumgesellschaft, Neugier auf Abenteuer, Lust am Ungewöhnlichen, am Exotischen und am Gruseleffekt sowie das Bedürfnis nach Selbsterfahrung und Gruppenerlebnissen werden von den „Händlern des Aberglaubens" besonders genutzt.

Folgende **Gefahren** gehen vom Aberglauben aus:
- geistige und psychische Abhängigkeit von „Gurus" oder selbsternannten geistigen und/oder seelischen Führern bis zur völligen Willenlosigkeit;
- Realitätsverlust bis zum „Ausrasten", geistig-psychische Störungen und Erkrankungen;
- finanzielle Ausbeutung;
- suchtähnliche Erscheinungen.

Das entscheidende Kriterium zur Beurteilung abergläubischer Praktiken aus der Sicht des christlichen Glaubens ist die Frage nach der befreienden Wirklichkeit der entsprechenden Glaubenspraxis. Jeder Kult, der nur scheinbar befreit, der nach einer gewissen Zeit Leere hinterlässt oder der von Anfang an mit Unterdrückung und Angst verbunden ist, muss abgelehnt werden. Dieses Kriterium gilt ebenso bei den sogenannten **Sekten.** Der wahre christliche Glaube geht von der befreienden Erlösungstat Jesu Christi aus, die zur „Freiheit des Christenmenschen" (Martin Luther) führt.

> Was ist mit unserer Kirche los, dass immer mehr Menschen woanders ihr Heil suchen? Junge Leute – vor ein paar Jahren erst gefirmt – kehren der Kirche gelangweilt und desinteressiert den Rücken und wenden sich irgendwelchen „Sinnagenturen" zu. Ob wir ihnen zu verkopft sind, zu aufgeklärt?
> Dabei haben wir doch die ganze Erfahrung unseres Glaubens, dass der Mensch weit mehr ist als aufgeklärte Vernunft und Wissen. Wir glauben uns umgeben von Gottes wohltuender Gegenwart. Die Bibel spricht von den Engeln Gottes, die uns beschützen und begleiten. Ebenso gibt es teuflische Versuchungen, Teufelskreise der Gewalt, der Lüge und des Unrechts, Verblendungszusammenhänge, in denen der Einzelne fast machtlos ist. Das verschweigt die Bibel nicht, davon weiß unser Glaube zu erzählen. Er spaltet das Dunkle nicht ab, sondern stellt sich ihm. Es ist ja kein Zufall, dass wir unser Christsein in der Weih-Nacht und der Oster-Nacht bekennen. Die Nacht ist wichtig, nicht nur der Tag, das Dunkel hat Bedeutung, nicht nur das Licht, das „Okkulte" ist ernst zu nehmen, nicht nur das Helle. Beides nimmt der Glaube wahr, beides wird in der Liturgie so gestaltet, dass wir angesprochen werden, so wie wir sind – mit Licht und mit Schatten, mit Hellem und Dunklem, mit Tod und Leben. Gott kommt uns entgegen bei Licht und in Dunkelheiten, er geht mit uns tags und nachts. Sowohl unsere Vernunft wie unser Unbewusstes, unsere Gedanken wie unsere Träume sind das Medium seiner Ankunft. Entscheidend dabei ist dies, dass uns Gott bekannt geworden ist in Jesus Christus.
>
> *Franz Kamphaus: Okkultismus – von allen guten Geistern verlassen. In: Ders.: Briefe an junge Menschen. Freiburg i. Br. 1988, S. 56f.*

5.4 Gegenseitiges Verwiesensein von Naturwissenschaft und Glaube

Historisch gesehen hat sich das Verhältnis von Wissen und Glauben in folgenden Schritten entwickelt:

- Während des **Mittelalters** existierte eine Gesamtsicht der Welt aus dem Glauben unter Einbeziehung des Wissens („Glauben vor Wissen").
- Während des Zeitalters der **Aufklärung** wurde eine Überbetonung des Wissens gepflegt („Wissen vor Glauben").
- Im **Positivismus*** des 19. Jahrhunderts herrschte die Haltung des „Wissens gegen Glauben" vor.
- Erst im 20. Jahrhundert entsteht die komplementäre Sichtweise von „Glauben *und* Wissen".

Der **interdisziplinäre Dialog** zwischen den verschiedenen Wissenschaften und Lebensbereichen – z. B. Politik, Wirtschaft, Philosophie, Kunst, Religion, Medien – wird zunehmend als notwendig erachtet. Um die Zukunft verantwortlich zu gestalten, müssen sowohl die Ergebnisse der verschiedenen Disziplinen als auch ihre Perspektiven verglichen und gegenseitig ergänzt werden.

5.4.1 Glaube ohne Sachkenntnis: Verlust der Wirklichkeit

Theologie und Glaubenspraxis dürfen die Wirklichkeit der Welt, wie sie von den Naturwissenschaften beschrieben wird, nicht ignorieren, wenn sie den Bezug zur Wirklichkeit nicht verlieren wollen. Glaube ohne Berücksichtigung der naturwissenschaftlichen Erkenntnisse führt zu Realitätsverlust, **Weltfremdheit und Weltflucht.** Wenn die irdischen Existenzbedingungen mit allen Problemen und Krisen nicht wahrgenommen würden, wären Theologie und Glaube bloßer „Überbau" und „Opium des Volkes" (KARL MARX, vgl. Bd. 1, S. 13, 49 f.). In dem Augenblick, wo die Theologie die Geschichtlichkeit der Offenbarung aus dem Blick verliert, wird sie anfällig für den **Fundamentalismus*,** etwa in Form von Biblizismus* und Dogmatismus*. Der Glaube jedoch, der sich der Wirklichkeit der Welt stellt, eröffnet die erlösende und versöhnende Befreiung der Menschen und leistet damit einen wichtigen Beitrag zur Humanisierung aller Lebensbereiche.

5.4.2 Sachkenntnis ohne Glaube: Verlust des Ziels

Sobald die Wissenschaften mit ihrer Sachkenntnis die Sinn- und Wertdimensionen der Wirklichkeit ausblenden, werden Welt und menschliches Leben auf Einzelaspekte reduziert. Die **eindimensionale Weltsicht** evoziert die Gefahr einer Verzweckung des Daseins. Daher muss die Theologie als Glaubenswissenschaft mit den naturwissenschaftlichen und anthropologischen Wissenschaftsdisziplinen in einen Dialog treten. Sie muss ihre Perspektive zur Erforschung und Beschreibung der Wirklichkeit darlegen und die forschenden und technologischen Ambitionen der Menschen ethisch bewerten, indem sie das **biblisch-christliche Verständnis von Welt und Mensch** in das Gespräch einbringt.

5.4.3 Die Komplementarität von Wissen und Glauben am Beispiel von Evolutionstheorie und Schöpfungsglaube

‚Evolution' ist ein Begriff aus den empirischen Wissenschaften. Er meint die Entwicklung (lat. „evolvere": ‚entwickeln') der Wirklichkeit von Energie zu Materie (physikalisch-chemische Evolution), von Materie zu Leben (bio-chemische Evolution) und schließlich die phylogenetische (stammesgeschichtliche) Entwicklung der Lebewesen von einfachen zu hochentwickelten Formen **(biologische Evolutionstheorie).** Die Evolutionstheorie beschreibt das räumlich-zeitliche Nacheinander der Lebensformen in ihrer Kausalität, d. h. das „horizontale" Wie des Daseins. Sie setzt dabei stets ein „Etwas" voraus, das der evolutiven Veränderung unterworfen ist; sie fragt aber nicht danach, *warum* „Etwas" ist und nicht vielmehr „Nichts".
Obwohl das Wort „Schöpfung" heute als Wort für „Welt" und „Natur" allgemein gebräuchlich ist, handelt es sich bei ‚Schöpfung' streng genommen um einen theologischen Begriff. Der Schöpfungsglaube gibt kein Modell für das intellektuelle Interesse nach dem Wie des Ursprungs. Vielmehr klärt er die existenzielle Frage nach dem **Grund aller Wirklichkeit** und antwortet damit auf das „vertikale" Woher und Wozu des Daseins: Gott hat die Welt aus freier Entscheidung aus dem Nichts erschaffen („Creatio ex nihilo"). Eine rein materialistische Entwicklungslehre ist mit dem Schöpfungsglauben daher nicht vereinbar.

Streitpunkte zwischen Evolutionstheorie und Schöpfungsglaube

Der historische Ausgangspunkt für den teilweise sehr hitzig ausgetragenen Streit zwischen Evolutionstheorie und Schöpfungsglaube ist der spätmittelalterliche und frühneuzeitliche **Anspruch der Kirche** auf die Autorität in allen wissen-

schaftlichen Fragestellungen. Am Beispiel des Verfahrens gegen GALILEO GALILEI (1633) – erst nach über 350 Jahren durch Papst JOHANNES PAUL II. offiziell rehabilitiert – und vor allem an seiner Rezeptionsgeschichte wird deutlich, dass das damalige Beharren der Kirche auf naturwissenschaftlichen Ableitungen aus dem Schöpfungsglauben diesem Glauben sehr geschadet hat. Die Vertreter der Naturwissenschaften haben nämlich häufig mit der begründeten Ablehnung dieser Ableitungen gleichzeitig das legitime Anliegen des Schöpfungsglaubens über Bord geworfen.
Noch immer wird der **Schöpfungsglaube** von prominenten Naturwissenschaftlern **als „Mystik" diskreditiert,** wie der folgende Textausschnitt aus dem Buch eines führenden Evolutionsbiologen verdeutlicht:

> Nun kann es schon sein, dass die Vorstellung, die Lebewesen seien aus der Hand eines gütigen Gottes entlassen und der Mensch selbst nach dem Ebenbild Gottes erschaffen worden, vielen Menschen ein Geborgenheitsgefühl vermittelt, das sie „unter der Decke" der Evolutionstheorie nicht spüren. Das aber sind psychologisch zu verstehende Momente, die nichts daran ändern, dass – wenn nicht alles falsch ist, was wir heute über den Werdegang unseres Planeten wissen – die Lebewesen (den Menschen eingeschlossen) Resultate *natürlich* wirkender Mechanismen sind und nicht von einem „höheren Wesen" erschaffen wurden. [...]
> Im Lichte der Evolution (im allgemeinen Wortsinn) ist das Universum nach heutiger Auffassung vor etwa zwanzig Jahrmilliarden entstanden und hat sich fortan „bewegt", verändert. In den Naturwissenschaften setzt sich das Paradigma eines *selbstorganisierenden* Universums durch, in dem also, einfach gesagt, alles durch natürliche (im Universum selbst liegende, materielle) Kräfte bewirkt wird. Auch die Evolution des Lebendigen wird – wie immer man im Einzelnen die Abläufe und Mechanismen beurteilt – als ein natürlicher Vorgang gesehen, in dessen Verlauf sich materielle Elemente zu immer größerer Komplexität organisieren. Evolution ist also ein „sich selbst planender" Vorgang. [...] Im Rahmen naturwissenschaftlichen Denkens ist – ich zögere nicht, dies zu sagen – Gott, wie schon Pierre Simon de Laplace (1749–1827) meinte, eine „überflüssige Hypothese". [...]
> Der gläubige Mensch kann, auch wenn er Evolution als Tatsache akzeptiert, natürlich immer noch daran festhalten, dass das Werden des Lebendigen, ja das Werden des Kosmos Symbol eines göttlichen Ausdrucks in dieser Welt ist; nur wird er/sie aber dann auch einsehen müssen, dass damit der Bereich naturwissenschaftlicher Forschung verlassen ist. Der Evolutionsbiologe hingegen wird, dem Selbstverständnis seiner Wissenschaft gemäß, die Kausalität der Phänomene in den Phänomenen selbst suchen und auf die Annahme jeder „höheren Kraft" verzichten. Glaubt man aus naturwissenschaftlichen Aussagen religiöse „Wahrheiten" ableiten zu können, dann hat man zwei fundamental verschiedene Denkebenen miteinander verwechselt. Das Ergebnis ist dann ein eigenartiges Gemisch aus wissenschaftlicher Theorie und Mystik und jedenfalls für einen in halbwegs „klaren Linien" denkenden Menschen schwer zu verdauen, so wie die „Evolutionsmystik" eines Pierre Teilhard de Chardin (1881–1955) [vgl. S. 48].

Franz M. Wuketits: Evolutionstheorien. Historische Voraussetzungen, Positionen, Kritik. Darmstadt 1988, S. 28–31

An diese Darstellung lassen sich folgende kritische Anfragen knüpfen:

- Wenn die „Lebewesen (den Menschen eingeschlossen) Resultate *natürlich* wirkender Mechanismen sind“ (Z. 6 f.), muss die Frage erlaubt sein: Woher stammt die „Natur“? Woher kommen ihre Mechanismen? Worin besteht ihr Sinn? – Wenn im Universum „alles durch natürliche (im Universum selbst liegende, materielle) Kräfte bewirkt wird“ (Z. 12 f.), erhebt sich die Frage: Was ist Materie? Woher kommt sie? Nach welchen Gesetzen wirkt sie und weshalb wirken diese Gesetze? – Die **Frage nach der Begründung des Seins** kann innerhalb der Denkkategorien der Evolutionstheorie nicht beantwortet werden.
- Wenn der Text sagt, dass die Evolutionsbiologie „die Kausalität der Phänomene in den Phänomenen selbst“ suche (Z. 25 f.), dann muss gefragt werden: Weshalb wirkt eigentlich Kausalität? – Auch die **Frage nach der Begründung der Logik** liegt außerhalb der Reichweite naturwissenschaftlicher Kategorien.

In dem Augenblick, wo die Evolutionstheorie eine „ungeschaffene“ Materie voraussetzt, aus der alle Lebewesen, auch der Mensch, entstanden sind, wird sie zu einer Weltanschauung **(Evolutionismus).** In dem Moment, wo die Naturwissenschaft aus sich heraus philosophische oder theologische Fragen beantworten will, verlässt sie den „Bereich naturwissenschaftlicher Forschung“ (Z. 23 f.).

Der Charakter des biblischen Schöpfungsglaubens

Die landläufigen Einwände gegen den Schöpfungsglauben heute richten sich gegen die biblische Darstellung der Schöpfung im Buch Genesis. Man ist heute nicht mehr bereit zu „glauben“, dass die Welt in sieben Tagen entstanden sein soll, dass ADAM und EVA die ersten Menschen gewesen seien und dass das Universum die Gestalt des antiken Weltbildes (mit Erdscheibe und Himmelsgewölbe) besitze. Dies alles wird als wissenschaftlich überholt abgelegt.

Was viele Menschen übersehen, ist, dass die biblischen **Schöpfungserzählungen nicht als historische und naturwissenschaftliche Protokolle** gelesen werden können. Die Bibel gibt von sich aus den Beleg dafür, denn sie enthält in Gen 1–2 zwei verschiedene Schöpfungserzählungen, die in verschiedenen kulturellen Kontexten entstanden sind:

- Gen 1,1–2,4a dürfte um 550 v. Chr. im Babylonischen Exil von Mitgliedern der jüdischen Priesterschaft verfasst worden sein (priesterschriftliche Schöpfungserzählung). Der Text stellt ein großes **Schöpfungslied** dar, das mit mehreren

Refrains die Schöpfung in den liturgischen Sieben-Tage-Rhythmus der jüdischen Woche integriert, mit dem Wochenfest des Sabbats als Schluss und Höhepunkt.

- Gen 2,4b–25 wurde wahrscheinlich bereits um 900 v. Chr. niedergeschrieben und geht auf Erzählungen der in den Wüsten umherziehenden Nomaden zurück. Hier wird in **sagenartiger Form** die Erschaffung des Menschen aus Ackerboden und sein Leben im Garten Eden erzählt.

Entscheidend ist nun, dass die Redakteure des Buches Genesis die beiden Texte hintereinander gesetzt haben, ohne die **offensichtlichen Widersprüche** zu glätten (z. B. die unterschiedliche Reihenfolge der Erschaffung von Mensch und Tier oder die unterschiedliche Rolle des Wassers als lebensnotwendig bzw. bedrohlich). Dadurch wird deutlich, dass es der Bibel nicht auf das „Wie" der Schöpfung ankommt, sondern auf das „Dass": Der biblische Schöpfungsglaube erstreckt sich auf das Bekenntnis, *dass* die ganze Welt von Gott kommt und *dass* der Mensch als Gemeinschaftswesen die partnerschaftliche Mitverantwortung für die Welt besitzt. Es gehört nicht in den Bereich der Glaubensinhalte zu glauben, dass das Universum so geworden ist, *wie* es die biblischen Texte erzählen.
Selbstverständlich stellen die Schöpfungserzählungen den Glauben mit den damaligen Möglichkeiten dar: der Bildersprache, dem **damaligen Weltbild** und den damals üblichen Erzähltechniken. So sind in das Schöpfungslied von Gen 1 die Klassifikationen der antiken Wissenschaft eingegangen, wenn z. B. das Reich der Tiere ähnlich wie bei ARISTOTELES in Wassertiere (Fische), große Seetiere (Seeungeheuer), Vögel, Vieh (Vierfüßer), Kriechtiere (Fußlose) und Feldtiere eingeteilt wird.
Sehr weitreichend ist die Erkenntnis, dass besonders Gen 2 ff. die Erzähltechnik der **Ätiologie*** verwendet. Das bedeutet, dass die Erzählung nicht in erster Linie erzählen will, wie etwas entstanden ist, sondern wie es sich hier und heute darstellt: Die **gegenwärtigen Verhältnisse** werden in ihrer Eigenart beschrieben, indem ihre typischen Merkmale in eine – so nie erfolgte – Anfangsgeschichte projiziert werden. Das heißt, dass z. B. nicht beschrieben werden soll, *wie* die Frau aus dem Mann entstanden ist, sondern *dass* Frau und Mann „aus dem gleichen Holz geschnitzt" sind oder – wie eine hebräische Redensart sagt – „ein Bein und ein Fleisch" sind („Das endlich ist Bein von meinem Bein und Fleisch von meinem Fleisch" [Gen 2,23]). Die charakteristischen Merkmale der Gegenwart werden in einer Geschichte dargestellt, die sie in einer fiktionalen Ursprungsgeschichte auf anschauliche Weise praktisch vor den geistigen Augen der Leser „entstehen" lässt.

Die Erzähltechnik der Ätiologie

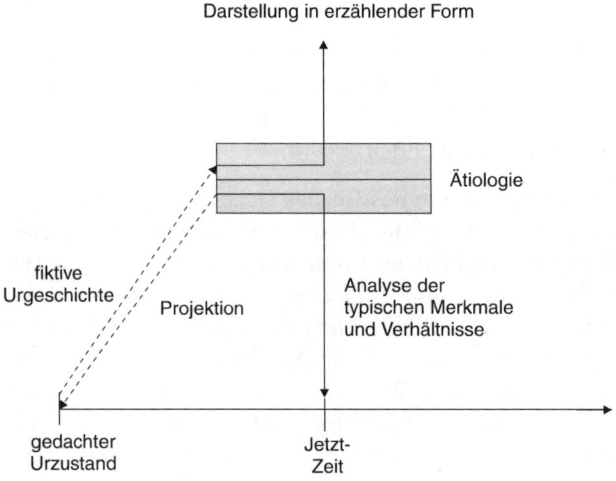

Mit ihrem Bekenntnis zur Gottebenbildlichkeit des Menschen befürwortet die Bibel geradezu das naturwissenschaftliche Forschen der Menschheit. Verknüpfungen mit Aussagen der Evolutionstheorie sind auf dieser Basis nicht nur wünschenswert, sondern auch möglich. Wichtig ist jedoch festzuhalten, dass an die Schöpfung zu glauben nicht bedeutet, an das Modell von der Welt zu glauben, das bei den biblischen Erzählungen verwendet worden ist.

Grenzüberschreitungen: Kreationismus und Positivismus

Das Problem der Grenzüberschreitung soll auf Seiten des Schöpfungslaubens anhand des Kreationismus, auf Seiten der Evolutionstheorie anhand des Positivismus* gezeigt werden. Grenzüberschreitungen liegen vor, wenn die Zuständigkeit der eigenen Position überschätzt wird, indem die durch die jeweiligen Methoden vorgegebenen Begrenzungen missachtet werden. Wenn eine Position mit ihren (Teil-)Wahrheiten zur ganzen und alleinigen Wahrheit verabsolutiert wird, entsteht eine **Ideologie.**

Der **Kreationismus** ist eine vorwiegend in den USA und in Großbritannien verbreitete Bewegung. In ihr wird versucht die Schöpfungserzählungen der Bibel als naturwissenschaftliche Aussagen zu interpretieren. Insbesondere die Aussage, dass Gott alle Lebewesen geschaffen habe, und zwar „ein jegliches nach seiner

Art“ (vgl. Gen 1,24 f.), d. h. von vorn herein in der Gestalt, wie sie z. T. heute noch vorkommen, soll mit wissenschaftlichen Erkenntnissen belegt werden, z. B. mit der Darstellung versteinerter Pflanzen und Tiere. Eine solche fundamentalistische* Interpretation der biblischen Texte im Sinne eines wortwörtlichen Verständnisses muss die Theorie einer stammesgeschichtlichen Evolution logischerweise ablehnen.
Kreationisten in den USA haben es z. B. vor Gericht erreicht, dass in den Biologie-Lehrbüchern einiger Staaten die biblischen Schöpfungserzählungen parallel zur Darstellung der Evolutionstheorie abgedruckt werden müssen. Dadurch schaffen sie eine völlig falsche Alternative und erzeugen ein Klima polemischer Auseinandersetzung, welches der eigentlichen Problematik in keiner Weise gerecht wird.

Der **Positivismus*** besteht in der Rückführung der Wirklichkeitssicht auf das empirisch Wahrnehmbare, das objektiv Gegebene (von lat. „positum“: ‚gegeben‘). In der Philosophiegeschichte geht er vor allem auf DAVID HUME (1711–1776) und AUGUSTE COMTE (1789–1857) zurück und bestimmt heute im angloamerikanischen Raum im Wesentlichen das wissenschaftliche Selbstverständnis. In dem Augenblick, wo der Positivismus seine Wirklichkeitssicht verabsolutiert und z. B. den Schöpfungsglauben als Irrealität betrachtet, stellt er eine ideologische Verengung dar, da er die Vielfalt der Zugänge zur Vieldimensionalität der Wirklichkeit nicht wahrnimmt. Zugleich widerspricht er seinen eigenen Prinzipien, da er die Gültigkeit der eigenen Weltsicht empirisch nicht beweisen kann, d. h. der Positivismus geht von Setzungen aus und widerspricht sich damit selbst.

Auch in der Theologie gibt es den Positivismus in Form eines **theologischen Offenbarungspositivismus.** Theologie wird zur Ideologie, wenn sie das lebendige Glaubensgeschehen aus den Augen verliert. Die Theologie darf objektive Erkenntnisse der Natur- und Humanwissenschaften nicht ignorieren und muss ihre eigene Geschichtlichkeit respektieren. Sobald das göttliche Geheimnis verobjektiviert wird (z. B. Verabsolutierung des Glaubens an die Jungfrauengeburt als biologisches Faktum) wird die historische Dimension der Offenbarung ausgeblendet. Gleichzeitig wird ein sinnvoller persönlicher Glaubenszugang zu den Symbolen des Glaubens verschüttet.

Korrespondenzen von Evolutionstheorie und Schöpfungsglaube

Evolutionstheorie und Schöpfungsglaube sind kein prinzipieller Widerspruch, vielmehr bieten sie beide Ansätze zu verschiedenartigen Fragestellungen. Die Naturwissenschaften stellen die Frage nach dem Wie des Soseins, d. h. die intellektuelle Frage nach der Weise der Existenz. Die Theologie stellt dagegen die Frage nach dem Warum des Daseins, d. h. die existenzielle Frage nach ihrem Woher und Wozu. Da sich Naturwissenschaft und Theologie mit derselben Wirklichkeit auseinandersetzen, sind sie auf den Dialog angewiesen.

Wenn man die biblischen und die biologischen Aussagen nicht auf der Ebene von Fakten oder von weltbildhaft verdichteten Aussagesystemen aufeinander bezieht, sondern auf der **Sinn- und Bedeutungsebene,** dann lassen sich Korrespondenzen herstellen. Diese Korrespondenzen dürfen nicht als gegenseitige Bestätigung des Wahrheitsgehalts in den jeweiligen Aussagen von Evolutionstheorie oder Schöpfungsglaube interpretiert werden – das wäre ein Rückfall ins Faktische. Vielmehr müssen die gleichsinnigen Bedeutungen als Aufforderungen verstanden werden, das jeweilige Wissen in den Dienst der gemeinsamen Verantwortung für die Welt zu stellen.

- Schöpfungsglaube und Evolutionstheorie stimmen darin überein, dass sie in der Schöpfung bzw. in der Evolution keine Willkür und kein Durcheinander am Werk sehen, sondern **zuverlässige Kontinuität** (Erschaffung der Lebewesen nach ihrer Art bzw. Entwicklung der Arten in genetisch voneinander getrennten Linien).
- Ein zentraler Streitpunkt zwischen Schöpfungsglaube und Evolutionstheorie ist die Frage nach der **Zielgerichtetheit der Evolution.** Zwar gibt es unter Naturwissenschaftlern maßgebliche Vertreter der These, die Evolution sei zielgerichtet, ohne dass allerdings die Beschreibung ihres Endzustandes noch des Weges dorthin aus ihr heraus ableitbar sei; sie begründen diese These aus der Beobachtung der Komplexifikation (dem unaufhörlich beschleunigten Wachstum von Mustern) in der Evolution. Gleichzeitig sehen sie eine Sonderstellung des Menschen in der Evolution darin gegeben, dass sie eine Entwicklung zum Menschen hin beobachten, ohne dass bei der Entwicklung der Teilstufen der Mensch als Ziel bereits beabsichtigt wäre. Selbst wenn jedoch eine solche Zielgerichtetheit der Evolution aus naturwissenschaftlicher Sicht abgelehnt werden müsste, bestünde eine Korrespondenz zwischen Schöpfungsglauben und Evolutionstheorie darin, dass die Naturwissenschaft in der Evolution selbst weder einen Sinn noch eine Sinnlosigkeit sieht, sondern eine **Offenheit auf die Zukunft.** Der Glaube sieht als eigentliche „Krone der Schöpfung" nicht den Menschen, sondern – vgl. das Geschehen des „siebten Tages" – die **Vollendung der Schöpfung in Gott.**

- Sowohl der Schöpfungsglaube als auch die Evolutionstheorie beschreiben die **Menschheit als eine Einheit** (Abstammung der Menschen von einem Stammvater bzw. Rückführung der Menschheit auf nur eine einzige Stammeslinie). Daraus ergeben sich fundamentale Konsequenzen für die Ethik menschlichen Zusammenlebens, z. B. die Anerkennung absolut gleicher Rechte für alle Menschen.
- Die Aussage, dass diese Welt als ganzes Gottes gute Schöpfung sei, korrespondiert mit der ökologischen Beschreibung der **Natur als Einheit.** Der Mensch ist nach dem Schöpfungsglauben sowohl Geschöpf als auch zugleich verantwortlicher Sachwalter für die Schöpfung. Die Ökologie sieht den Menschen entsprechend als Teil und Gegenüber der Natur und des Bioplaneten Erde. Daraus folgt in der Zusammenschau beider Positionen auf der Bedeutungsebene die Verpflichtung des Menschen auf seine **Verantwortung** für die Erhaltung der Welt.
- Das Bild von der Sintflut als Folge der Grenzüberschreitung des Menschen im Umgang mit der Schöpfung findet eine aktuelle Korrespondenz in der Gefahr der ökologischen Katastrophe als Folge der hemmungslosen Ausbeutung der Lebensbedingungen durch den Menschen. Die **Gefährdung der Mitwelt** wird letztlich menschlichem Tun angelastet. Daraus folgt die Notwendigkeit, als Mensch die Grenzen des Machbaren und der Erkenntnis einzugestehen.

> Da man nicht nach dem Faktischen, sondern nach Bedeutungen fragt, sind die Aussagen über die biblisch-biologischen Korrespondenzen nur dann fruchtbar, wenn der Biologe dabei über das naturwissenschaftlich Beweisbare hinaus nach dem Sinn seiner Erkenntnisse fragt. So hat die Orientierung am biblischen Mythos in der Wissenschaftsgeschichte die betreffenden Wissenschaftler vor wild ins Kraut schießenden Spekulationen ihrer freidenkenden Kollegen bewahrt. Umgekehrt erlauben die Korrespondenzen, Aussagen des Mythos gerade auch in unserer durch naturwissenschaftliche Erkenntnis geprägten Wirklichkeit neu zu verstehen.
>
> *Ulrich Kattmann: Von Schöpfungsglauben und Evolutionstheorie. In: Unterricht Biologie 179/ November 1992, S. 47*

Offene Fragen

Bei allen Korrespondenzen zwischen Evolutionstheorie und Schöpfungsglaube bleiben im Wesentlichen folgende Fragen offen:

- Während es in der Evolutionstheorie umstritten bleibt, ob die **Evolution zielgerichtet** ist oder einem völlig unbestimmten Zufall überlassen ist, sieht der Schöpfungsglaube ein eindeutiges Ziel der Schöpfung: die **Vollendung der Schöpfung** in Gott.

- Manchen Vertretern der Evolutionstheorie scheint der Mensch ein **„Irrläufer der Evolution“** zu sein. Demgegenüber sieht der Schöpfungsglaube den Menschen, wenn schon nicht als „Krone der Schöpfung“, so doch als einziges Wesen, das **Gottes Ebenbild** ist.
- Hier schließt sich die Frage an, ob der Mensch der **Schlusspunkt der Schöpfung** ist oder ein **Durchgangsstadium** in der evolutiven Entwicklung der Lebewesen.

An dieser Stelle liegt der Blick auf den Ansatz des Theologen und Paläontologen PIERRE TEILHARD DE CHARDIN (1881–1955) nahe, der die beiden Ebenen von Wissen und Glauben zusammenführen wollte, ohne die Objektivität naturwissenschaftlicher Befunde anzutasten. TEILHARD sieht in der Evolution des Kosmos einen auf ein Ziel zustrebenden zweckvollen Prozess. Das Ziel erkennt er im „christlichen Gott“, in Jesus Christus als der Inkarnation Gottes durch den Heiligen Geist. Auf Jesus Christus arbeitet die ganze Evolution hin und vereint in ihm schließlich alle Menschen und den ganzen Kosmos mit Gott. Von daher steht die Naturwissenschaft nicht im Widerspruch zur göttlichen Offenbarung, sondern führt direkt zum Christentum hin. Gott ist nicht die Evolution, sondern „Gott macht, dass die Dinge sich machen“. Die vier **Glaubenssätze Teilhards** lauten: Das Universum ist eine Evolution. Die Evolution strebt auf den Geist hin. Der Geist vollendet sich im Personalen. Das höchste Personale ist der Universale Christus.

Etwaige Vorwürfe, Teilhard habe mit seinen Darstellungen religiöse Aussagen naturwissenschaftlich zu begründen versucht, sind nicht zugkräftig. Seine Erklärungen und mystischen Visionen stellen vielmehr existenziell-sinngebende Welterklärungen und Weltdeutungen dar. Er wollte keine wissenschaftliche Theorie aufstellen, sondern ein widerspruchsfreies, allumfassendes Erklärungssystem unter Berücksichtigung der zentralen naturwissenschaftlichen Aussagen anbieten, das dieses in den größeren Zusammenhang einer allgemeinen religiösen Welterklärung stellt. [...]
Teilhard hat mit seiner lebenslangen tiefgründigen Arbeit in einer universellen Schau ein zusammenhängendes Weltbild entworfen, zu dem ihn einzelwissenschaftliche, philosophische und religiöse Einsichten und Erkenntnisse führten. Unter dem Primat des naturwissenschaftlichen Denkens konnte er so eine Sinn gebende und Welt erklärende Einheit visionär darstellen, auch wenn ihm eine letzte gültige Antwort wohl versagt blieb.

Harald von Sprockhoff: Naturwissenschaft und christlicher Glaube – ein Widerspruch? Darmstadt 1992, S. 107f.

5.5 Der Glaube als Motivation für verantwortliches Handeln

Immer dringlicher wird heute die Fragestellung: „Dürfen die Menschen alles machen, was sie können?“ Dabei ist der Dialog zwischen Vertretern der Naturwissenschaften sowie Vertretern der Philosophie und der Religionen in Gang gekommen. Sie arbeiten z. B. an einem „Projekt Weltethos“ (HANS KÜNG), worin ethische Normen aus philosophischen und religiösen Traditionen begründet und umgekehrt ihre Forderungen mit Hilfe der Vernunft konkretisiert werden (vgl. S. 143 f.). Bei ökologischen Problemen (Frage nach der Bewahrung der Schöpfung), bei den Problemen der Genforschung und Gentechnologie, bei der Problematik der Reproduktionsmedizin, bei den Fragen nach dem Schutz des Lebens (z. B. in den Problembereichen Abtreibung und Euthanasie/Sterbehilfe), beim Problem der Organtransplantation und anderen Fragestellungen kommt die Frage nach den **ethischen Maßstäben und ihrer Bewertung** in den Blick. Die Tendenz, dass der Mensch heute oft rein nach biologistischen Kriterien beurteilt wird, erfordert eine Diskussion über das den ethischen Maßstäben zu Grunde liegende Menschenbild.

5.5.1 Das biblisch-christliche Welt- und Menschenbild

Die wissenschaftliche Forschung ist nicht voraussetzungslos. So wie sich aus dem Interesse der Forschenden Rückwirkungen auf die zu gewinnende Erkenntnis ergeben (vgl. S. 5, 9), so ist die Forschungstätigkeit eingebunden in ein bestimmtes Verständnis von Welt und Mensch. Das biblisch-christliche Menschenbild bietet hierzu eine Orientierung, die es ermöglicht die aus den wissenschaftlich-technologischen Entwicklungen entstehenden Fragestellungen grundsätzlich zu beurteilen. Folgende **Merkmale** gehören dazu:

- Der Mensch ist **Geschöpf Gottes** unter den anderen Geschöpfen. Als **„Abbild Gottes“** (Gen 1,27) ist er jedoch in besonderer Weise das Wesen, das Gott ent-spricht, indem es zu Gott spricht und Gottes Anruf vernehmen kann. Dennoch ist der Mensch nicht Gott; er ist weder selbst Schöpfer seines Lebens noch Schöpfer der Natur, d. h. er ist nicht der Herr über Leben und Tod. Das „Sein-wollen-wie-Gott“ ist die eigentliche Begründung für das Schuldigwerden des Menschen.
- Der Mensch hat von Gott den **Schöpfungsauftrag** erhalten, die Erde zu bevölkern, sie zu unterwerfen und über sie zu herrschen (vgl. Gen 1,28). Doch ist dies kein Freibrief für eine Willkürherrschaft. Die Erde ist dem Menschen vielmehr in einer Weise anvertraut, wie einem Pächter das Eigentum eines

anderen zur Verwaltung gegeben ist; der Mensch ist darauf verpflichtet, die **Schöpfung zu bewahren und zu behüten** (vgl. Gen 2,15).

- Der Mensch besitzt als „Abbild Gottes" eine besondere Würde, welche seine **Personalität** begründet. Diese findet ihren Ausdruck in der Individualität des Menschen, die eingebunden ist in die soziale Dimension seines Lebens, insbesondere in die gegenseitige Verwiesenheit von Frau und Mann.
- Das Leiden Jesu Christi am Kreuz ist die unüberbietbare Solidarisierung Gottes mit dem leidenden Menschen. Daraus folgt, dass das **Leiden ein wesentliches Merkmal des Menschseins** ist, das seine Erlösung findet in Gott. Gott allein bleibt das letzte Wort über die Schöpfung, über Welt und Mensch (eschatologischer Vorbehalt*).

5.5.2 Biblisch-christliche Kriterien für verantwortliches Handeln

Im Hinblick auf die **Biotechnologie** hält die christliche Ethik am Grundsatz fest, dass die unverlierbare Menschenwürde, dass die Individualität und die autonomen Freiheitsrechte des Menschen unbedingt gewahrt bleiben müssen. Genetische Eingriffe dürfen sich nicht am Zeitgeist orientieren.
Im Hinblick auf die Feststellung von Erbkrankheiten durch die **pränatale Diagnostik** vertritt die christliche Ethik den Standpunkt, dass aus der Diagnose kein Urteil über den Lebenswert oder -unwert bzw. das Lebensrecht eines Menschen abgeleitet werden kann.
Aus der Menschenwürde jedes einzelnen Menschen als „Abbild Gottes" folgt die Aussage, dass Menschen nicht wie Sachen behandelt werden dürfen, etwa als lebendes Ersatzteillager bei der **Organtransplantation** oder als lebender Brutkasten bei der **Leihmutterschaft.**
Aus dem Bewusstsein des möglichen Schuldigwerdens ergibt sich die Notwendigkeit sorgfältiger Güterabwägung bei schwierigen Entscheidungen und die Forderung, nach dem **Gewissen** zu handeln (vgl. S. 127 f.).
Der eschatologische Vorbehalt* setzt allem Planen und Fortschrittsdenken der Menschen eine definitive Grenze. Der heutige **Wohlstand** darf nicht auf Kosten der kommenden Generationen erzielt werden; umgekehrt darf das künftige Glück nicht mit dem Unglück der gegenwärtigen Generation erkauft werden.

> Wir haben die Welt, das heißt den Kosmos einschließlich unserer eigenen Physis, „entzaubert" und damit den Bereich unseres Wissens, noch mehr allerdings unseres Nicht-Wissens, unserer Unwissenheit, unvorstellbar erweitert, das lässt sich nicht rückgängig machen. Als gläubige Christen sollten wir davor nicht erschrecken, uns nicht ängstigen, wohl aber im Bewusstsein der ungeheueren Verantwortung, die uns damit zugewachsen ist, uns vor Gott verdemütigen und ihn um Gnade bitten nicht

stolz zu werden auf diese unsere Leistung, die wir doch nur mit den von ihm uns geschenkten intellektuellen und anderen Gaben vollbringen konnten, uns ihrer nicht zu rühmen, vielmehr im Bewusstsein unserer Schwäche und unserer Anfälligkeit nicht nur für den Irrtum, sondern noch mehr für die Sünde, uns bemühen dieser Verantwortung gerecht zu werden.

Oswald von Nell-Breuning: Worauf es mir ankommt. Freiburg i. Br. ^{4}1985, S. 24 f.

Aufgaben

1. Vergleichen Sie die Erkenntnismethoden der Naturwissenschaft mit der Hermeneutik (Geisteswissenschaft).

2. Verdeutlichen Sie, in welcher Weise beim Glauben des ABRAHAM das menschliche Urvertrauen zum Tragen kommt.

3. Erklären Sie das neutestamentliche Bekenntnis, dass Jesus Christus „Urheber und Vollender des Glaubens" ist (Hebr 12,2).

4. Prüfen Sie am Beispiel einer aktuellen Problematik, welche Kriterien das biblisch-christliche Menschenbild für den verantwortlichen Umgang mit dem Wissen bietet.

5. Untersuchen Sie im folgenden Text aus einem Standardwerk der anorganischen Chemie, inwiefern darin eine Grenzüberschreitung der Naturwissenschaft vorgenommen wird:

Eines der interessantesten Spekulationsprobleme der Gegenwart ist die mögliche Existenz einer aus Antiprotonen, Antineuronen und Antielektronen aufgebauten *„Antimaterie"* irgendwo im Weltall. Materie und Antimaterie könnten bei der *„Schöpfung"* (dem *„Urknall"*) vor 14 Milliarden Jahren in gleichen Mengen aus Energie *(„Gott")* entstanden und nach entgegengesetzten Richtungen des Weltraums ausgeschleudert worden sein *(„Expansion des Weltalls")*, um nach „geradliniger" Ausbreitung im „gekrümmten" Raum des Weltalls im Verlaufe kosmischer Zeiten zum *„Weltuntergang"* wieder zusammenzustoßen *(„Kontraktion des Weltalls")* und sich dabei in Energie rückzuverwandeln, die dann für einen neuen Schöpfungsakt zur Verfügung stünde *(„Pulsation des Weltalls")*. Wie die dann gegebenenfalls entstehende neue Welt beschaffen wäre, welche Aufbauprinzipien und Naturgesetze für sie Gültigkeit besäßen und ob, wann und wo sich in ihr vernunftbegabte Lebewesen welcher Art entwickelten, vermag kein Irdischer vorauszusagen.

A. F. Hollemann/Egon Wiberg: Lehrbuch der Anorganischen Chemie. Berlin $^{81-90}$1976, S. 1115

Kirche in der Welt von heute

1 Streitpunkt Kirche

Die Kirche erscheint im Bewusstsein der meisten Menschen zunächst als gesellschaftliche Institution. Als solche trägt sie Mitverantwortung für die Entwicklung und das Wohlergehen der Gesellschaft. Gerade junge Menschen begegnen jeder Art von Institution jedoch mit Skepsis. Hinzu kommen persönliche Erfahrungen mit der Kirche, die ambivalent sind.

1.1 Kirche in der pluralen Gesellschaft

In der pluralen Gesellschaft existiert eine Pluralität von Lebenswelten und Weltanschauungen. Die Kirche als Überzeugungsgemeinschaft verliert darin zunehmend an Akzeptanz und Integrationsvermögen. Wie alle öffentlichen Institutionen gerät sie gegenüber dem emanzipatorischen und individualistischen Selbstbewusstsein der Menschen in eine **Legitimitätskrise.** Besonders Jugendliche üben Kritik an den Institutionen der Erwachsenenwelt; aber auch die Erwachsenen können sich in der institutionskritischen Gesellschaft häufig nicht mehr (voll) mit den Institutionen identifizieren.
Die multikulturellen Lebensverhältnisse erzeugen in unserer Gesellschaft einen religiösen Pluralismus, der nicht selten zu einem **religiösen Subjektivismus** führt: Einzelne Mitglieder der Gesellschaft suchen in der Religion eine Art „Lebenshilfe-Ratgeber" mit Therapie-Effekt. Aus den verschiedenen Religionen werden Versatzstücke kombiniert **(Synkretismus*),** und danach befragt, welche Elemente für einen selbst „etwas bringen" und welche nicht. Man betreibt eine Art „psychische Selbstmedikation" und führt die individuellen religiösen Überzeugungen nicht mehr mit den Überzeugungen einer Gemeinschaft zusammen – woraus eine Bindung entstehen könnte. Damit ist der Kirche als Überzeugungsgemeinschaft weitgehend der Boden entzogen.
Die Medien zeigen das kirchliche Leben weitgehend von außen. Dies führt dazu, dass kirchliche Symbole zunehmend als religiöse Folklore erscheinen oder zu Werbezwecken benutzt werden. Es ist daher besonders wichtig, dass sich die Kirche in der Öffentlichkeit selbst darstellt. In einer gesellschaftlichen Situation, in welcher der besondere Wahrheitsanspruch und der existenzielle Ernst des religiösen Sinn-Angebots vergessen zu werden drohen, wäre es dringlich, dass die Kirche die **Heilsbedeutung des christlichen Glaubens nachvollziehbar vermittelt.** Gerade damit tut sie sich aber häufig schwer.

1.2 Kritik an der Kirche – Gründe für Distanz

Gegenüber der Kirche wird in der Öffentlichkeit teilweise sehr unsachlich pauschal und voller Vorurteile **„Kirchenschelte"** betrieben. Andererseits gibt es ernst zu nehmende Anfragen, denen sich die Kirche stellen muss, wenn sie glaubwürdig sein will. Die Kritik basiert häufig auf Erfahrungen und Einstellungen folgender Art:

– Enttäuschungen in der **eigenen Pfarrei:** erstarrte Formen des gemeinschaftlichen Lebens, mangelnde Möglichkeiten zur Mitentscheidung in den Gremien, weitgehendes Fehlen von Erfahrungen der Geborgenheit und der Beheimatung.
– Unzufriedenheit mit **kirchlichen Stellungnahmen:** unbewegliche Reaktionen auf veränderte Fragestellungen und Bedürfnisse, Gefühl des Alleingelassenseins mit den eigenen Problemen trotz der Verkündigung einer „Frohen Botschaft".
– Ablehnung der **hierarchischen Struktur** der Kirche: patriarchalisches Herrschen, Unterdrückungspraxis der kirchlichen Obrigkeit in der Geschichte, Diskrepanz zwischen dem Ideal einer Gemeinde und ihrer tatsächlichen Verwirklichung.
– Grundsätzliche Ablehnung der **Kirche als Zumutung und Ärgernis:** kein Interesse an Traditionen; Beurteilung des Glaubens als Privatsache, der mit Kirche nicht zusammenhängt.

In der Auseinandersetzung um die Kirche fällt auf, dass häufig – gerade von den kritischen Stimmen – **hohe Erwartungen** an die Kirche gestellt werden. Selbst die völlige Ablehnung der Kirche als Ärgernis (griech. „skandalon") könnte auf unausgesprochene Erwartungen zurückzuführen sein. Die Kirche selbst ist mitverantwortlich für die Ansprüche, die an sie gestellt werden, da sie selbst die (hohen) christlichen Ansprüche an die Menschen heranträgt, woran sie sich nun messen lassen muss. Dennoch ist von denjenigen, die viel von der Kirche erwarten, häufig wenig Bereitschaft zu erkennen, sich in der kirchlichen Gemeinschaft selbst persönlich zu engagieren.

1.3 Kirche als Chance – Gründe für Akzeptanz

Trotz aller Ablehnung sind nach wie vor viele Menschen am kirchlichen Leben interessiert. Folgende Erfahrungen können Menschen dazu veranlassen, sich in die Kirche einzubringen:

- Erfahrung der **Sinngebung und Hoffnung:** Freude beim Vorbereiten und Feiern eines Gottesdienstes, froh machende Erlebnisse bei kirchlichen Veranstaltungen (Katholikentag/Kirchentag, Taizé-Treffen), gemeinsame Erlebnisse in kirchlichen Gruppen (z. B. Jugendgruppen).
- Anerkennung der **kirchlichen Sozialarbeit:** soziales Engagement in der Sorge um alte, kranke und sozial schwache Menschen (z. B. beim Sonntagsdienst in Krankenhäusern und Pflegeheimen, freiwilliges soziales Jahr, Zivildienst in sozialen Einrichtungen).

Statt Erstarrung und Dogmatismus* können Menschen in der Kirche auch **Lebendigkeit und Dialog** erfahren. Statt einer patriarchalisch herrschenden Kirche ist heute – gerade durch emanzipierte Laien, darunter viele junge Menschen, – oft schon eine **geschwisterlich dienende Kirche** mit einem neuen Umgang untereinander Wirklichkeit geworden.

1.4 Die Haltung kirchlich aktiver Christen zur Kirche

Seit einigen Jahren wird die Diskussion um die Legitimität des kirchlichen Anspruchs auch *innerhalb* der Kirche geführt. Dabei lassen sich als Reflexe auf die Infragestellung von außen verschiedene Positionen feststellen:

- Manche ziehen sich **traditionalistisch** auf früher gültige Aussagen zurück und lassen aus Angst vor Veränderungen und Identitätsverlust keine kritischen Anfragen zu. Was aus der hierarchischen Struktur der Kirche verlautet, erfährt **blinde Zustimmung.** Teilweise wendet sich diese Haltung in **fundamentalistische* Aggressivität.**
- Andere ergeben sich in **Resignation** und erwarten von der Kirche keine Neuansätze. Teilweise erfahren sie im kirchlichen Leben keine Gemeinschaft mehr, die für ihr eigenes Leben von Bedeutung sein könnte. Im Extremfall reagieren sie auf diesen Verlust ihrer geistigen Heimat mit **Auszug.**
- Auf der anderen Seite sind – besonders „von unten", wie etwa das „Kirchenvolksbegehren" von 1995 gezeigt hat, – **Neuaufbrüche** festzustellen: Christinnen und Christen verstehen sich nicht mehr als Objekte der Kirchenleitun-

gen, sondern als mündige Christen („Wir sind die Kirche!"), die den befreienden Glauben in eigener Verantwortung bezeugen wollen. Sie setzen sich für die Erneuerung der Kirche ein und sind dazu bereit, Verantwortung zu übernehmen.

Die Krise der Kirche verlangt von den Mitgliedern in jedem Fall eine **kritische Solidarität.** Dabei ist ein „Leiden an der Kirche" selten zu vermeiden.

1.5 Der Beitrag der Kirche für die Entwicklung der Gesellschaft

Folgende Elemente kirchlichen Lebens sind in unserer Gesellschaft vorzufinden und können zu ihrer Entwicklung beitragen:

- **Kulturelle Traditionen:** das Kirchenjahr mit seinem Kalender und seinem Brauchtum, christliche Traditionen in Literatur, Musik und bildender Kunst sowie kirchliche Bauwerke und weitere historische Kulturgüter (z. B. alte Handschriften aus Klosterbibliotheken).
- **Soziale Dienste:** Krankenhäuser und Heime, Sozialstationen, Beratungsstellen, Schulen und Hochschulen sowie weitere Bildungseinrichtungen, „Eine-Welt"-Projekte (z. B. Misereor).
- **„Jesuanische Provokationen":** Einsatz für den Frieden (Gewaltverzicht), Einsatz für soziale Gerechtigkeit (gegen Diskriminierung von Fremden, Außenseitern, Frauen, Kindern usw.), Engagement für das Bewahren der Schöpfung, Akzeptanz von Leid und Tod im Hinblick auf die Menschenwürde.
- **Spiritualität:** Leben aus der Praxis des Glaubens (Gebet, Gottesdienst).

2 Die Kirche – Institution und Gemeinschaft

In der heutigen individualistischen Gesellschaft ist den Menschen nicht immer bewusst, wie konstitutiv die **Gemeinschaft** für das Leben der Einzelnen ist: Gemeinschaft ist eine **Voraussetzung des Menschseins,** denn Menschen leben davon, dass ihnen die Gemeinschaft, in welche sie hineingeboren werden, ihre Kultur (Sprache, Denkweisen, Wissen, Religion) sowie bestimmte Grundmuster des Handelns vermittelt. Je komplexer eine Gemeinschaft ist, desto mehr bilden sich in ihr **Institutionen** aus, welche die Traditionen strukturieren und für die Gemeinschaft bestimmte Funktionen übernehmen.

Kirche als Institution und Gemeinschaft

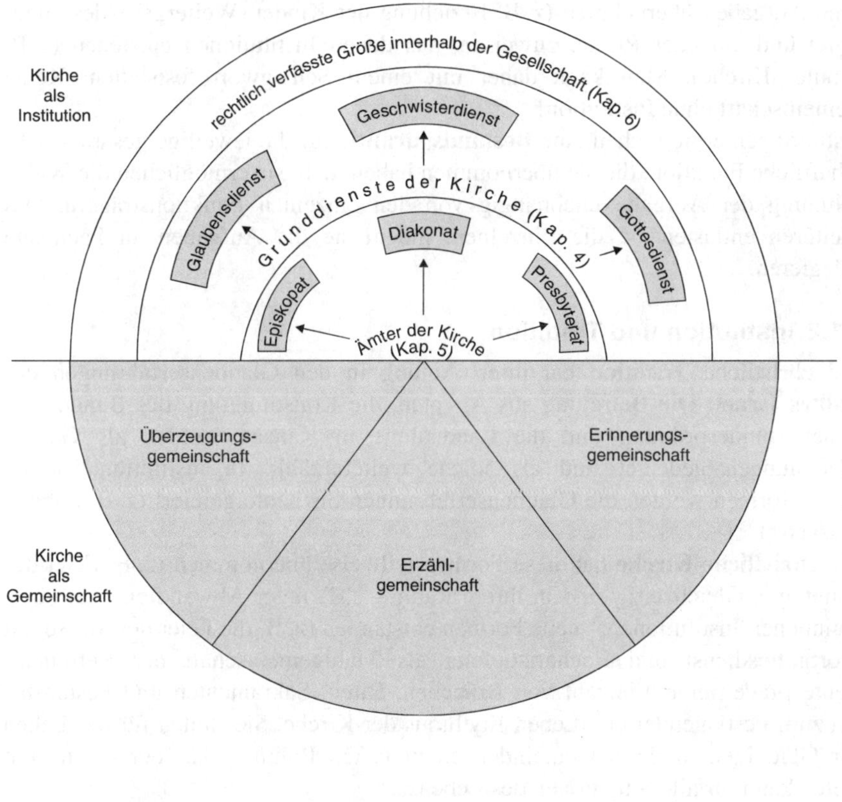

2.1 Kirche als Institution

Die Institution der Kirche tritt besonders durch ihre **Ämter und Amtsträger** in Erscheinung (vgl. S. 94 ff.). Wenn diese bestimmte **Dienste** wahrnehmen (vgl. S. 78 ff.), wird das immer auch als Dienst der Institution betrachtet. Der Institutions-Charakter der Kirche kommt schließlich durch ihre **rechtliche Verfasstheit** innerhalb der menschlichen Gesellschaft zum Ausdruck (vgl. S. 102 ff.).

2.1.1 Notwendigkeit der Institution

Menschliche Kultur wird vor allem dadurch möglich, dass Menschen verschiedene Aufgaben übernehmen (z. B. Erziehung der Kinder, Weitergabe des Glaubens) und einander Rollen zuweisen, aus denen Institutionen entstehen (z. B. Schule, Kirche). Man kann daher mit einem Schlagwort feststellen: Keine Gemeinschaft ohne Institution!

Institutionen ermöglichen eine **Bestandsgarantie** für die jeweilige gesamtgesellschaftliche Funktion, die sie übernommen haben, d. h. sie ermöglichen die Wahrnehmung der Aufgabe unabhängig von den einzelnen Funktionsträgern. Des Weiteren entlasten sie die Einzelnen, indem sie die Aufgaben an Fachleute delegieren.

2.1.2 Institution und Tradition

Die christliche Tradition hat ihren Anfang in den Glaubenserfahrungen des **Volkes Israel:** Die Befreiung aus Ägypten, die Konstituierung des Bundes mit seiner Bundesordnung und die Landnahme in Kanaan wurden als Gottesbegegnungen gedeutet und als solche weitererzählt. In institutionalisierten Lebensformen werden die Glaubenserfahrungen bis heute gefeiert (z. B. Sabbat, Pessach*).

Die **christliche Kirche** hat diese Formen teilweise übernommen (z. B. Feier des Sonntags). Gleichzeitig sind in ihrem Raum – z. T. unter Abwandlung der übernommenen Institutionen – neue Formen entstanden (z. B. die Feier der Messe mit Wortgottesdienst und Eucharistiefeier als Mahlgemeinschaft der Befreiten). Heute prägen eine Vielzahl von Bräuchen, Riten, Sakramenten und Festen bis hin zum Festkalender den Lebensrhythmus der Kirche. Sie stellen für das Leben der Gläubigen in ihren Gemeinden einen festen Rahmen dar, der einen Halt bieten kann für alle Situationen des Lebens.

> Durch die Tradition gewinnen Christen Anschluss an Jesus und seine Gemeinde. Wer Mitglied der Kirche wird, tritt ein in eine Gemeinschaft mit Jesus, mit den Aposteln und mit allen, die sich je zu Jesus bekannt haben und sich je zu ihm bekennen werden. Sie alle verbindet der eine Glaube, die eine Taufe und der eine Geist.
> Über Jahrhunderte hinweg wird der Glaube in bestimmten Formen und Formeln weitergegeben.
> Wir hören das Wort Gottes und feiern die Eucharistie weitgehend in der gleichen Weise wie die Christen der ersten Jahrhunderte und bekunden so unsere Treue zum überlieferten Glauben, der uns zugleich Zukunft eröffnet.
> Damit die Überlieferung aber Zukunft eröffnen kann, muss es eine *lebendige* Tradition sein, eine Tradition, in der Gottes Geist zugegen ist. Nicht um des Bewahrens willen halten Christen fest am überkommenen Glauben, sondern weil dieser Glaube neues Leben schenkt.

Schließlich ist Tradition nur dann lebendig, wenn sie immer wieder aufs Neue Glauben zu wecken vermag.
Und dazu muss die überkommene Wahrheit immer wieder auf neue Weise zur Sprache gebracht werden. Solange es Kirche gibt, haben Christen daher die Botschaft des Evangeliums nicht einfach wiederholt, sondern sie mit neuen Worten in die jeweilige Situation hineingesagt.
Katholische Landesarbeitsgemeinschaft für Erwachsenenbildung Rheinland-Pfalz (Hrsg.): Warum Christen glauben. Begleitbuch zur 13-teiligen Fernsehreihe. Trier 1978, S. 168 f.

2.1.3 Kritik der Institution

Institutionen stehen immer in der **Gefahr der Verselbstständigung,** indem ihre Kompetenz, die ihnen mit der Delegation der Entscheidungsbefugnis durch die Gesellschaft zuwächst, übermächtig wird. Zudem neigen Institutionen zur **Starrheit,** indem die Traditionen, die sie zu bewahren haben, nur um der Tradition willen gepflegt werden, ohne dass ihre ursprüngliche Bedeutung lebendig bleibt.
Die **Problematik** der Institutionskritik bei der Kirche besteht darin, dass die Kirche ihre Institutionalität nicht allein funktional mit ihrer Aufgabe in der Gesellschaft begründet, sondern dass sie ihre Errichtung quasi als göttlichen – und damit unangreifbaren – Akt betrachtet, indem sie ihre Existenz von Jesus Christus herleitet.
Um so wichtiger ist es, dass die Kirche sich immer wieder in Erinnerung ruft, dass Jesus selbst zur **Überwindung der Selbstüberschätzung** auffordert:

> 42 Da rief Jesus sie [die Apostel] zu sich und sagte: Ihr wisst, dass die, die als Herrscher gelten, ihre Völker unterdrücken und die Mächtigen ihre Macht über die Menschen missbrauchen. 43 Bei euch aber soll es nicht so sein, sondern wer bei euch groß sein will, der soll euer Diener sein, 44 und wer bei euch der Erste sein will, soll der Sklave aller sein. 45 Denn auch der Menschensohn ist nicht gekommen, um sich dienen zu lassen, sondern um zu dienen und sein Leben hinzugeben als Lösegeld für viele. *Mk 10, 42–45*

Ein Leitsatz für die kirchliche Identität lautet: **„Ecclesia semper reformanda"** (lat. ‚die Kirche soll sich ständig erneuern'). Wenn sie diesen dauernden Veränderungsimpuls verliert, kann sie nicht offen bleiben für die Not der Menschen und kann ihre Aufgabe, Sinn zu vermitteln („Sinnagentur"), nicht wahrnehmen. Wenn sie die Symbole der biblischen und apostolischen Tradition nicht in die heutige Denk- und Lebenswelt übersetzt, werden andere Sinnangebote mit u. U. zweifelhaften Heilsversprechen ihre Position einnehmen.

Jede Form von Institution ist zeitlich-geschichtlich bedingt, ist relativ. Jeder institutionelle Inhalt ist transformierbar, keiner kann als ‚göttliche Satzung' gerechtfertigt werden. Die Kirche als verfasste Institution ist menschliches Produkt. Daraus folgt, dass verschiedene Formen zulässig sind. Keine institutionelle Ausformung – seien es

Sakramente oder der hierarchische Aufbau – kann einen Absolutheitsanspruch erheben. Zwar besitzen manche Strukturen legitim eine gewisse Dauerhaftigkeit, jedoch bleiben sie reversibel und ersetzbar.
[...] Daher kann auch die Form einer Herrschaftsstruktur in der Kirche aufgegeben werden. Sie kann es um so eher, als es sich in der Kirche um eine Gemeinschaft handelt, die sich auf der Basis der Freiwilligkeit konstituiert. [...]
Heute ist es an der Zeit, die bisherigen institutionellen Formen der Kirche aufzugeben und sie im Sinn des neuen ‚Institutions'-Verständnisses zu transformieren. [...] Die ‚Institution' ist die inhaltlich nicht festgelegte Regel des Umgangs der Menschen miteinander. Sie zeigt die Bedingungen auf, unter denen Kollegialität, Freundschaft und Liebe sich besser verwirklichen lassen. [...] Die ‚Institution' des herrschaftsfreien Dialogs erhebt keinen Selbstwertanspruch, sondern ist reine Funktion für die Verwirklichung der Feindes- und Nächstenliebe. [...]
So wäre die Kirche ein Bollwerk gegen jeden Herrschaftsanspruch. Und das auf Grund ihrer Struktur als Plattform des herrschaftsfreien Gesprächs. Diese Herrschaftsfreiheit würde ihr gleichsam zur ‚Institution', das heißt, sie selbst wäre der Vollzug dieser Freiheit. Kirche würde als ‚Aufgabe' ihrer selbst existieren und so die Befreiung des Menschen ‚im Namen Christi' proklamieren.
Kirche als Institution im bisherigen Sinne leistet dies nicht und kann es auch gar nicht leisten. Als ‚Institution' im neuen Sinn bzw. als *Institutionalisierung der Freiheit von Herrschaft* könnte sie diesen Auftrag erfüllen.

Gotthold Hasenhüttl: Herrschaftsfreie Kirche. Düsseldorf 1974, S. 148–150

2.2 Kirche als Gemeinschaft

Immer wenn Menschen ihre Lebenserfahrung gemeinsam schlüssig deuten und in dieser Deutung der Wirklichkeit den Lebenssinn finden, entsteht eine **Überzeugungsgemeinschaft.** Als solche erscheint die Kirche, da sie von ihrem Selbstverständnis her eine Gemeinschaft von Menschen sein will, die davon überzeugt sind, dass die Botschaft Jesu ihr Leben trägt.
Indem die Kirche von Jesus Christus erzählt und ihre Überzeugung an andere Menschen weitergibt, ist sie eine **Erzählgemeinschaft.** Sie knüpft dabei an die Erzähltradition des Volkes Israel an, das vor allem die Geschichte als Ort der Glaubenserfahrung begriffen hat.
Weil Jesus Christus der Ausgangs- und Zielpunkt kirchlichen Lebens ist, erinnert jede kirchliche Lebensäußerung mittelbar oder unmittelbar an ihn. Insofern ist die Gemeinschaft der Kirche schließlich **Erinnerungsgemeinschaft,** in deren Mitte Jesus Christus lebendig wird, wenn die Gläubigen ihn er-innern.
Wenn man sich vergegenwärtigt, dass die Kirche eine weltweite Gemeinschaft darstellt **(Weltkirche),** dann findet man besonders in den kirchlichen Gemeinschaften Afrikas oder Lateinamerikas, aber auch an vielen Orten Europas lebendige Gemeinden. Sie bauen darauf auf, dass die Kirche von ihrem Ursprung im

Volk Israel her als Erinnerungs-, Erzähl- und Überzeugungsgemeinschaft existiert, und sie machen deutlich, dass die Überzeugung vom Handeln Gottes mit der Erinnerung von Menschen korrespondiert, die sich von der Botschaft der Bibel ansprechen lassen.

> Die Kirche ist nicht alles, sie ist kein Letztes. Sie ist im wahrsten Sinn des Wortes vor-läufig. Ich bin nicht einfachhin Diener der Kirche, sondern Diener Jesu Christi in der Kirche. Diese Unterscheidung ist vielleicht ungewohnt, aber sie ist wahr. [...]
>
> Ich muss nicht gleich nervös werden, wenn jemand manches in der Kirche nicht gut findet. Ich kann ihm recht geben, wenn er recht hat. Nach alter katholischer Lehre kann und darf gerade die Kirche selbst „eine Totalidentifikation mit der jeweiligen empirischen Kirche nicht wollen“ (Ratzinger). Damit ist nicht der fatalen Gegenüberstellung „Jesus ja – Kirche nein“ das Wort geredet. Aber es ist zum Ausdruck gebracht, dass die Kirche nicht mit Jesus Christus und dem Heiligen Geist und erst recht nicht mit dem Vater gleichzusetzen ist. [...]
>
> Die Kirche ist nicht Gott. Sie ist mir sehr wichtig. Ohne die Menschen, die vor mir geglaubt haben und mit mir glauben, wäre ich nicht, der ich bin und sein möchte. Nie wäre ich so herausgefordert worden, mich mit dem Evangelium auseinander zu setzen. Ich verdanke der Kirche den Glauben. Ich möchte sie mit dem Reichtum ihrer Erfahrungen, der Vielfalt ihrer Begabungen und vor allem der Heiligen* wegen nicht missen. Aber ich wäre unehrlich, wenn ich die Schwachstellen dieser Kirche nicht sähe und eingestehe, dass ich daran trage (wie sie übrigens mit Gewissheit an mir trägt!). [...]
>
> Die Kirche ist vorläufig. Sie geht von einem Provisorium ins andere. Sie hat in der Geschichte verschiedene Gestalt angenommen. Man tut ihr keinen Gefallen, wenn man sie mit Gott verwechselt. Sie ist nicht Gott, aber sie ist das Haus Gottes und der Tempel des Heiligen Geistes.
>
> *Franz Kamphaus: Zur Lebenssituation des Priesters. In: Bibel und Liturgie, Heft 4/1987, S. 29f.*

2.3 Kirche – Gemeinschaft der Heiligen und der Sünder

Überall, wo Unternehmungen institutionalisiert werden, entstehen Konflikte. Dies ist auch in der Kirche so. Obwohl sich die Kirche von Anfang an als „Gemeinschaft der Heiligen*“ (vgl. das apostolische Glaubensbekenntnis) verstanden hat – d. h. als Gemeinschaft der durch Jesus Christus zum Heil Gottes Erlösten –, erkennt bereits die erste Generation der Christinnen und Christen die **menschlichen Schwächen** in ihren Reihen. Doch das „Ja“ Gottes zu den Menschen bedeutet auch das Ernstnehmen der Menschen in ihrer Schwachheit. Die Kirche ist keine ideale Gemeinschaft vollkommener Menschen, sondern eine Gemeinschaft der von Gott versöhnten Sünder – also schwacher Menschen, die Fehler machen und schuldig werden. In ihrer Menschlichkeit ist die Kirche Zei-

chen des menschenfreundlichen Gottes, der gerade schwache Menschen erwählt (z. B. MOSE, PETRUS), um durch sie den Menschen nahe zu sein.
Daraus folgt, dass die Kirche nicht nur Ort der Versöhnung der Menschen mit Gott, sondern auch des Menschen mit dem Menschen ist. Wenn die Kirche das „Ja Gottes“ zu den Menschen ist, dann muss sie eine **Kultur des Umgangs mit den Schwächen** der Menschen entwickeln. Es kann eine heilende Wirkung für einen Schwachen haben, wenn man ihm zeigt, dass er gebraucht wird. Die Erfahrungen des Gebrauchtwerdens und der Freude am Engagement, am Dienst und an der Mitverantwortung für die Mitmenschen sind für ein heil(ig)machendes Handeln der motivierendste Ansatz.
Wenn die Kirche das **Sakrament der vergebenden Liebe Gottes ist,** dann könnte auch die sakramentale Vergebung der Kirche im Sakrament der Buße (vgl. S. 156 f.) eine neue Perspektive gewinnen.

3 Das Wirken Jesu Christi in seiner Kirche

Der Anfang der Kirche liegt in der Sammlungsbewegung Jesu von Nazaret. Mit seiner Reich-Gottes-Botschaft spricht er Menschen an und lebt mit ihnen diese Botschaft exemplarisch vor. Botschaft und Werk Jesu werden von der Kirche nach der Auferstehungserfahrung bezeugt und weitergeführt (vgl. Bd. 1, S. 67 ff.).
Von Anfang an wirkt die Kirche im Auftrag Jesu unter den Menschen. Sie glaubt daran, dass ihr Jesus im Heiligen Geist beisteht. An dieser Überzeugung muss sie sich messen lassen.

3.1 Der Ursprung der Kirche: die Jesus-Bewegung

Die Evangelien markieren den Anfang des öffentlichen Wirkens Jesu mit ersten **Jüngerberufungen:** SIMON (PETRUS), dessen Bruder ANDREAS und die Brüder JAKOBUS und JOHANNES, die am See Gennesaret fischen, werden von Jesus aufgefordert, ihm nachzufolgen (Mk 1,16–20 parr). Die Bestätigung der heilenden Wirkung seiner Botschaft erfolgt durch **Zeichenhandlungen,** z. B. die Heilung der Schwiegermutter des PETRUS (Mk 1,29–31 parr) oder die Heilung eines Gelähmten (Mk 2,1–12 parr; vgl. Bd. 1, S. 78). Diese Wunder erregen Aufsehen im Volk, so dass ihm bald viele Menschen folgen:

> 7 Jesus zog sich mit seinen Jüngern an den See zurück. Viele Menschen aus Galiläa aber folgten ihm. Auch aus Judäa, 8 aus Jerusalem und Idumäa, aus dem Gebiet jenseits des Jordan und aus der Gegend von Tyrus und Sidon kamen Scharen von Menschen zu ihm, als sie von all dem hörten, was er tat. 9 Da sagte er zu seinen Jüngern, sie sollten ein Boot für ihn bereithalten, damit er von der Menge nicht erdrückt werde. 10 Denn er heilte viele, so dass alle, die ein Leiden hatten, sich an ihn herandrängten, um ihn zu berühren. *Mk 3,7–10*

Schon bald – so erzählen die Evangelien weiter – setzt Jesus als Repräsentanten seiner Jüngergemeinde die **zwölf Apostel** ein, die von ihm einen besonderen Sendungsauftrag erhalten. Die Zwölfzahl erinnert an die zwölf Stammväter Israels, die Söhne des JAKOB. So repräsentieren die zwölf Apostel das neue Israel des messianischen Gottesreiches. Dabei fällt auf, dass sie offensichtlich bewusst als Vertreter unterschiedlicher Charaktere, Herkunft und Bildung gewählt sind: Die oben genannten Fischer finden sich mit dem Zöllner* MATTHÄUS (vgl. Mt 9,9) sowie dem Zeloten SIMON KANANÄUS (und als wahrscheinlich weiterem Zeloten* JUDAS ISKARIOT) in einer Reihe:

> 13 Jesus stieg auf einen Berg und rief die zu sich, die er erwählt hatte, und sie kamen zu ihm. 14 Und er setzte zwölf ein, die er bei sich haben und die er dann aussenden wollte, damit sie predigten 15 und mit seiner Vollmacht Dämonen austrieben. 16 Die Zwölf, die er einsetzte, waren: Petrus – diesen Beinamen gab er dem Simon –, 17 Jakobus, der Sohn des Zebedäus, und Johannes, der Bruder des Jakobus – ihnen gab er den Beinamen Boanerges, das heißt Donnersöhne –, 18 dazu Andreas, Philippus, Bartholomäus, Matthäus, Thomas, Jakobus, der Sohn des Alphäus, Thaddäus, Simon Kananäus 19 und Judas Iskariot, der ihn dann verraten hat. *Mk 3,13–19*

Im Unterschied etwa zu JOHANNES DEM TÄUFER, der ebenfalls eine Jüngergemeinde um sich versammelt hat und dessen Taufe im Jordan für Jesus am Anfang seiner Berufung steht, folgen Jesus auch **Frauen als Jüngerinnen.** In einem Abschnitt des Lukas-Evangeliums werden sie in einem Atemzug mit den zwölf Aposteln genannt:

> 1 In der folgenden Zeit wanderte er von Stadt zu Stadt und von Dorf zu Dorf und verkündete das Evangelium vom Reich Gottes. Die Zwölf begleiteten ihn, 2 außerdem einige Frauen, die er von bösen Geistern und von Krankheiten geheilt hatte: Maria Magdalene, aus der sieben Dämonen ausgefahren waren, 3 Johanna, die Frau des Chuzas, eines Beamten des Herodes, Susanna und viele andere. Sie alle unterstützten Jesus und die Jünger mit dem, was sie besaßen. *Lk 8,1–3*

Zweifellos ist die Intensität der Wirkung Jesu auf seine Jüngergemeinde so stark, dass ihm zumindest ein Teil nach Jerusalem folgt, wo sich die Auseinandersetzung um seine Person und Botschaft zuspitzt. In **Jerusalem** sind die führenden Gruppen auf Jesus aufmerksam geworden und verbünden sich gegen ihn. Zwar hat Jesus den Heilswillen Gottes immer universal verstanden und nie beabsichtigt, eine sektiererische Gemeinde im Sinne eines „heiligen Restes“ zu gründen. Doch an seiner Person scheiden sich die Geister. Schließlich wird er im Hohen Rat zum Tod verurteilt und unter PONTIUS PILATUS gekreuzigt.

3.2 Die Gemeinschaftserfahrung der Kirche über den Tod Jesu hinaus

Die Jesus-Bewegung als religiöse Sammlungsbewegung ist mit dem Tod ihres Anführers am Ende. Doch sie erlebt einen Neubeginn in der Bildung der christlichen Urgemeinde.

3.2.1 Die Begegnung mit dem Auferstandenen

Für die Jüngerinnen und Jünger scheint mit der Hinrichtung zunächst die **totale Katastrophe** eingetreten: Der charismatische Anführer ihrer Bewegung, ihr Freund, ist tot; ihre Hoffnung auf eine „heile“ Welt im messianischen Reich Gottes ist zunichte gemacht; ihr Verstehenshorizont erlaubt nur noch die Verurteilung Jesu – auch im Glauben, denn nach der Tora* gilt: „Ein Gehenkter ist ein von Gott Verfluchter“ (Dtn 21,23).

Doch dann tritt das Unerwartete ein: Sie erfahren Jesus als Lebenden. Was empirisch, historisch, theologisch und psychologisch nicht erklärbar ist, geschieht: Die Jüngerinnen und Jünger Jesu bezeugen die Begegnung mit dem Gekreuzigten. Sie bekennen: Er ist auferstanden; Gott hat ihn nicht im Tod gelassen, sondern auferweckt. Die **Begegnungen mit dem Auferstandenen** werden zu einer gemeinsamen Erfahrung. In dieser Erfahrung konstituiert sich die Gemeinschaft der Auferstehungszeugen.

3.2.2 Das Neuverständnis der Person und Botschaft Jesu

Aus der gemeinsamen Erfahrung mit dem Auferstandenen gewinnen die Jüngerinnen und Jünger ein neues Verständnis für die Ereignisse um Jesus. Sie lesen die Schrift neu und begreifen, dass sein Tod nicht sinnlos ist: „Musste nicht der Messias all das erleiden, um so in seine Herrlichkeit zu gelangen?“ (Lk 24,26; vgl. S. 73). Sie erkennen beispielsweise in den „Gottesknechtsliedern“ des Propheten JESAJA das Schicksal Jesu vorgebildet (Jes 42; 49 f. und 52 f.). Jesus erfüllt die Vision des **„leidenden Gerechten"**, der gerade als Opfer der Gewalt von Gott angenommen und bestätigt wird (vgl. Bd. 1, S. 102 f.):

> 7 Er wurde misshandelt und niedergedrückt [...].
> 10 Doch der Herr fand Gefallen an seinem zerschlagenen (Knecht),
> er rettete den, der sein Leben als Sühnopfer hingab. [...]
> 11 Mein Knecht, der gerechte,
> macht die vielen gerecht. *Jes 53,7.10 f.*

3.2.3 Die Kontinuität der Sache Jesu

Die Anfänge der Kirche

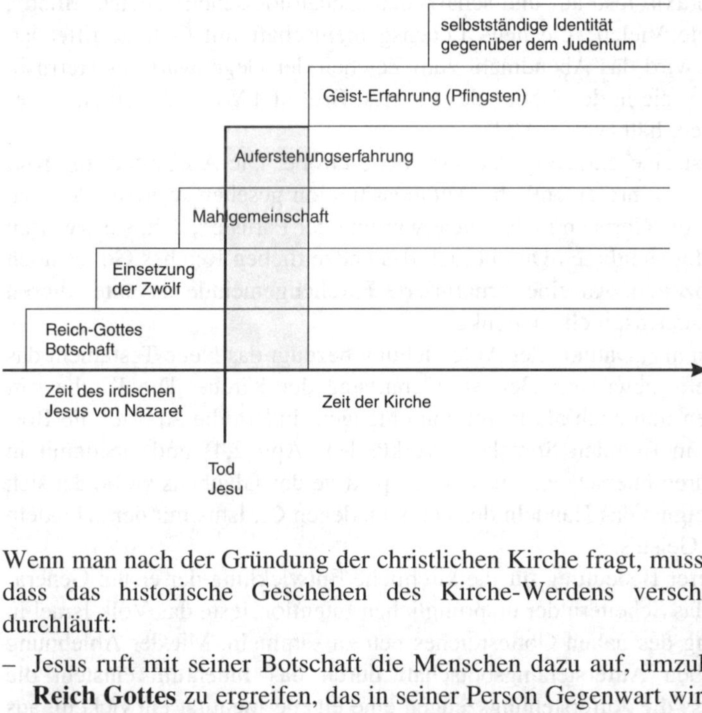

Wenn man nach der Gründung der christlichen Kirche fragt, muss man beachten, dass das historische Geschehen des Kirche-Werdens verschiedene Phasen durchläuft:

- Jesus ruft mit seiner Botschaft die Menschen dazu auf, umzukehren und das **Reich Gottes** zu ergreifen, das in seiner Person Gegenwart wird: „Die Zeit ist erfüllt, das Reich Gottes ist nahe. Kehrt um und glaubt an das Evangelium!" (Mk 1,15). Damit gründet Jesus keine neue Glaubensgemeinschaft – zumal er die Botschaft vom Reich Gottes universal verstanden wissen will, wie seine Forderung der Feindesliebe (Mt 5,44) oder seine explizite Sammlung der

„Verlorenen“ (vgl. Lk 19,10) zeigt. Dennoch ruft er gleichzeitig in die Nachfolge (z. B. Mt 19,21), d. h. in die Gemeinschaft mit ihm, die eine Jüngergemeinschaft ist.

- Die Einsetzung der **Zwölf,** die beauftragt sind in den Dienst des Reiches Gottes zu treten und das Werk Jesu weiterzuführen, zeigt mit seiner Symbolik den umfassenden Charakter der Sammlungsbewegung Jesu, die darauf zielt, ganz Israel aus der Zerstreuung zu vereinen. In der nachösterlichen Gemeinde erhalten die Zwölf ihre eigentliche „apostolische“ Funktion und stellen mit ihrer Person eine Kontinuität her zwischen den Jüngern des irdischen Jesus und der christlichen Urgemeinde.
- Das **letzte Abendmahl,** das Jesus als Pessach*-Mahl gefeiert hat, greift die Sündermahlpraxis Jesu auf und schafft den eschatologischen* „neuen Bund“, worin „für die Vielen“ die neue Lebensgemeinschaft mit Gott gestiftet ist. Nach Ostern wird das Abendmahl zum Zeichen der Gegenwart des Herrn in der Gemeinde, die in den Gaben des Mahles, Brot und Wein, Anteil an seiner Selbsthingabe erhält (vgl. S. 80 f.).
- Die Kirche ist eine eindeutig nachösterliche Größe. Die **Auferstehung Jesu** muss deshalb als ihre eigentliche Anfangssituation gesehen werden. Doch zu Beginn leben die Christen in der Naherwartung der Parusie*, d. h. sie erwarten den vollständig sichtbaren Durchbruch des endzeitlichen Reiches Gottes noch zu ihren Lebzeiten. An eine strukturierte Kirchengemeinde ist unter diesen Vorzeichen zunächst nicht zu denken.
- Neben Ostern als „Datum“ der Auferstehung bezeugt das Neue Testament das **Pfingstereignis** gewissermaßen als Geburtstag der Kirche. Die Kirche tritt den Menschen nun auch als Institution entgegen, indem die Apostel die Botschaft Jesu „in fremden Sprachen“ verkünden (Apg 2,4) und sie damit in fremde Kulturen übersetzen. Aus der Perspektive des Glaubens verbindet sich im Pfingstereignis das Handeln des auferstandenen Christus mit dem Handeln des Heiligen Geistes.
- Von besonderer Bedeutung für die kirchliche Entwicklung der ersten Generationen wird das Scheitern der ursprünglichen Intention Jesu, das Volk Israel in der Erwartung des nahen Gottesreiches neu zu sammeln. Mit der Ablehnung der christlichen Auferstehungsbotschaft durch das Judentum entsteht die Situation, dass die Auferstehungszeugen eine eigene Identität entwickeln, aus der heraus sie die **Heidenmission** beginnen. Die Kirche wird so eine Kirche aus „Juden* und Griechen*“ (vgl. Gal 3,28), in der das jüdische Element – spätestens nach der Zerstörung Jerusalems im Jahre 135 durch die Römer – zunehmend bedeutungslos wird.

Dieser Überblick zeigt, dass der Auferstehungsglaube Dreh- und Angelpunkt für die Ausbildung der Kirche ist. Die wesentlichen kirchlichen Strukturen sind nach Ostern entstanden. Doch ist die Kirche nicht denkbar ohne die „kirchenstiftenden Akte“ des historischen Jesus von Nazaret. Zwischen vor- und nachösterlichem Geschehen bestehen Kontinuitäten:

> Konstitutiv für das Werden der Kirche ist vor allem die *Auferstehung* Jesu Christi. Im Überwinden des Todes und im Bekunden dessen kommt es erneut zur Sammlung der zerstreuten Gemeinschaft der Jünger. Wohl ist der Weg von der Jüngergemeinde zur jungen Kirche nicht kontinuierlich – das Versagen und die Flucht der Seinen sind ja nicht zu übersehen –, jedoch knüpft auch die nachösterliche Kirche bei der schon bestehenden Gemeinschaft der Jünger an. Es empfangen die Jünger im neugewonnenen Verständnis die schon ergangene Sendung und den Auftrag Jesu sozusagen *neu*. In der Zeit zwischen Ostern und Pfingsten zumal beginnt somit die Kirche zu *werden*. Im Ereignis der Erscheinung des Auferstandenen empfangen die Seinen erneut den Auftrag. Neu wird dabei auch das Verständnis der Schrift und des eucharistischen Mahles. Bei aller Vertiefung jedoch wird gerade das aufgenommen, was die Seinen vom *vorösterlichen* Jesus empfangen hatten.
>
> *Heinrich Döring: Grundriss der Ekklesiologie. Darmstadt 1986, S. 35*

3.3 Der Sendungsauftrag Jesu Christi an seine Jünger

Das Neuverständnis Jesu, das die Jüngergemeinde wieder zusammenführt, weckt den Wunsch, andere Menschen an der Glückserfahrung teilhaben zu lassen. Die Jüngergemeinde erlebt, wie ihr eigenes Zeugnis und ihre Be-*geist*erung andere anstecken und wie sich neue Gemeinden bilden. Der **Taufbefehl,** den die nachösterliche Glaubensgemeinschaft aus dem Sendungsauftrag des irdischen Jesus an die Zwölf (Mt 10) ableitet, fasst den missionarischen Impuls der frühchristlichen Kirche zusammen. Die Aussendung wird nun als weltweiter Auftrag verstanden:

> [18] Da trat Jesus auf sie zu und sagte zu ihnen: Mir ist alle Macht gegeben im Himmel und auf der Erde. [19] Darum geht zu allen Völkern, und macht alle Menschen zu meinen Jüngern; tauft sie auf den Namen des Vaters und des Sohnes und des Heiligen Geistes, [20] und lehrt sie, alles zu befolgen, was ich euch geboten habe. Seid gewiss: Ich bin bei euch alle Tage bis zum Ende der Welt.
>
> *Mt 28,18–20*

3.4 Der Empfang des Heiligen Geistes

Durch die Auferstehungserfahrung begreift sich die Jüngergemeinde als konstituiert in dem Geist, aus dem heraus auch Jesus gelebt hat und lebt.

3.4.1 Die Vollmacht der Kirche aus der Erfahrung des Geistes

Eine der österlichen Erscheinungserzählungen im Johannes-Evangelium fasst die Elemente der urkirchlichen Erfahrung zusammen: Jesus ist plötzlich „mitten unter ihnen"; er verkörpert den „Schalom", den umfassend heilbringenden Frieden Gottes; er legitimiert sich mit den Stigmata des Leidens – im Ansehen der Leidenszeichen erkennen ihn die Jünger und gewinnen daraus ihre Freude; der „Schalom" Jesu Christi motiviert die Gemeinde zur Sendung in der Nachfolge Jesu; schließlich erfahren die Jünger – in Anlehnung an die Erschaffung des ADAM (Gen 2,7) – ihre **Neuschöpfung im Geisthauch** (das hebräische Wort für den Geist Gottes heißt „ruach" – wörtl. ‚Atem', ‚Wind', ‚Hauch'), die sie zur Vollmacht befähigt, im Namen Jesu Christi zu handeln:

> 19 Am Abend dieses ersten Tages der Woche, als die Jünger aus Furcht vor den Juden die Türen verschlossen hatten, kam Jesus, trat in ihre Mitte und sagte zu ihnen: Friede sei mit euch! 20 Nach diesen Worten zeigte er ihnen seine Hände und seine Seite. Da freuten sich die Jünger, dass sie den Herrn sahen. 21 Jesus sagte noch einmal zu ihnen: Friede sei mit euch! Wie mich der Vater gesandt hat, so sende ich euch. 22 Nachdem er das gesagt hatte, hauchte er sie an und sprach zu ihnen: Empfangt den Heiligen Geist! 23 Wem ihr die Sünden vergebt, dem sind sie vergeben; wem ihr die Vergebung verweigert, dem ist sie verweigert.
> *Joh 20,19–23*

3.4.2 Pfingsten – „Gründungsakt" der Kirche

Der Verfasser der Apostelgeschichte – er ist mit dem Verfasser des Lukas-Evangeliums identisch – beschreibt Pfingsten als **Geburtsstunde** der Kirche. Wie der Weg Jesu von Galiläa nach Jerusalem führt, so führt der Weg der Kirche von Jerusalem aus „bis an die Grenzen der Erde" (Apg 1,8). Pfingsten ist die Nahtstelle, Jerusalem der Ort der Kontinuität; die Zwölf sind die Garanten für die Zuverlässigkeit der Überlieferung vom irdischen Jesus zum urchristlichen Zeugnis:

> 1 Als der Pfingsttag gekommen war, befanden sich alle am gleichen Ort. 2 Da kam plötzlich vom Himmel her ein Brausen, wie wenn ein heftiger Sturm daherfährt, und erfüllte das ganze Haus, in dem sie waren. 3 Und es erschienen ihnen Zungen wie von Feuer, die sich verteilten; auf jeden von ihnen ließ sich eine

nieder. 4 Alle wurden mit dem Heiligen Geist erfüllt und begannen in fremden
Sprachen zu reden, wie es der Geist ihnen eingab.
5 In Jerusalem aber wohnten Juden, fromme Männer aus allen Völkern unter
dem Himmel. 6 Als sich das Getöse erhob, strömte die Menge zusammen und
war ganz bestürzt; denn jeder hörte sie in seiner Sprache reden. 7 Sie gerieten
außer sich vor Staunen und sagten: Sind das nicht alles Galiläer, die hier reden?
8 Wieso kann sie jeder von uns in seiner Muttersprache hören: 9 Parther, Meder
und Elamiter, Bewohner von Mesopotamien, Judäa und Kappadozien, von Pon-
tus und der Provinz Asien, 10 von Phrygien und Pamphylien, von Ägypten und
dem Gebiet Libyens nach Zyrene hin, auch die Römer, die sich hier aufhalten,
11 Juden und Proselyten*, Kreter und Araber, wir hören sie in unseren Sprachen
Gottes große Taten verkünden. *Apg 2,1–11*

Das historische Ereignis, das hinter der dargestellten Pfingsterfahrung steht, lässt sich möglicherweise als **ekstatisches Phänomen** beschreiben, das der Jüngergemeinde als machtvolles Werk des Geistes Gottes erschienen ist. Der lukanische Pfingstbericht stellt darüber hinaus eine ätiologische* Ursprungserzählung dar, welche die Erfahrung der Berufung, der Vollmacht und der Sendung der Kirche mit der Geisterfahrung verknüpft.

Zwei Punkte hebt der Erzähler hervor:

Erstens: Entscheidend ist die Verkündigung des Evangeliums. Nicht nur theologisch richtig, sondern auch verständlich und überzeugend reden zu können ist wahrlich ein Wunder: eine Gabe des Geistes. Dieser Geist, von Jesus verheißen und von Gott ausgegossen, ist der einzige Aktivposten der Kirche. Einen anderen braucht sie aber auch nicht. Und dass ihr der Geist Jesu nicht versagt bleibt, darauf darf sie setzen.

Zweitens: Die Kirche darf in ihrer Verkündigung ihre jüdischen Wurzeln nicht abschneiden, aber sie muss um Gottes willen bereit und fähig sein, allen Völkern das Evangelium zu verkünden. Das wunderbare Sprechen der Jünger bringt ein großes und bunt gemischtes Publikum zusammen. Die Länge der Völkerliste ist eindrucksvoll genug. Lukas betont einerseits, alle seien fromme Juden. Damit wahrt er die heilsgeschichtlich korrekte Abfolge: zuerst zu den Juden und dann zu den Heiden. Andererseits aber streicht er (ein wenig übertreibend) heraus, dass diese frommen Juden „aus allem Völkern unter dem Himmel“ (Apg 2,5) stammten. Darauf liegt im Kontext der Apostelgeschichte ein starker Akzent. Als Juden vertreten die versammelten Zuhörer den ganzen Erdkreis, in dem das Evangelium erst noch verkündet werden muss. Die Pfingsterzählung, wie Lukas sie erzählt, ist nicht nur eine schöne Erinnerung, sondern zugleich eine große Verheißung: dass es gelingt, mit der Verkündigung der „großen Taten Gottes“ (Apg 2,11) Menschen zum gemeinsamen Zuhören zu gewinnen und – trotz aller Skepsis und durch alle Widerstände hindurch – schließlich doch zu einem gemeinsamen Verstehen, das zum Einverständnis wird.

Thomas Söding: Blick zurück nach vorn. Bilder lebendiger Gemeinden im Neuen Testament, Freiburg–Basel–Wien, Herder 1997, S. 40

3.5 Das Zeugnis der Kirche vom Weiterwirken Jesu

Emmaus

Nach der Begegnung mit dem auferweckten Gekreuzigten bezeugt die Jüngergemeinde den Glauben, dass Jesus in ihrer Mitte weiterwirkt. Dadurch wird ihr Denken und Verhalten verändert und ihr **Selbstverständnis als Gemeinde** geprägt. Ihr Neubeginn in der Bildung der Urgemeinde spiegelt sich in der Erscheinungserzählung von den **Emmausjüngern;** sie ist eine Schlüsselgeschichte urkirchlicher Katechese: Die Emmausjünger machen die Auferstehungserfahrung im Gespräch mit Jesus, im Begreifen seiner Lebensgeschichte und beim Brotbrechen; diese neue Erfahrung führt sie zur Gemeinschaft zusammen:

> 13 Am gleichen Tag [am Tag der Auferstehung] waren zwei von den Jüngern auf dem Weg in ein Dorf namens Emmaus, das sechzig Stadien von Jerusalem entfernt ist. 14 Sie sprachen miteinander über all das, was sich ereignet hatte. 15 Während sie redeten und ihre Gedanken austauschten, kam Jesus hinzu und ging mit ihnen. 16 Doch sie waren wie mit Blindheit geschlagen, so dass sie ihn nicht erkannten. 17 Er fragte sie: Was sind das für Dinge, über die ihr auf eurem Weg miteinander redet? Da blieben sie traurig stehen, 18 und der eine von ihnen – er hieß Kleopas – antwortete ihm: Bist du so fremd in Jerusalem, dass du als einziger nicht weißt, was in diesen Tagen dort geschehen ist? 19 Er fragte sie: Was denn? Sie antworteten ihm: Das mit Jesus von Nazaret. Er war ein Prophet, mächtig in Wort und Tat vor Gott und dem ganzen Volk. 20 Doch unsere Hohenpriester und Führer haben ihn zum Tod verurteilt und ans Kreuz

schlagen lassen. 21 Wir aber hatten gehofft, dass er der sei, der Israel erlösen
werde. Und dazu ist heute schon der dritte Tag, seitdem das alles geschehen ist.
22 Aber nicht nur das: Auch einige Frauen aus unserem Kreis haben uns in große
Aufregung versetzt. Sie waren in der Frühe beim Grab, 23 fanden aber seinen
Leichnam nicht. Als sie zurückkamen, erzählten sie, es seien ihnen Engel
erschienen und hätten gesagt, er lebe. 24 Einige von uns gingen dann zum Grab
und fanden alles so, wie die Frauen gesagt hatten; ihn selbst aber sahen sie
nicht.
25 Da sagte er zu ihnen: Begreift ihr denn nicht? Wie schwer fällt es euch, alles
zu glauben, was die Propheten gesagt haben. 26 Musste nicht der Messias all das
erleiden, um so in seine Herrlichkeit zu gelangen? 27 Und er legte ihnen dar,
ausgehend von Mose und allen Propheten, was in der gesamten Schrift über ihn
geschrieben steht. 28 So erreichten sie das Dorf, zu dem sie unterwegs waren.
Jesus tat, als wolle er weitergehen, 29 aber sie drängten ihn und sagten: Bleib
doch bei uns, denn es wird bald Abend, der Tag hat sich schon geneigt. Da ging
er mit hinein, um bei ihnen zu bleiben. 30 Und als er mit ihnen bei Tisch war,
nahm er das Brot, sprach den Lobpreis, brach das Brot und gab es ihnen. 31 Da
gingen ihnen die Augen auf, und sie erkannten ihn; dann sahen sie ihn nicht
mehr. 32 Und sie sagten zueinander: Brannte uns nicht das Herz in der Brust, als
er unterwegs mit uns redete und uns den Sinn der Schrift erschloss? 33 Noch in
derselben Stunde brachen sie auf und kehrten nach Jerusalem zurück, und sie
fanden die Elf und die anderen Jünger versammelt. 34 Diese sagten: Der Herr ist
wirklich auferstanden und ist dem Simon erschienen. 35 Da erzählten auch sie,
was sie unterwegs erlebt und wie sie ihn erkannt hatten, als er das Brot brach.

Lk 24,13–35

3.6 Kirche auf dem Weg durch die Geschichte

Die Kirche steht zur jeweiligen Zeit in einem Verhältnis von Anpassung und Widerstand. Sie wird durch die geschichtliche Situation geprägt; sie prägt aber auch die Geschichte. Kirchengeschichte ist der Prozess des Gestaltwerdens Jesu Christi durch Menschen unter den Menschen. So ist zu erklären, dass neben der Bewunderung für die Kirche der Heiligen* immer wieder auch Anstoß genommen wird an der Kirche der Sünder. Besonders die Zerrissenheit der Kirche wirkt nicht nur außerhalb der Kirche als „Skandalon".

3.6.1 Die urchristlichen Gemeinden

Das schnelle Anwachsen der christlichen Gemeinden in der ersten Generation beruht einerseits auf dem überzeugenden Glaubensbekenntnis, andererseits auf dem vorbildlichen gemeinschaftlichen Leben, das die Gemeinden führen und dem vor allem die sozial Schwachen Anerkennung und ganz konkrete Hilfe verdanken.

In einem bekannten Abschnitt aus der Apostelgeschichte wird die **ideale christliche Gemeinde** beschrieben: Das Gemeindeleben auf der Basis des apostolischen Zeugnisses zeigt sich in der Gütergemeinschaft, der eucharistischen Mahlgemeinschaft und der Gebetsgemeinschaft:

> 43 Alle wurden von Furcht ergriffen; denn durch die Apostel geschahen viele Wunder und Zeichen. 44 Und alle, die gläubig geworden waren, bildeten eine Gemeinschaft und hatten alles gemeinsam. 45 Sie verkauften Hab und Gut und gaben davon allen, jedem so viel, wie er nötig hatte. 46 Tag für Tag verharrten sie einmütig im Tempel, brachen in ihren Häusern das Brot und hielten miteinander Mahl in Freude und Einfalt des Herzens. 47 Sie lobten Gott und waren beim ganzen Volk beliebt. Und der Herr fügte täglich ihrer Gemeinschaft die hinzu, die gerettet werden sollten. *Apg 2,43–47*

Der soziale Dienst wird von der urchristlichen Gemeinde so ernst genommen, dass er eigens institutionalisiert wird. Die Apostelgeschichte erzählt, dass den Zwölf **die Sieben** zur Seite gestellt werden, die sich dem „Dienst an den Tischen" widmen sollen. Diese Sieben werden namentlich aufgelistet, vergleichbar der Liste der zwölf Apostel in den Evangelien:

> 1 In diesen Tagen, als die Zahl der Jünger zunahm, begehrten die Hellenisten* gegen die Hebräer* auf, weil ihre Witwen bei der täglichen Versorgung übersehen wurden. 2 Da riefen die Zwölf die ganze Schar der Jünger zusammen und erklärten: Es ist nicht recht, dass wir das Wort Gottes vernachlässigen und uns dem Dienst an den Tischen widmen. 3 Brüder, wählt aus eurer Mitte sieben Männer von gutem Ruf und voll Geist und Weisheit; ihnen werden wir diese Aufgabe übertragen. 4 Wir aber wollen beim Gebet und beim Dienst am Wort bleiben. 5 Der Vorschlag fand den Beifall der ganzen Gemeinde, und sie wählten Stephanus, einen Mann, erfüllt vom Glauben und vom Heiligen Geist, ferner Philippus und Prochorus, Nikanor und Timon, Parmenas und Nikolaus, einen Proselyten* aus Antiochia. 6 Sie ließen sie vor die Apostel hintreten, und diese beteten und legten ihnen die Hände auf. 7 Und das Wort Gottes breitete sich aus, und die Zahl der Jünger in Jerusalem wurde immer größer; auch eine große Anzahl von den Priestern nahm gehorsam den Glauben an. *Apg 6,1–7*

Der Ausgangskonflikt, der zur Ernennung der Sieben führt, spiegelt zwei wesentliche Konflikte der Urkirche:

- Mit dem Anwachsen der Gemeinden wachsen auch ihre Aufgaben. Es entsteht die Notwendigkeit dafür bestimmte Ämter zu institutionalisieren. Später werden die sozialen Aufgaben den **Diakonen** übertragen (vgl. S. 95, 99).
- Die urchristlichen Gemeinden setzen sich zusammen aus „Hebräern*" und „Hellenisten*", d. h. Christen, die ursprünglich Juden sind und auch als Christen nach jüdischen Gesetzen leben, sowie Christen, die ursprünglich „Heiden" sind. Die Heidenmission, wie sie vor allem PAULUS und BARNABAS praktizieren, spitzt die Auseinandersetzung um die Frage zu, ob die Heidenchristen*

sich beschneiden lassen und nach der Tora* leben müssten. Auf dem **Apostelkonzil*** in Jerusalem (vermutlich 48/49 n. Chr.) wird entschieden, dass die Heidenchristen davon befreit sind (vgl. Apg 15,1–35; Gal 2,1–10).

3.6.2 Zentrale Ereignisse der Kirchengeschichte

Folgende Phasen der Kirchengeschichte können unterschieden werden:

- Die erste Phase ist geprägt durch die **Unterdrückung der Kirche.** In den Jahren bis 313 n. Chr. wird die Christenverfolgung vor allem unter den römischen Kaisern NERO, DOMITIAN, TRAJAN, HADRIAN, MARC AUREL, VALERIAN und DIOKLETIAN betrieben.
- Die **Konstantinische Wende** leitet die zweite Phase ein: Das Toleranz-Edikt von Mailand 313 durch Kaiser KONSTANTIN DEN GROSSEN bringt eine gewisse Religionsfreiheit und die Gleichberechtigung der christlichen Religion gegenüber etwa dem römischen Götterkult. Auf der Basis dieses Edikts wird das Christentum in der weiteren Folge als Reichskirche zur staatstragenden Kraft.
- Die dritte Phase wird markiert durch die **Missionierung der Völker im Römischen Reich.** Insbesondere die Germanenmission ist folgenreich für das weitere „christliche Abendland". Im Jahr 800 wird KARL DER GROSSE durch Papst LEO III. zum Kaiser gekrönt. Zu führenden Kulturträgern entwickeln sich die Klöster (z. B. Monte Cassino ab 525, Cluny ab 910).
- Die vierte Phase beginnt mit der **großen Kirchenspaltung** zwischen der westlichen römischen Kirche und der östlichen Orthodoxie. Gleichzeitig entsteht der **Dualismus von kirchlicher und weltlicher Herrschaft** (Papst und Kaiser). Einige Daten aus dieser Zeit: 1054 gegenseitiger Kirchenbann von West- und Ostkirche; 1077 „Gang nach Canossa" von Kaiser HEINRICH IV.; 1158 Exkommunikation von Kaiser FRIEDRICH I. BARBAROSSA; 11.–13. Jahrhundert Kreuzzüge und Entstehung der Ritterorden; 11.–14. Jahrhundert Höhepunkt der mittelalterlichen Theologie, z. B. THOMAS VON AQUIN, MEISTER ECKHART.
- Die fünfte Phase ist geprägt von der **Auflösung der kirchlichen Autorität:** Ab dem 11. Jahrhundert beginnt der Aufstieg des städtischen Bürgertums; die Universitäten entstehen mit einem impliziten Impuls zur Autonomie der Wissenschaft; 1378–1409 zerfällt durch das „große Schisma" (gleichzeitig Päpste in Rom, Avignon und Pisa) das Ansehen und die Einheit stiftende Kraft des Papsttums.

- Die sechste Phase beginnt mit der **Reformation.** MARTIN LUTHER, JOHANNES CALVIN und ULRICH ZWINGLI begründen eine Bewegung, die in der Konsequenz zur Aufspaltung der Kirche in die römisch-katholische und die evangelisch-protestantische Konfession führt. Als Reaktion erfolgt in der römischen Kirche die **Gegenreformation,** maßgeblich umrissen durch die Beschlüsse des Konzils* von Trient 1545–1563. Der Augsburger Religionsfrieden von 1555 hält den Grundsatz fest: cuius regio – eius religio (sinngemäß: Der jeweilige Landesherr entscheidet über die Religionszugehörigkeit seiner Untertanen). Die machtpolitisch-konfessionellen Spannungen führen schließlich zum Dreißigjährigen Krieg 1618–1648.
- Die siebte Phase ist geprägt von der **bürgerlich-aufklärerischen*** **Revolution und Säkularisation*.** 1789 beginnt die Französische Revolution; 1803 endet mit dem Reichsdeputationshauptschluss das Heilige Römische Reich Deutscher Nation, und die meisten Klöster werden aufgehoben; der Wiener Kongress ordnet 1815 Europa neu, ohne dass die Kirche darauf einen bedeutenden politischen Einfluss gewinnt; die Revolution in Deutschland 1848 wird u. a. geprägt von antikirchlichen und antireligiösen Impulsen. Ein letztes Mal versucht das Papsttum seine Position zu festigen, indem es auf dem I. Vatikanischen Konzil* 1870 die päpstliche Unfehlbarkeit definiert (vgl. S. 100). In der bürgerlichen Gesellschaft des 19. und 20. Jahrhunderts passt sich die Kirche jedoch vor allem den bürgerlichen Moralvorstellungen an, indem sie sich zur „moralischen Anstalt" entwickelt, die sich mit dezidierten Jenseitsversprechungen um das Seelenheil der Menschen sorgt, aber die Sorge um die soziale Gerechtigkeit und eine demokratische, menschliche Gesellschaft zunächst zu vergessen scheint.
- Im 20. Jahrhundert entsteht schließlich – als vorläufig letzte Phase – unter den veränderten historischen Rahmenbedingungen (weltweite Demokratisierung und Unabhängigkeitsbestrebungen) eine **nachbürgerliche, globalisierte Kirche.** Durch zahlenmäßige Veränderungen in der Weltbevölkerung liegt der Schwerpunkt der kirchlichen Entwicklung mittlerweile in der sogenannten „Dritten Welt".

Phasen der Kirchengeschichte

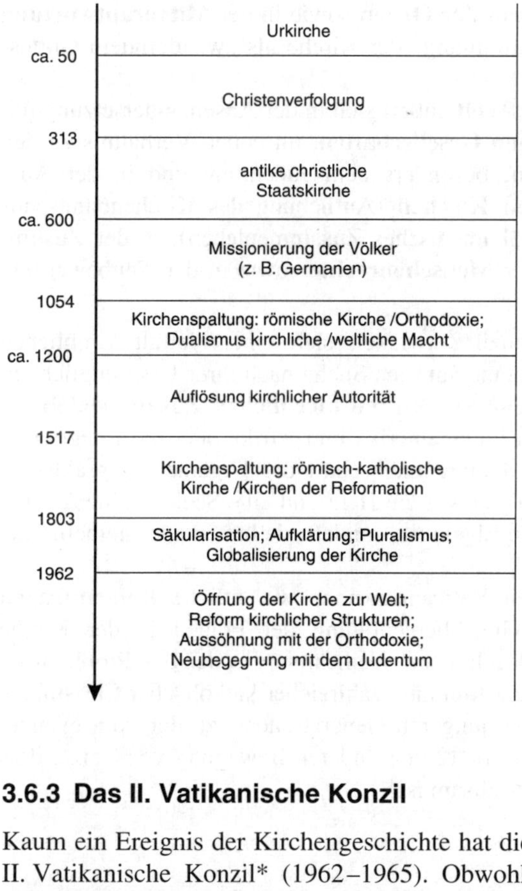

3.6.3 Das II. Vatikanische Konzil

Kaum ein Ereignis der Kirchengeschichte hat die Kirche mehr verändert als das II. Vatikanische Konzil* (1962–1965). Obwohl es ein Ereignis der römisch-katholischen Kirche war, hat es starke Nachwirkungen auf die andern christlichen Konfessionen ausgeübt und schließlich auch das Verhältnis der Kirche zu den anderen Religionen neu bestimmt. Folgende Impulse sind von den Beschlüssen des Zweiten Vaticanums ausgegangen:

– Die **Reform der Kirche** äußert sich in der Betonung der **Kollegialität der Bischöfe** (als Gegenakzent zum Primat des Papstes) und der daraus folgenden relativen **Eigenständigkeit der Ortskirchen,** in der **Wiedereinführung des ständigen Diakonats** (neben dem Diakonat als „Durchgangsamt" zum Priesteramt), in der **Liturgiereform** (Volkssprachen im Gottesdienst, Betonung des Mahlcharakters der Eucharistie durch Sichtbarmachung der Tischgemeinschaft am Altar), in der **Reform der Orden** sowie in der **Mitverantwortung der Laien** durch die Neubestimmung der Kirche als „wanderndem Gottesvolk" (vgl. S. 91 f.).

- Die **Öffnung der Kirche zur Welt** äußert sich in der Auseinandersetzung mit den **Problemen der modernen Gesellschaften,** im neuen Verhältnis zu den **nichtchristlichen Religionen,** besonders dem Judentum, und in der Aussöhnung mit den **orthodoxen Kirchen** (Aufhebung des Kirchenbanns aus dem Jahre 1054 und echtes ökumenisches Zusammenleben), in der Zustimmung zu den Forderungen der **Menschenrechte** sowie in der Neubewertung der **Religionskritik.**

Seit dem II. Vatikanischen Konzil entwickelt sich eine Vielfalt kirchlichen Lebens. Indem sich die Kirche heute auf eine Suche nach ihrer Ursprünglichkeit begibt, finden die Menschen **neue Strukturen kirchlichen Zusammenlebens**, wie z. B. die Basisgemeinden in Lateinamerika und Afrika oder die Integrierten Gemeinden, in denen etwa die Gütergemeinschaft der Urgemeinde praktiziert wird („Die Gemeinde der Gläubigen war ein Herz und eine Seele. Keiner nannte etwas von dem, was er hatte, sein Eigentum, sondern sie hatten alles gemeinsam" [Apg 4,32]).

Zwar stehen nach dem Zweiten Vaticanum noch wesentliche **Reformfragen offen,** wie das Problem der Gleichberechtigung der Frauen in der Kirche (Zulassung der Frauen zu den kirchlichen Weiheämtern) oder das Problem der Ökumene. Doch zeigt etwa die Zustimmung zahlreicher katholischer Christinnen und Christen – vor allem aus den jüngeren Generationen – zu der vom evangelischen Christen FRÈRE ROGER SCHUTZ gegründeten Bewegung von Taizé, dass die Erneuerung der Kirche unaufhaltsam ist.

4 Leben und Handeln der Kirche: die Grunddienste

Von Jesus Christus her verstanden kann die Kirche kein Selbstzweck sein. Sie muss die „jesuanischen Provokationen" in der Welt von heute einfordern, d. h. sie muss an vorderster Stelle Frieden herbeiführen, muss Vordenkerin einer neuen Gerechtigkeit, Stimme für die stumme Schöpfung und Anwältin der Menschenwürde sein.

[9] Eure Liebe sei ohne Heuchelei. Verabscheut das Böse, haltet fest am Guten!
[10] Seid einander in brüderlicher Liebe zugetan, übertrefft euch in gegenseitiger
Achtung! [11] Lasst nicht nach in eurem Eifer, lasst euch vom Geist entflammen
und dient dem Herrn! [12] Seid fröhlich in der Hoffnung, geduldig in der
Bedrängnis, beharrlich im Gebet! [13] Helft den Heiligen*, wenn sie in Not sind;
gewährt jederzeit Gastfreundschaft! [14] Segnet eure Verfolger; segnet sie, ver-
flucht sie nicht! [15] Freut euch mit den Fröhlichen und weint mit den Weinenden!
[16] Seid untereinander eines Sinnes; strebt nicht hoch hinaus, sondern bleibt
demütig! Haltet euch nicht selbst für weise! [17] Vergeltet niemand Böses mit
Bösem! Seid allen Menschen gegenüber auf Gutes bedacht! [18] Soweit es euch
möglich ist, haltet mit allen Menschen Frieden! *Röm 12,9–18*

Das Glaubenszeugnis der Kirche realisiert sich im Handeln der Christen, das sich im Glaubensdienst, Gottesdienst und Geschwisterdienst entfaltet. Diese drei Grunddienste werden von ihrem Wesen her gemeinschaftlich ausgeübt und konstituieren umgekehrt den Gemeinschaftscharakter der Kirche. Dabei ist wichtig festzuhalten, dass es in der Kirche zwar die einzelnen Dienstämter gibt, deren Träger in besonderer Weise zur Ausübung der Grunddienste berufen sind (vgl S. 94 ff.); alle Grunddienste können und müssen jedoch von jedem einzelnen Kirchenmitglied als ureigene Aufgabe des christlichen Lebens betrachtet werden.

4.1 Der Glaubensdienst der Kirche

Die Begegnung mit Jesus lässt die Glaubenden erfahren, wie sehr die Gegenwart des Reiches Gottes froh macht. Es ist daher nur folgerichtig, wenn die Glaubenden ihre **Freude mit-teilen** wollen und die „frohe Botschaft" (griech. „eu-angelion" – „Evangelium") weitersagen. Wer von einer Wahrheit über-zeugt ist, legt Zeugnis ab für diese Wahrheit.

Das Glaubenszeugnis geschieht in **Worten und Taten.** Die Wortverkündigung (Kerygma) ergibt sich immer dann, wenn nach dem Glauben gefragt wird oder wenn der Glaube ausgelegt werden soll (z. B. in der Erziehung, im Religionsunterricht, in der Gemeindekatechese, in der Predigt, aber auch bei Diskussionen über religiöse Fragen im Freundeskreis oder am Arbeitsplatz). Die Weitergabe des Glaubens ist jedoch erst wirklich glaubwürdig, wenn die Glaubenden ihren Glauben wirklich *leben.* Oft genug ist in der Geschichte das Bekenntnis zu Jesus Christus buchstäblich mit dem Leben bezeugt worden: Das griechische Wort für den Glaubensdienst, **Martyria,** macht die Nähe zum Bekenntnis dieser „Blutzeugen", den Märtyrern, deutlich.

Die Weitergabe der Hoffnung, welche die Glaubenden trägt, geschieht nicht zuletzt mit dem **einladenden Impuls** an die Zuhörer, an der Erfahrungsgemein-

schaft der Kirche teilzuhaben. Dass Menschen das Evangelium annehmen und bezeugen, ist aber letztlich das Wirken des Geistes Gottes.
Die Berufung der Christinnen und Christen zur Weitergabe ihrer Hoffnung besitzt eine prophetisch-kritische Funktion. Wenn daher die Kirche als Glaubensgemeinschaft aus ihrem Glaubensdienst heraus zur **Gesellschaftspolitik** Stellung nimmt, dann macht sie deutlich, dass es ihre Aufgabe ist, auf die Grundfragen einer menschlichen Gesellschaft zu antworten. Die Kirche kann und darf sich nicht auf das Abstellgleis „rein religiöser" Themen abschieben lassen. Wer Sozialarbeit leistet, muss auch auf die sozial-politischen Rahmenbedingungen Einfluss nehmen dürfen; wer ein überzeugendes Lebenskonzept anbieten kann, muss seine ethischen Maßstäbe in Politik, Wirtschaft und Technik einbringen können.

4.2 Der Gottesdienst der Kirche

Der kirchliche Gottesdienst (griech. **Liturgia**) wird „gefeiert", d. h. im Gottesdienst tritt die Glaubensgemeinschaft aus dem Alltag heraus und macht das Leben transparent für die Sinn stiftende Macht, die das Leben trägt. Der Gottesdienst ist verknüpft mit **Festen,** welche den Lauf der Zeit unterbrechen – sowohl die gemeinschaftlich erlebte Zeit von Jahreszeiten, Wochen und Tagen als auch die je eigene Lebenszeit eines Menschen mit den verschiedenen Lebensphasen zwischen Geburt und Tod.
Der christliche Gottesdienst er-innert die Taten Gottes in der Geschichte – insbesondere die Erlösungstat Jesu Christi –, welche das Heil bewirken. In der Erinnerung vergegenwärtigt er das Heilshandeln Gottes und gewinnt dadurch selbst **Heil spendende Wirkung,** indem die Glaubenden das Heilshandeln Gottes in ihrer eigenen Gegenwart erkennen und erfahren. Der Gottesdienst erweist sich für die Glaubenden so als Zentrum und Quelle des kirchlichen Lebens.

4.2.1 Die Erinnerung der Mahlgemeinschaft mit Jesus

Die wichtigste gottesdienstliche Form ist die heilige Messe, die aus dem Wortgottesdienst mit der Verkündigung und Auslegung des Evangeliums sowie aus der Eucharistiefeier mit der **Feier des Herrenmahles** besteht. Sie erinnert an die Mahlgemeinschaft mit Jesus, wie sie die Jüngergemeinde immer wieder und zuletzt beim letzten Abendmahl erlebt hat:

> [17] Als es Abend wurde, kam Jesus mit den Zwölf. [...][22] Während des Mahls nahm er das Brot und sprach den Lobpreis; dann brach er das Brot, reichte es ihnen und sagte: Nehmt, das ist mein Leib. [23] Dann nahm er den Kelch, sprach das Dankgebet, reichte ihn den Jüngern, und sie tranken alle daraus. [24] Und er sagte zu ihnen: Das ist mein Blut, das Blut des Bundes, das für viele vergossen wird. [25] Amen, ich sage euch: Ich werde nicht mehr von der Frucht des Weinstocks trinken bis zu dem Tag, an dem ich von neuem davon trinke im Reich Gottes.
> *Mk 14,17.22–25*

Das letzte Abendmahl war ein **Pessach*-Mahl.** Dieses hohe jüdische Fest einnert alljährlich an den Auszug des Volkes Israel aus Ägypten und die Befreiung von der Sklaverei durch Gott. Die Neudeutung der göttlichen Befreiungstat durch Jesus und seine Jünger verbindet mit dem Abendmahl nun den Tod und die Auferstehung Jesu sowie seine bleibende Gegenwart im Zeichen von Brot und Wein.

Für die Christen ist die Eucharistiefeier die eigentliche Mitte des Sonntags, der als Tag nach dem Sabbat die Auferstehung Jesu „am dritten Tag“ feiert. Das Herrenmahl ist daher das Zentrum des christlichen **Wochenfestes** und macht im Ablauf des Kirchenjahres das Leben der Glaubensgemeinschaft transparent für Gottes Handeln in Zeit und Geschichte.

4.2.2 Die Sakramente

Neben der heiligen Messe kennt die Kirche zahlreiche weitere Gottesdienstformen (z. B. Andacht, Kreuzwegfeier, Stundengebet, Tauffeier). Die Formen, Riten und Symbole, die den Gottesdienst prägen, interpretieren und gestalten den Lauf der Zeit sowie wichtige Stationen eines Menschenlebens, bei der ein Mensch erfährt, dass er mehr braucht, als er selbst leisten kann. Die Riten und Symbole des Gottesdienstes lassen den **Segen Gottes** in Worten und Zeichen erfahrbar werden und vermitteln so eine Kraft, die das Leben bewältigen lässt.
Die am meisten verdichtete gottesdienstliche Form zur Vergegenwärtigung des Segens Gottes ist das **Sakrament.** Das lateinische Wort „sacramentum“ bedeutet ‚Heiligung‘. Im römischen Militär bezeichnete das „sacramentum“ den Eid, durch den ein Soldat in die Armee aufgenommen wurde. Die griechischsprachige Kirche verwendet das entsprechende Wort „mysterion“ im Sinne eines ‚Geheimnisses, welches man einem Freund anvertraut‘. Das kirchliche Sakrament könnte man im Anschluss an diese Wortbedeutungen definieren als ‚Zeichen, worin Gottes Heil geheimnisvoll wirksam wird‘.

Das katholische Sakramentenverständnis

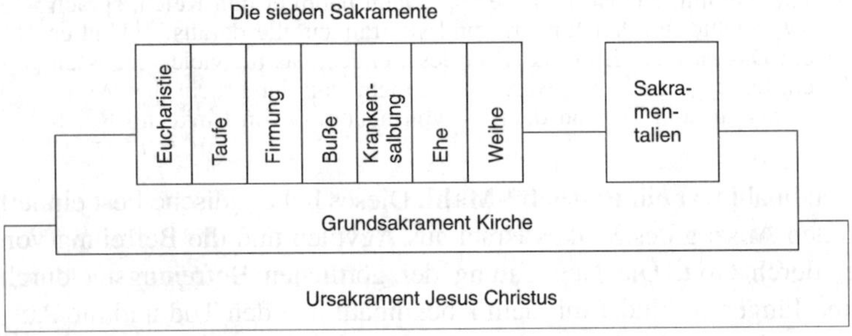

Das Sakrament ist in diesem Sinn ein **Symbol** (vgl. S. 14 f.). Es bezeichnet und bewirkt das Heil, das Gott für die Welt und die Menschen will.

Das Ursakrament dieser Heilung ist Jesus Christus selbst. Weil die Kirche als Glaubensgemeinschaft die Erinnerung an das Heilshandeln Gottes in Jesus Christus wachhält und die Hoffnung auf eine in Gott vollendete Welt lebt, ist sie das **Grundsakrament.** Mit dem in ihrer Mitte sakramental gegenwärtigen Herrn macht die Kirche in dieser Welt sichtbar, dass das Reich Gottes „jetzt schon" angebrochen ist – wenn auch noch nicht endgültig verwirklicht. Sie ist daher selbst **Zeichen und Werkzeug** der Beziehung der Menschen zu Gott und der Menschen untereinander. Sie darf „jetzt schon" aus der ihr von Jesus selbst übertragenen Vollmacht Zeichen („Sakramente") vollziehen, die vor Gott Bestand haben.

Die katholische Kirche pflegt **sieben Sakramente,** welche für jeden einzelnen Menschen, aber auch für die Gemeinschaft insgesamt eine Lebensbegleitung bedeuten:

- Die **Eucharistie** ist das Zeichen des heilbringenden Todes Jesu und seiner Auferstehung, woran er die Glaubenden gemeinschaftlich teilhaben lässt und vom Tod und allem Bösen befreit.
- Die **Taufe** ist das Zeichen des Eintritts in die heilbringende Wirklichkeit Gottes, wobei alles Gottwidrige zurückgelassen wird und gleichsam ein neues Leben beginnt.
- Die **Firmung** ist das Zeichen der Festigung und des Mündigwerdens im Glauben, wodurch die Glaubenden zur heilbringenden Weitergabe des Glaubens befähigt werden.
- Die **Buße** ist das Zeichen der Umkehr vom Bösen zu Gott und zu seinem heilbringenden Willen, wodurch die Glaubenden nach einer schweren Absonderung von Gott wieder mit ihm versöhnt werden.

- Die **Kranksalbung** ist das Zeichen des Heils, das den ganzen Menschen mit Leib und Seele umgreift und ihn in einer schweren Lebenssituation stärkt.
- Die **Ehe** ist das Zeichen der Liebe Gottes zu den Menschen, die eine liebevolle, heilbringende Gemeinschaft zwischen Frau und Mann begründet.
- Die **Weihe** (Bischofs-, Priester-, Diakonweihe) ist das Zeichen der heilbringenden Berufung eines Menschen in die besondere Nachfolge Jesu im Dienst für Gott und die Menschen.

Neben diesen Sakramenten gibt es zahlreiche **Sakramentalien,** die in vielfältiger Form den Segen Gottes zusprechen (z. B. Segnung eines Angehörigen vor einer Reise).

4.3 Der Geschwisterdienst der Kirche

Von Anfang an gehört der soziale Dienst (griech. **Diakonia,** lat. **Caritas**) zu den wesentlichen Erkennungsmerkmalen der christlichen Gemeinden. Das christliche Lebenskonzept erweist sich bis heute häufig dadurch als attraktiv, dass seine Basis in der tätigen Nächstenliebe, d. h. der Hilfe für Menschen in leiblicher und seelischer Not besteht.

Die **Wurzeln** des christlichen Geschwisterdienstes finden sich in folgenden biblischen Grunderfahrungen:

- Schon dem Volk Israel offenbart sich Gott bei der Befreiung aus Ägypten als Retter aus Not und Elend. Die Antwort des Glaubens auf Gottes Zuwendung zu den Menschen liegt in der Zuwendung der Glaubenden zu den Notleidenden, Schwachen und Diskriminierten. Der biblische Gottesglaube ist nicht denkbar ohne den wirksamen Einsatz für die Armen (vgl. Bd. 1, S. 23–27, 156–159).
- Die Botschaft der alttestamentlichen Propheten kritisiert den Widerspruch zwischen religiösem Kult und sozialer Ungerechtigkeit. Heute greift vor allem die „Theologie der Befreiung" die prophetische Kult- und Sozialkritik auf und versucht eine wirksame Veränderung ungerechter Verhältnisse herzustellen (vgl. Bd. 1, S. 160–164).
- Der biblische Glaube an Gottes gute Schöpfung enthält in seinem Kern das Bekenntnis zur unverlierbaren Menschenwürde, deren Schutz eine prinzipielle Aufgabe für jeden Einzelnen und für die Gemeinschaft darstellt (vgl. Bd. 1, S. 155).

Die zentrale Begründung für den Geschwisterdienst der Christen liegt darin, dass sich **Jesus Christus** selbst in besonderer Weise den Kranken, Schwachen und Diskriminierten zugewandt und seine Jünger berufen hat, ihm darin nachzufolgen (vgl. Bd. 1, S. 88–90, 164–168). Die Berufung der Zwölf erfolgt im Matthäus-Evangelium ausdrücklich unter der Vorgabe, „alle Krankheiten und Leiden zu heilen“ (Mt 10,1). Als „diakonia“ gilt zur Zeit Jesu der Dienst der Sklaven, die bei Tisch die Herren bedienen. Im Evangelium von der **Fußwaschung** (Joh 13,1–20) zeigt Jesus, dass dieser Dienst der Inbegriff für seine Nachfolge ist. Bis heute dient der Einsatz für die Menschen in Not und Elend als Kriterium für die Glaubwürdigkeit des Evangeliums. Die Kirche arbeitet daher mit den weltweit wirksamsten **Hilfsorganisationen** an der Beseitigung von Not und sozialer Ungerechtigkeit (z. B. „Caritas“ [kath.], „Diakonie“ [evang.], „MISEREOR“ [vgl. Bd. 1, S. 180–184]). Diese professionelle Hilfe kann jedoch die Wahrnehmung des Geschwisterdienstes durch jeden einzelnen Christen nicht ersetzen.

4.4 Die Gemeinschaftlichkeit der Kirche

Die Kirche versteht sich als Gemeinschaft (griech. **Koinonia,** lat. **Communio** [vgl. S. 62 ff.]) von Menschen, die gemeinsam unterwegs sind in der Hoffnung auf die endgültige Verwirklichung des Reiches Gottes. In der Gemeinschaft mit Jesus und miteinander erfahren die Glaubenden, dass sie als Einzelne gestützt und getragen werden. Sie erleben dieses „Wir-Gefühl“ besonders intensiv in Fest und Feier. Aus der Reflexion über Sinn, Ziele und Aufgaben der Gemeinschaft in Dialog und Diskurs entsteht ein Gemeinschaftsbewusstsein, aus dem heraus eine **Bestärkung im Glauben** und eine **Vergewisserung der Hoffnung** erfolgen kann.

4.4.1 Die Konkretisierung des kirchlichen Gemeinschaftslebens

Es ist kirchlicher Alltag, dass die Gemeinde in kleinen Gruppen ebenso wie bei großen Zusammenkünften gelebt wird (Jugendgruppen, Familienkreise, Katholiken- und Kirchentage). Wie jede Gemeinschaft brauchen auch die Mitglieder kirchlicher Gruppen Geduld füreinander und gegenseitige Rücksichtnahme.
Da niemand für sich allein das Wissen darüber beanspruchen kann, wie das Evangelium in jeder Lebenssituation definitiv umzusetzen ist, braucht die Kirche eine **Streitkultur,** mit der Konflikte über den gemeinsamen Weg in gegenseitiger Achtung ausgetragen werden.

Im Verlauf der Kirchengeschichte hat es zahlreiche sehr grundsätzliche Streitpunkte über den rechten christlichen Weg gegeben. Dabei hat sich herausgestellt, dass die **Orientierung an Jesus Christus,** an seinem Leben, das Frieden und Gemeinschaft stiftet, und der Glaube an seine versöhnende und Frieden schaffende Gegenwart eine Lösung im Streit unter Christen herbeiführen kann.

4.4.2 Der Skandal der Kirchenspaltung – die Notwendigkeit der Ökumene

Der größte Skandal des Christentums, der die Christenheit gerade aus der Sicht anderer Religionen in Misskredit geraten lässt, ist die Spaltung der Glaubensgemeinschaft in verschiedene Kirchen. Dabei gehört die **Einheit der Christen** zu den wichtigsten Ansprüchen des Evangeliums, wie etwa aus dem Schlussabschnitt des Abschiedsgebetes Jesu im Johannes-Evangelium hervorgeht:

> 20 Aber ich bitte nicht nur für diese hier [die anwesenden Jünger], sondern auch für alle, die durch ihr Wort an mich glauben. 21 Alle sollen eins sein: Wie du, Vater, in mir bist und ich in dir bin, sollen auch sie in uns sein, damit die Welt glaubt, dass du mich gesandt hast. *Joh 17,20 f.*

Schon in den ersten Jahrhunderten haben sich in Palästina, Kleinasien und Nordafrika Spaltungen ereignet, die teilweise bis heute bestehen (z. B. koptische Kirche*). Die große Kirchenspaltung von römischer Kirche und Orthodoxie ist seit dem II. Vaticanum in ein ökumenisches Miteinander mit einer weitgehenden gegenseitigen Anerkennung übergegangen (vgl. S. 77 f.).

Die Kirchenspaltung in Deutschland

In Deutschland ist vor allem die Spaltung in **katholische und evangelische Christenheit** von Bedeutung, die als Folge der Reformation des 16. Jahrhunderts besteht. Noch zu Beginn des 20. Jahrhunderts hat die gegenseitige Ablehnung der jeweils anderen Konfession tief in das **persönliche Leben** der Menschen eingegriffen. So waren z. B. „Mischehen“ nur unter äußerst schwierigen juristischen Bedingungen möglich. Die katholische Kirche verlangte vom nichtkatholischen Ehepartner grundsätzlich die Konversion*; später stimmte sie einer Mischehe nur dann zu, wenn sich die Ehepartner verpflichteten die Kinder in der katholischen Kirche zu taufen. Noch heute gibt es keine „ökumenische Ehe“: Selbst wenn Geistliche beider Konfessionen bei der Trauung mitwirken, müssen sich die Ehepartner für *eine* Konfession entscheiden, in deren Geltungsbereich die Ehe geschlossen wird und deren Vertreter dann das Ja-Wort erfragt.

Zahlreiche **Eigenheiten des öffentlichen und kulturellen Lebens** besitzen ihre historischen Wurzeln in der konfessionellen Spaltung von evangelischer und katholischer Kirche. So gibt es z. B. die alte Tradition der Fastnacht (Karneval, Fasching) nur in ehemals katholischen Gegenden.
Von katholischer Seite wurde die Ablehnung der evangelischen Konfession damit begründet, dass die Kirchen der Reformation vom wahren Glauben abgefallen seien. Da bis zum II. Vaticanum der Satz galt, dass „außerhalb der Kirche – hier verstanden als römische Kirche – kein Heil" sei, konnte nach damaligem Verständnis mit den evangelischen „Häretikern*" keine Gemeinschaft bestehen.

Die Geschichte des ökumenischen Prozesses

Auf dem II. Vatikanischen Konzil* hat sich die römisch-katholische Kirche – unter entscheidender Beteiligung des deutschen Kardinals AUGUSTIN BEA – für den Prozess der **Ökumene** geöffnet. Dieser griechische Begriff bedeutet wörtlich ‚die ganze bewohnte Erde umfassend' und meint daher sinngemäß etwas Ähnliches wie der Begriff „katholisch" (griech. ‚allumfassend', ‚allgemein').
Ökumene bedeutet die Bemühung der christlichen Kirchen und Konfessionen um eine sichtbare Einheit der Christen, indem auf der Grundlage des gemeinsamen christlichen Glaubens die trennenden Aspekte so aufgearbeitet werden, dass eine sichtbare Einheit im Glauben und im Dienst an der Welt möglich wird.
Der Prozess der Ökumene hat seit dem 19. Jahrhundert im Rahmen der nichtkatholischen christlichen Kirchen begonnen und folgende wichtige Schritte erfahren:

- 1910 fand in Edinburgh die erste „Weltmissionskonferenz" statt; 1921 wurde der „Internationale Missionsrat" als institutionelle Organisation zur Koordination der christlichen Missionstätigkeit gegründet.
- 1925 trat in Stockholm die erste Weltkonferenz für „Praktisches Christentum" zusammen: 1927 erfolgte parallel dazu die erste Weltkonferenz der „Bewegung für Glauben und Kirchenverfassung" in Lausanne.
- Die letzteren beiden Bewegungen gingen im Jahre 1948 in der Gründung des **Ökumenischen Rates der Kirchen** („Weltrat der Kirchen") auf, dem sich 1961 auch der „Internationale Missionsrat" anschloss. Heute sind dem Ökumenischen Rat der Kirchen über 300 christliche Kirchen angeschlossen (z. B. evangelisch-lutherische, evangelisch-reformierte, anglikanische Kirche, evangelische Freikirchen, wie z. B. Baptisten, dazu griechisch-orthodoxe, russisch-orthodoxe Kirche). Die römisch-katholische Kirche ist nicht Mitglied, besitzt aber Beobachterstatus.

- Der **konziliare Prozess** – 1989 in Basel mit der „Europäischen Ökumenischen Versammlung“ begonnen und mit der „Zweiten Europäischen Ökumenischen Versammlung“ 1997 in Graz fortgesetzt – hat zum ersten Mal Vertreter der katholischen Kirche mit Vertretern der anderen christlichen Konfessionen in einer gleichberechtigten gemeinsamen Arbeit an den Fragen zu Frieden und Versöhnung, Gerechtigkeit und Bewahrung der Schöpfung zusammengeführt.

Ergebnisse und offene Fragen des ökumenischen Prozesses

Am Beispiel des konziliaren Prozesses lässt sich zeigen, dass bei den **ethischen und praktischen Fragestellungen** eine weitreichende Zusammenarbeit von evangelischer und katholischer Kirche möglich ist und auch praktiziert wird (z. B. gemeinsame Erklärungen der Deutschen Bischofskonferenz und des Rates der EKD zur Sozialpolitik oder zum Schutz des Lebens). Bei den kirchlichen Hilfswerken existiert eine größtenteils reibungslose Zusammenarbeit (z. B. Sozialstationen, Caritas/Diakonie, MISEREOR/„Brot für die Welt“).

Im Zentrum der **Auseinandersetzungen** stehen seit Beginn des ökumenischen Prozesses die Fragen nach dem Wesen der Kirche, nach den Sakramenten und vor allem nach dem kirchlichen Amtsverständnis. So verlangt die katholische Kirche die apostolische Tradition des Bischofs (vgl. S. 96 f.), die nach ihrer Auffassung in der evangelischen Kirche im strengen Sinn nicht gegeben ist, weil die reformierten Gemeinden Pastoren und Bischöfe ordiniert haben, ohne dazu legitimiert zu sein. Von daher können die evangelischen Pastoren nach katholischer Rechtsauffassung nicht anerkannt werden und spenden deshalb auch nicht gültig die Sakramente. Umgekehrt ist für evangelische Christen die Amtsträgerschaft ein weit weniger wichtiger Aspekt des kirchlichen Lebens, da die höchste Autorität in Glaubensfragen der Heiligen Schrift, und nicht der Kirche bzw. den kirchlichen Amtsträgern zukommt. Während in der Frage des Sakramentenverständnisses ein hohes Maß an Verständigung erreicht ist – so etwa auch im Verständnis des Herrenmahles –, scheitert die Interkommunion, d. h. der gemeinschaftliche Empfang der eucharistischen Zeichen, bisher im Wesentlichen am Amtsverständnis. Deshalb ist eine wirkliche ökumenische Abendmahlsfeier von evangelischen und katholischen Christen bis heute kirchenrechtlich nicht ermöglicht.

Zukunft der Ökumene

Die künftige ökumenische Entwicklung steht nicht nur vor theologischen Problemen oder vor Fragen der Kirchenstruktur, die immer auch eine Frage der Kirchenleitung ist – außerhalb der römisch-katholischen Kirche wird der Papst nicht als Oberhaupt der Kirche anerkannt (vgl. S. 99 ff.) –; vielmehr gibt es auch **differenzierte Probleme** in der Umsetzung ökumenischer Fortschritte, etwa wenn das „Kirchenvolk" die notwendigen Veränderungen nur langsam oder gar nicht nachvollzieht oder wenn im Verlauf des ökumenischen Dialogs neue konfessionalistische Verengungen und Einseitigkeiten aufbrechen.
Da jedoch die Einheit zum Wesen der Kirche gehört, können sich die Christen mit ihrer Spaltung nicht abfinden. Wenn die **Übereinstimmungen mit den Kirchen der Reformation** so vielfältig sind, dass es mehr Gemeinsames als Trennendes gibt; wenn schon die urkirchlichen Christengemeinden nach Auskunftslage des Neuen Testaments in den Amtsstrukturen eine große Verschiedenheit aufweisen und daher Unterschiede in den Amtsstrukturen der verschiedenen Konfessionen heute kein trennendes Hindernis sein müssen, sondern Ausdruck einer bereits biblisch bezeugten Vielfalt des Glaubens sein können – dann sollte eine wirkliche Ökumene möglich sein. Eine geeinte Christenheit wäre aber nicht denkbar im Sinne einer „Rückkehr" der abgespaltenen Konfessionen zu der „einen wahren römischen Kirche". Die geeinte Christenheit muss die jeweilige Identität und die jeweiligen Traditionen der verschiedenen Kirchen und Konfessionen ernst nehmen. Die Einheit ist daher nur als **versöhnte Vielfalt,** als **Einheit in der Vielfalt** denkbar. Im Zeichen weltweiter sozialer, politischer und kultureller Veränderungsprozesse ist die Ökumene allerdings zu einer **Überlebensbedingung** des Christentums geworden: Wenn das christliche Bekenntnis in der säkularisierten* Welt zu einem Minderheitenphänomen werden sollte, könnte sich die Christenheit interne „Grabenkämpfe" nicht mehr leisten. Die selbst innerhalb der Kirche emanzipierten Menschen hätten im Blick auf den wirklich notwendigen Dienst an der Welt auch gar kein Verständnis mehr dafür.

So offen sich also die Zukunft der Ökumene in vieler Hinsicht darstellt: Die ökumenische Bewegung hat Entwicklungen in der weltweiten Christenheit bewirkt, die nicht mehr einfach rückgängig gemacht oder vergessen werden können. Das gilt für die im theologischen Gespräch durch die Rückbesinnung auf Schrift und Tradition und die Suche nach neuen Verstehensmöglichkeiten erreichten Konvergenzen und die damit gegebenen Anfragen an die jeweilige kirchlich-konfessionelle Identität. Das gilt ebenso für Erfahrungen, die Christen verschiedener Kirchen im gemeinsamen Gebet und Gottesdienst wie in der praktischen Zusammenarbeit im Dienst an der Welt gemacht haben. Die Kirchen haben sich in vieler Hinsicht gegenseitig geöffnet und voneinander gelernt. Das Bewusstsein der weltweiten Verbundenheit der Christen und ihrer Kirchen ist gewachsen. Dass noch bestehende Trennungen zwischen den Kirchen auf dieser Grundlage in Zukunft überwunden werden, ist keine leere Hoffnung.

Ulrich Ruh: Ökumene. In: Ders./David Seeber/Rudolf Walter (Hrsg.): Handwörterbuch religiöser Gegenwartsfragen. Freiburg i. Br. ²1989, S. 328

5 Die Kirche als Volk Gottes – Strukturen und Ämter der Kirche

Die Kirche begreift sich heute vor allem als Gemeinschaft aller Getauften. Mehr denn je ist sie sich bewusst, dass ihre Strukturen und die Ausprägungen ihrer Ämter geschichtlich bedingt sind. Sie gewinnt ihr Selbstverständnis maßgeblich aus ihrer Aufgabe, die Botschaft Jesu im konkreten Umfeld überzeugend zu leben und dadurch der Weitergabe dieser Botschaft zu dienen.

5.1 Begriffsbestimmungen von „Kirche“

Seit der frühen Kirchengeschichte haben sich **Bildworte zur Verdeutlichung des Wesens der Kirche** geprägt, die einerseits auf ihrer historischen Sozialform beruhen, wie sie auch von außen wahrgenommen wurde; andererseits drücken sie zugleich die Idealform ihres Selbstverständnisses aus.

5.1.1 Kyriake

Das deutsche Wort „Kirche“ ist ein Lehnwort aus dem griechischen „kyrikon“ (‚Gotteshaus‘), welches im 4. Jahrhundert aus dem Begriff „kyriake oikia“ (‚das dem Herrn [„kyrios“] gehörige [Haus]‘) entstanden ist. Es bezeichnete zunächst das Gebäude, wurde jedoch schon früh auf die christliche Gemeinschaft übertragen.
Der Begriff kommt im Neuen Testament nicht vor, er beschreibt aber den Zusammenhang der gemeinschaftlichen Versammlung mit ihrem **Versammlungsort.** Im Mittelalter entwickelte sich eine differenzierte Symbolik des Kirchenbaus, die diesen Zusammenhang weiter entfaltet (z. B. kreuzförmiger Grundriss der Kirche, zwölf Säulen für die zwölf Apostel).

5.1.2 Ekklesia

Ein im neuen Testament verwendeter Begriff für die Kirche ist „ekklesia“ (griech. ‚die durch das Wort zusammengerufene Gemeinschaft‘). Im Matthäus-Evangelium knüpft er an die jüdische Vorstellung vom endzeitlichen Israel an und verbindet die eschatologische* Gemeinschaft des Reiches Gottes, wie Jesus sie verkündet, mit der Gemeinschaft der an Jesus Christus Glaubenden, die der Verantwortung der Apostel, näherhin besonders der Verantwortung des PETRUS anvertraut ist:

> Ich aber sage dir: Du bist Petrus, und auf diesen Felsen werde ich meine Kirche [ekklesia] bauen, und die Mächte der Unterwelt werden sie nicht überwältigen.
>
> *Mt 16,18*

Der Begriff Ekklesia wurde zur wichtigsten Selbstbezeichnung der christlichen Glaubensgemeinschaft. Er bezieht sich auf die Christenheit insgesamt, aber auch auf jede einzelne Ortskirche und kann daher zum Vorbild für den heutigen Sprachgebrauch von der „einen Kirche“ und den „vielen Kirchen“ genommen werden.

5.1.3 Leib Christi

Das Bildwort vom „Leib Christi“ geht auf den Apostel PAULUS zurück, der im 1. Korintherbrief eine umfassende Darstellung seines Kirchenverständnisses gibt:

> 12 Denn wie der Leib eine Einheit ist, doch viele Glieder hat, alle Glieder des
> Leibes aber, obgleich es viele sind, einen einzigen Leib bilden: so ist es auch
> mit Christus. 13 Durch den einen Geist wurden wir in der Taufe alle in einen
> einzigen Leib aufgenommen, Juden* und Griechen*, Sklaven und Freie; und
> alle wurden wir mit dem einen Geist getränkt. 14 Auch der Leib besteht nicht nur
> aus *einem* Glied, sondern aus vielen Gliedern. 15 Wenn der Fuß sagt: Ich bin
> keine Hand, ich gehöre nicht zum Leib!, so gehört er doch zum Leib. 16 Und
> wenn das Ohr sagt: Ich bin kein Auge, ich gehöre nicht zum Leib!, so gehört es
> doch zum Leib. 17 Wenn der ganze Leib nur Auge wäre, wo bliebe dann das
> Gehör? Wenn er nur Gehör wäre, wo bliebe dann der Geruchssinn? 18 Nun aber
> hat Gott jedes einzelne Glied so in den Leib eingefügt, wie es seiner Absicht
> entsprach. 19 Wären alle zusammen nur *ein* Glied, wo bliebe dann der Leib?
> 20 So aber gibt es viele Glieder und doch nur *einen* Leib. 21 Das Auge kann nicht
> zur Hand sagen: Ich bin nicht auf dich angewiesen. Der Kopf kann nicht zu den
> Füßen sagen: Ich brauche euch nicht. 22 Im Gegenteil, gerade die schwächer
> scheinenden Glieder des Leibes sind unentbehrlich. 23 Denen, die wir für
> weniger edel ansehen, erweisen wir um so mehr Ehre, und unseren weniger
> anständigen Gliedern begegnen wir mit mehr Anstand, 24 während die
> anständigen das nicht nötig haben. Gott aber hat den Leib so zusammengefügt,
> dass er dem geringsten Glied mehr Ehre zukommen ließ, 25 damit im Leib kein
> Zwiespalt entstehe, sondern alle Glieder einträchtig füreinander sorgen. 26 Wenn
> darum *ein* Glied leidet, leiden alle Glieder mit; wenn ein Glied geehrt wird,

> freuen sich alle anderen mit ihm. 27 Ihr aber seid der Leib Christi, und jeder
> Einzelne ist ein Glied an ihm.
> 28 So hat Gott in der Kirche die einen als Apostel eingesetzt, die anderen als
> Propheten, die dritten als Lehrer; ferner verlieh er die Kraft, Wunder zu tun,
> sodann die Gaben, Krankheiten zu heilen, zu helfen, zu leiten, endlich die
> verschiedenen Arten von Zungenrede*. 29 Sind etwa alle Apostel, alle
> Propheten, alle Lehrer? Haben alle die Kraft, Wunder zu tun? 30 Besitzen alle
> die Gabe, Krankheiten zu heilen? Reden alle in Zungen? Können alle solches
> Reden auslegen? 31a Strebt aber nach den höheren Gnadengaben!
>
> *1 Kor 12,12–31a*

Diese Vorstellung von der Kirche als einem dynamischen Organismus versteht die gemeinschaftliche Einheit der Kirche als **wirksames Zeichen für die Vereinigung von Gott und Menschen** im Geist Jesu Christi. Die Kirche kann als ganze nur bestehen, wenn die Fähigkeiten der einzelnen Glieder in den Dienst der Gemeinschaft gestellt und Rangstreitigkeiten als überflüssig betrachtet werden, weil jedes Glied seine je eigene Funktion im Organismus besitzt.

5.1.4 Volk Gottes unterwegs

Während in der römisch-katholischen Kirche nach der Reformation die statisch-hierarchischen Aspekte des Kirchenbildes stärker betont wurden, entdeckte das II. Vatikanische Konzil* den Begriff „Volk Gottes“ neu: Im Anschluss an die biblischen Überlieferungen vom israelitischen Gottesvolk, das seit seiner Befreiung aus Ägypten mit Gott unterwegs ist, entwickelte das Konzil die Darstellung von der Kirche als **„wanderndem Gottesvolk“** und akzentuierte dadurch eher dynamisch-evolutive Kirchenvorstellungen:

> Zu allen Zeiten und in jedem Volk ruht Gottes Wohlgefallen auf jedem, der ihn fürchtet und gerecht handelt (vgl. Apg 10,35). Gott hat es aber gefallen, die Menschen nicht einzeln, unabhängig von aller wechselseitigen Verbindung, zu heiligen und zu retten, sondern sie zu einem Volk zu machen, das ihn in Wahrheit anerkennen und ihm in Heiligkeit dienen soll. So hat er sich das Volk Israel zum Eigenvolk erwählt und hat mit ihm einen Bund geschlossen und es Stufe für Stufe unterwiesen. Dies tat er, indem er sich und seinen Heilsratschluss in dessen Geschichte offenbarte und sich dieses Volk heiligte. Dies alles aber wurde zur Vorbereitung und zum Vorausbild jenes neuen und vollkommenen Bundes, der in Christus geschlossen, und der volleren Offenbarung, die durch das Wort Gottes selbst in seiner Fleischwerdung übermittelt werden sollte. [...] Diesen neuen Bund hat Christus gestiftet, das Neue Testament nämlich in seinem Blute (vgl. 1 Kor 11,25). So hat er sich aus Juden* und Heiden* ein Volk berufen, das nicht dem Fleische nach, sondern im Geiste zur Einheit zusammenwachsen und das neue Gottesvolk bilden sollte. [...]
> Wie aber schon das Israel dem Fleische nach auf seiner Wüstenwanderung Kirche Gottes genannt wird (2 Esra 13,1; vgl. Num 20,4; Dtn 23,1 ff.), so wird auch das neue Israel, das auf der Suche nach der kommenden und bleibenden Stadt (vgl. Hebr

13,14) in der gegenwärtigen Weltzeit einherzieht, Kirche Christi genannt (vgl. Mt 16,18). Er selbst hat sie ja mit seinem Blut erworben (vgl. Apg 20,28), mit seinem Geiste erfüllt und mit geeigneten Mitteln sichtbarer und gesellschaftlicher Einheit ausgerüstet. Gott hat die Versammlung derer, die zu Christus als dem Urheber des Heils und dem Ursprung der Einheit und des Friedens glaubend aufschauen, als seine Kirche zusammengerufen und gestiftet, damit sie allen und jedem das sichtbare Sakrament dieser heilbringenden Einheit sei. Bestimmt zur Verbreitung über alle Länder, tritt sie in die menschliche Geschichte ein und übersteigt doch zugleich Zeiten und Grenzen der Völker. Auf ihrem Weg durch Prüfungen und Trübsal wird die Kirche durch die Kraft der ihr vom Herrn verheißenen Gnade Gottes gestärkt, damit sie in der Schwachheit des Fleisches nicht abfalle von der vollkommenen Treue, sondern die würdige Braut ihres Herrn verbleibe und unter der Wirksamkeit des Heiligen Geistes nicht aufhöre, sich selbst zu erneuern, bis sie durch das Kreuz zum Lichte gelangt, das keinen Untergang kennt.

Dogmatische Konstitution „Lumen gentium" des II. Vatikanischen Konzils über die Kirche, Nr. 9. In: Karl Rahner/Herbert Vorgrimler: Kleines Konzilskompendium. Freiburg i. Br. [18]1985, S. 132–134

Das Bild vom wandernden Gottesvolk betont so die **Vorläufigkeit** der Kirche, die in der Geschichte unterwegs ist.
Vom griechischen Wort „laos" (‚Volk') stammt das deutsche Lehnwort „Laie". Wenn nun also davon gesprochen wird, dass *alle* Kirchenglieder das „laos" bilden, dann sind streng genommen auch Bischöfe, Priester und Diakone **„Laien"**, so dass die traditionelle kirchliche Zweigliederung in Kleriker und Laien neu bestimmt werden muss.

5.2 Das Zusammenwirken aller Mitglieder der Kirche

Wie jede Gemeinschaft ist auch die Kirche um so lebendiger, je stärker sich die einzelnen Mitglieder mit ihren Begabungen und Fähigkeiten einbringen können. Umgekehrt sind die Mitglieder um so motivierter, je mehr ihre Begabungen gebraucht werden. Daher ist die **aktive Teilnahme aller Christinnen und Christen an den Lebensvollzügen der Kirche** eine grundlegende Notwendigkeit für die Existenz der Kirche.

5.2.1 Die Charismen der Christen

Ein zentraler Begriff des urkirchlichen Selbstverständnisses ist das **Charisma.** Darunter versteht man die gnadenhaft geschenkte Einwirkung des Geistes Gottes, welche die Einzelnen durch ihre individuelle Eignung zu einer bestimmten Tätigkeit befähigt, mit der sie am Aufbau des Reiches Gottes und am Aufbau der

Gemeinde mitarbeiten. Der Apostel PAULUS nennt im 1. Korintherbrief mehrere Beispiele für solche Charismen (1 Kor 12,28–31 [vgl. S. 91]) und erläutert die Funktion dieser Gnadengaben:

> 4 Es gibt verschiedene Gnadengaben, aber nur den einen Geist. 5 Es gibt verschiedene Dienste, aber nur den einen Herrn. 6 Es gibt verschiedene Kräfte, die wirken, aber nur den einen Gott: Er bewirkt alles in allen. 7 Jedem aber wird die Offenbarung des Geistes geschenkt, damit sie anderen nützt. [...] 11 Einem jeden teilt er seine besondere Gabe zu, wie er will. *1 Kor 12,4–7.11*

Für das Leben der frühen kirchlichen Gemeinden war die charismatische Struktur grundlegend. Die **Berufung** zu einer ständigen oder zu einer auf einen bestimmten Anlass bezogenen Aufgabe erfolgte daher häufig nicht institutionalisiert, sondern spontan auf Grund der spürbaren Wirkung des Geistes.

5.2.2 Das Priestertum aller Getauften

Nach dem Glauben der Urgemeinde hatten Tod und Auferstehung Jesu eine derart umwälzende Wirkung, dass die alten Abgrenzungen zwischen Gott und den Menschen ungültig geworden waren. So war **kein eigener Priesterstand mehr** notwendig, der vom „gemeinen Volk" abgegrenzt und eigens dazu geheiligt war, die rituellen Versöhnungsopfer zu vollziehen, welche dem Volk den Zugang zu Gott ermöglichen sollten. Der Vorhang des Tempels war zerrissen (vgl. Mk 15,38); der Tod Jesu hatte jedem Menschen den unmittelbaren Zugang zu Gott eröffnet:

> Ihr aber seid ein auserwähltes Geschlecht, eine königliche Priesterschaft, ein heiliger Stamm, ein Volk, das sein besonderes Eigentum wurde, damit ihr die großen Taten dessen verkündet, der euch aus der Finsternis in sein wunderbares Licht gerufen hat. *1 Petr 2,9*

Nach dem Selbstverständnis der jungen Kirche besitzt jede Christin und jeder Christ Anteil am **gemeinsamen Priestertum:** Sie stehen in unmittelbarer Gemeinschaft mit Gott, sind allein vom Geist Gottes geführt, d. h. sie sind in ihrem Handeln frei und nur Gott gegenüber verantwortlich; ihr Glaube bewährt sich im christlichen Lebenszeugnis, d. h. im Dienst an den Mitmenschen; alle Christen sind zugleich **Empfänger und Verkünder des Wortes Gottes;** sie nehmen gemeinsam aktiv am sakramentalen Handeln der Gemeinde teil, insbesondere an der Feier des Herrenmahles.

In der Zeit der Urkirche gab es neben der Struktur der Ortskirche auch die Organisationsform der **Hausgemeinde.** In ihr hatte der Hausherr oder die Hausherrin die Funktion, der Gemeinde vorzustehen und die verschiedenen Charismen zu integrieren.

Das II. Vatikanische Konzil* hat das Priestertum aller Getauften neu betont. So ist beispielsweise die Form der heiligen Messe, bei der ein Priester allein – z. B. an einem Seitenaltar der Kirche – die Messe „liest", nicht mehr möglich: Die Gemeinde muss das Sakrament gemeinsam vollziehen.

5.3 Die Dienstämter einzelner Mitglieder der Kirche

Trotz des gleichberechtigenden Impulses, der vom gemeinsamen Priestertum aller Getauften ausgeht, haben sich in der Geschichte der ersten christlichen Generationen einzelne Ämter herausgebildet.

5.3.1 Die historische Entwicklung zur Ämterverfassung

Es ist charakteristisch für soziale Gruppen, dass sie Funktionsträgerschaften (Ämter) entwickeln, die nicht an Einzelpersonen gebunden sind. Dies ist für die Gruppe um so wichtiger, je mehr sie auf Dauer angelegt ist und etwa das Lebensalter eines Funktionsträgers bei weitem überschreitet. Nachdem die erste christliche Generation noch ganz in der Naherwartung der Parusie* des Herrn gelebt und der charismatischen Gemeinde-Entwicklung weitgehend freien Lauf gelassen hatte, entstand beim **Generationswechsel** das Bedürfnis, die zentralen Aufgaben der Lehre und Leitung sowie des Vorsitzes beim Herrenmahl ämterartig zu institutionalisieren:

- In der Anfangszeit wurde eine hierarchische Gemeindestruktur auf der Basis patriarchalischer Autorität ausdrücklich abgelehnt. Die Autorität der **Apostel, Propheten und Lehrer** in den Gemeinden war durch ihr persönliches Engagement und ihre Treue zum Evangelium begründet. Die verschiedenen Tätigkeiten in der Gemeinde – Prophetie, Lehre, Heilung, Leitung – waren untereinander gleichwertig und wurden von Männern *und* Frauen ausgeübt.
- Als die Stadtgemeinden eine zunehmende Bedeutung erhielten, wurden organisatorische Strukturen notwendig, die den Bestand der Gemeinden sicherten. Zusammen mit dem Generationswechsel und mit der zunehmenden Festigung des christlichen Bekenntnisses in Form einer gültigen Lehre entwickelten sich **kollegiale Leitungsgremien,** bei denen Episkopen und Presbyter eine herausragende Rolle einnahmen.
- Allmählich entstand die dreigliedrige Struktur der **Episkopen (‚Vorsteher'), Presbyter (‚Ältesten') und Diakone (‚Diener'),** die allen christlichen Gemein-

den gemeinsam wurde. In ihr gewann der Dienst der Episkopen eine besondere Bedeutung, weil er zum Symbol für die Einheit des Glaubens und der Kirche wurde (Lehr- und Hirtenamt).

- Im weiteren Verlauf fand eine **Hierarchisierung** der Ämter statt, die zur Folge hatte, dass der Presbyter (deutsches Lehnwort „Priester") ganz dem Episkopos (Lehnwort „Bischof") untergeordnet wurde. Das Diakonat wurde schließlich als bloßes „Durchgangsamt" zum Priesteramt verstanden – jeder Priester muss vor der Priesterweihe zum Diakon geweiht werden –; der Diakon war auf diese Weise an die unterste Stelle der Hierarchie gerückt. Gleichzeitig entwickelte sich im Episkopat die Vorherrschaft einzelner Bischofssitze, insbesondere des Bischofs von Rom (Papstamt [vgl. S. 99 ff.]).

Die Hierarchisierung der kirchlichen Ämter

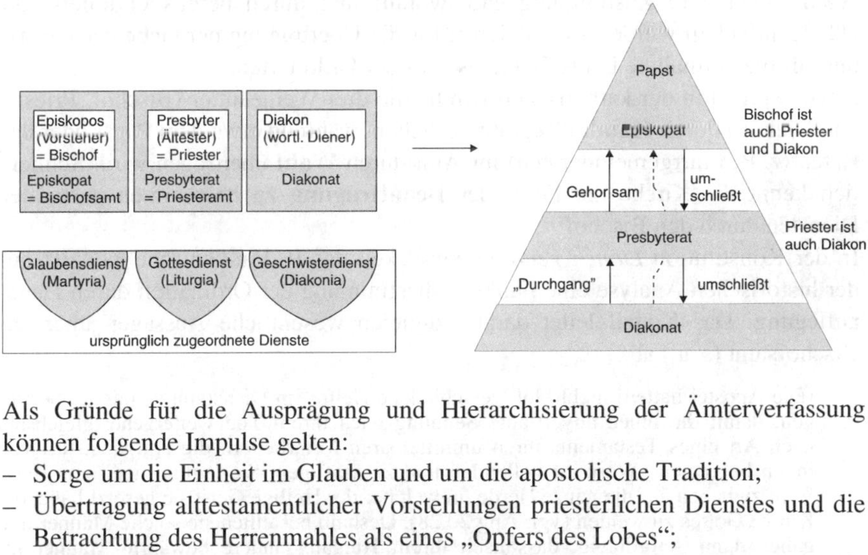

Als Gründe für die Ausprägung und Hierarchisierung der Ämterverfassung können folgende Impulse gelten:

- Sorge um die Einheit im Glauben und um die apostolische Tradition;
- Übertragung alttestamentlicher Vorstellungen priesterlichen Dienstes und die Betrachtung des Herrenmahles als eines „Opfers des Lobes";
- Reaktion auf den Vorwurf der Gottlosigkeit aus der griechisch-römischen Welt an die Christen, da sie keinen Tempel- und Opferkult und keinen Priesterstand besitzen;
- Veränderung durch die Konstantinische Wende (vgl. S. 75): In der Staatsreligion Christentum werden Kirchenämter zu Staatsämtern; umgekehrt werden staatliche Organisationsformen und Elemente des Staatskultes in die Kirche übertragen.

Heute sind in der prinzipiell weiterhin hierarchischen Kirche viele Elemente dieser historischen Entwicklung erhalten; zugleich finden sich komplexe Leitungsstrukturen auf verschiedenen Ebenen vor. Der Fortschritt des kirchlichen Lebens wird nicht unerheblich davon bestimmt, inwieweit es gelingt diese Strukturen an die gesellschaftlichen Bedürfnisse und Entwicklungen anzupassen, ohne die ursprüngliche Identität aufzugeben.

5.3.2 Die Ordination durch Handauflegung, Wahl und Beauftragung

Seit der Frühzeit der Kirche werden Amtsträger ordiniert. Unter **Ordo** versteht man die Zuweisung eines Amtsträgers zu einer konkreten Gemeinde. In der alten Kirche waren Wahl („Handaufhebung") und Handauflegung miteinander verbunden, indem z. B. eine Gemeinde einem Kandidaten für das Bischofsamt durch Handzeichen ihre Zustimmung gab, worauf ihm durch bereits Ordinierte die Hände aufgelegt wurden – als Zeichen für die Übertragung der Gabe des Geistes und für die Aufnahme in die Gemeinschaft der Ordinierten.
Heute werden in der katholischen Kirche die drei Weiheämter (Bischof, Priester und Diakon) durch **Handauflegung** verliehen, während etwa dem Papst oder den Räten (z. B. Pfarrgemeinderäten) ihr Amt durch **Wahl** übertragen wird. Schließlich kennt die Kirche die Form der **Beauftragung** zu bestimmten pastoralen Diensten durch den Bischof.
In der Konstitution *Lumen gentium* entwickelt das II. Vatikanische Konzil* aus der historischen Analyse eine Funktionsbestimmung der Ordination durch Handauflegung. Das Konzil leitet daraus zugleich wesentliche Aussagen über das Bischofsamt (s. u.) ab:

> [Die Apostel hatten] nicht bloß verschiedene Helfer im Dienstamt, sondern übertrugen, damit die ihnen anvertraute Sendung nach ihrem Tod weitergehe, gleichsam nach Art eines Testaments ihren unmittelbaren Mitarbeitern die Aufgabe, das von ihnen begonnene Werk zu vollenden und zu kräftigen. Sie legten ihnen ans Herz, Acht zu haben auf die ganze Herde, in welcher der Heilige Geist sie gesetzt habe, die Kirche Gottes zu weiden (vgl. Apg 20,28). Deshalb bestellten sie solche Männer und gaben dann Anordnung, dass nach ihrem Hingang andere bewährte Männer ihr Dienstamt übernähmen. Unter den verschiedenen Dienstämtern, die so von den ersten Zeiten her in der Kirche ausgeübt werden, nimmt nach dem Zeugnis der Überlieferung das Amt derer einen hervorragenden Platz ein, die zum Bischofsamt bestellt sind und kraft der auf den Ursprung zurückreichenden Nachfolge Ableger apostolischer Pflanzung besitzen. So wird nach dem Zeugnis des heiligen Irenäus* durch die von den Aposteln eingesetzten Bischöfe und deren Nachfolger bis zu uns hin die apostolische Überlieferung in der ganzen Welt kundgemacht und bewahrt.
> Die Bischöfe haben also das Dienstamt in der Gemeinschaft zusammen mit ihren Helfern, den Priestern und den Diakonen, übernommen. An Gottes Stelle stehen sie

der Herde vor, deren Hirten sie sind, als Lehrer in der Unterweisung, als Priester im heiligen Kult, als Diener in der Leitung. Wie aber das Amt fortdauern sollte, das vom Herrn ausschließlich dem Petrus, dem ersten der Apostel übertragen wurde und auf seinen Nachfolger übergehen sollte, so dauert auch das Amt der Apostel, die Kirche zu weiden, fort und muss von der heiligen Ordnung der Bischöfe immerdar ausgeübt werden. Aus diesem Grunde lehrt die Heilige Synode*, dass die Bischöfe auf Grund göttlicher Einsetzung an die Stelle der Apostel als Hirten der Kirche getreten sind. Wer sie hört, hört Christus, und wer sie verachtet, verachtet Christus und ihn, der Christus gesandt hat (vgl. Lk 10,16).

Dogmatische Konstitution „Lumen gentium" des II. Vatikanischen Konzils über die Kirche, Nr. 20. In: Karl Rahner/Herbert Vorgrimler: Kleines Konzilskompendium. Freiburg i. Br. 18 1985, S. 132–134

5.3.3 Die einzelnen Ämter

Grundsätzlich sind unter den einzelnen Ämtern die drei **Weiheämter** – Bischof, Priester und Diakon – von den übrigen Ämtern zu unterscheiden.

Bischof – Priester – Diakon

Nach der ursprünglichen Begrifflichkeit entsprechen die drei Weiheämter den kirchlichen Grunddiensten: Der Bischof ist als Angehöriger des **Episkopats** verantwortlich für den Glaubensdienst; der Priester als Vertreter des **Presbyterats** repräsentiert den Gottesdienst; der Diakon leistet für das **Diakonat** in erster Linie Geschwisterdienst. Diese Einteilung ist jedoch von Anfang an in der Praxis nicht durchgehalten worden. So wird beispielsweise schon der Diakon STEPHANUS, einer der Sieben (vgl. S. 74), in der Apostelgeschichte durch ein wegweisendes Glaubenszeugnis charakterisiert, das ihn zum ersten Märtyrer der Kirche macht.
Die Konstitution *Lumen gentium* des II. Vatikanischen Konzils* beschreibt das **Bischofsamt** mit der Hirten- und Lehrfunktion als Amt an der „Stelle der Apostel" (s. o., Z. 23). Das Verhältnis zwischen dem Papst und den übrigen Bischöfen wird dem Verhältnis zwischen dem Apostel PETRUS und den übrigen Aposteln gleichgesetzt. Alle Bischöfe zusammen bilden das **Bischofskollegium** als feste, dauerhafte Gruppe, die z. B. bei ihren Zusammenkünften (Bischofssynoden*, Konzilien*) die höchste und umfassende Vollmacht der Kirche repräsentieren. Nach *Lumen gentium* kommt dieselbe Vollmacht auch dem Papst allein zu. Das Konfliktpotential, welches in dieser gleichzeitigen Zuordnung steckt, ist sowohl innerkirchlich als auch besonders im Verhältnis zu den anderen christlichen Kirchen und Konfessionen, die den Primat des Papstes nicht anerkennen, noch lange nicht ausgeräumt.

Strukturen der katholischen Kirche

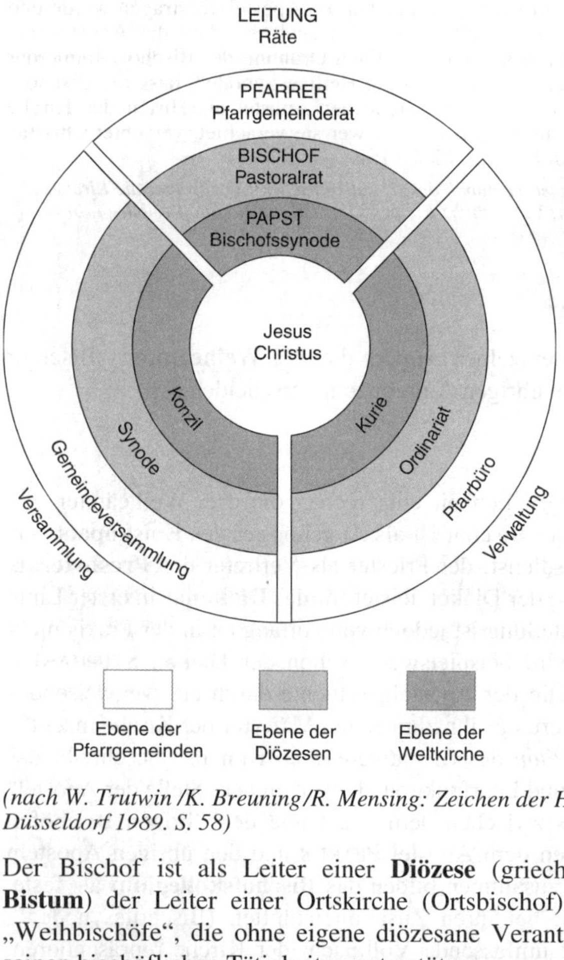

(nach W. Trutwin /K. Breuning/R. Mensing: Zeichen der Hoffnung. Düsseldorf 1989. S. 58)

Der Bischof ist als Leiter einer **Diözese** (griech. ‚Verwaltungsbereich' lat. **Bistum**) der Leiter einer Ortskirche (Ortsbischof). Ihm zur Seite stehen die „Weihbischöfe", die ohne eigene diözesane Verantwortung den Ortsbischof in seinen bischöflichen Tätigkeiten unterstützen.

Das **Priesteramt** wird heute so verstanden, dass seine Träger als Helfer des Bischofs (vgl. oben, Z. 16) insbesondere in der Leitung der Pfarrgemeinden als „Pfarrer" (etymologisch verwandt mit „Pferch": ‚abgegrenzter Raum für die Schafe'; regional auch „Pastor": lat. ‚Hirte') dienen. Andere Priester sind als „Vikar" (auch „Kaplan") als Helfer eines Pfarrers, als „Pater" in einem Mönchsorden oder als Subsidiar (z. B. Priester im Lehramt einer Schule oder Hochschule) tätig. – Einer der Pfarrer eines Dekanats (Zusammenfassung mehrerer Pfarreien innerhalb einer Diözese) wird zum „Dekan" gewählt. – Die Priesterweihe wird durch den Bischof vorgenommen; für die Zulassung zum Priesteramt ist die Verpflichtung auf den **Zölibat** (Ehelosigkeit und sexuelle Enthaltsamkeit) eine notwendige Bedingung.

Das **Amt des Diakons** wird seit dem II. Vatikanischen Konzil* auf zweierlei Weise ausgeübt: Zum einen existiert das Diakonat wie bisher als „Durchgangsamt" zum Priesteramt, indem jeder, der zum Priester geweiht wird, zuvor zum Diakon geweiht sein muss. Zum anderen gibt es ein **ständiges Diakonat** für Männer, die als Helfer des Bischofs sehr verschiedene Dienste verrichten – rein praktisch-diakonische Aufgaben ebenso wie lehrende Tätigkeiten oder Hilfsdienste in der Gemeindeleitung. Für das ständige Diakonat ist die Zölibats-Pflicht für diejenigen Männer aufgehoben, die bereits *vor* der Diakonweihe eine Ehe geschlossen haben.

In der römisch-katholischen Kirche sind die drei Weiheämter den **Männern vorbehalten.** Heute wird immer wieder gefordert, den Frauen zumindest die Tür zum Diakonat zu öffnen – zumal es mit großer Wahrscheinlichkeit in der ersten christlichen Generation Diakoninnen gegeben hat. Auf alle Fälle ist zu fragen, ob die bisherige Ämterstruktur der Kirche dem veränderten sozialen Bewusstsein und – etwa im Blick auf die kirchliche Tätigkeit der Frauen in der „Dritten Welt" – der kirchlichen Praxis noch entspricht. Zu beachten ist auch die Zusammensetzung der „praktizierenden Katholiken", wie es eine Teilnehmerin des Freiburger Diözesanforums auf seiner zweiten Sitzung im Oktober 1991 durch eine pointiert umgekehrte sprachliche Formulierung zum Ausdruck gebracht hat: „20 Prozent der Kirchgängerinnen sind Männer".

Papst

Das Papstamt und die Geschichte des Papsttums sind ein ständiges Konfliktthema außerhalb und innerhalb der römisch-katholischen Kirche. Der durch Wahl von den Kardinälen* im Konklave* auf Lebenszeit bestimmte Papst ist als Bischof von Rom zugleich **Oberhaupt der Kirche,** der in letzter Instanz die Verantwortung für die Unverfälschtheit der apostolischen Überlieferung trägt.

Die vorrangige Stellung des römischen Bischofsamtes wird auf die Sonderstellung des Apostels PETRUS zurückgeführt **(Petrusamt).** Sie ist bereits im vorösterlichen Jüngerkreis greifbar und in der Urkirche unbestritten. Die führende Rolle des Petrus im Kreis der Zwölf, sein Zeugnis und seine integrative Funktion

im Blick auf Judenchristen* und Heidenchristen* wird als **apostolischer Dienst an der Einheit der Kirche** verstanden, in deren Tradition die Päpste stehen. Mit dem Wechsel des Petrus als dem ersten Leiter der Jerusalemer Urgemeinde nach Rom – wo darüber hinaus der Apostel PAULUS mit seiner ganzen theologischen Autorität wirkte – ist Rom als Mittelpunkt der damaligen Welt auch zum Mittelpunkt der Kirche geworden, so dass sein Bischofssitz von daher einen ersten Orientierungspunkt in der Gesamtkirche darstellt.
Historisch hat sich der Primat (die höchste Vorrangstellung) des Papstamtes in folgender Weise entwickelt:

- Durch den Einfluss des römischen Rechtsdenkens auf das Verständnis des Petrusamtes galten Beschlüsse von Bischofssynoden* und Konzilien* schon in den **ersten christlichen Jahrhunderten** nur dann als angenommen, wenn ihnen der römische Bischof zustimmte.
- Im **Mittelalter** entwickelte sich – ausgehend von der Stellung des Papstes als Patriarch der abendländischen Kirche – ein weitreichender päpstlicher Autoritätsanspruch in Kirche und Welt, verbunden mit einem Primatsanspruch für die Gesamtkirche (vgl. S. 75).
- Der Höhepunkt dieser Entwicklung wurde durch die Definition des **Dogmas von der päpstlichen Unfehlbarkeit** durch das I. Vatikanische Konzil* 1870 erreicht. Dieses Dogma* besagt, dass der Papst – wenn er „ex cathedra“ (in ausdrücklicher Wahrnehmung seiner Lehrautorität) spricht – eine Frage der Glaubens- oder Sittenlehre endgültig und unabänderlich entscheiden kann, weil er die Unfehlbarkeit besitzt, „mit der der göttliche Erlöser seine Kirche bei endgültigen Entscheidungen in Glaubens- und Sittenlehren ausgerüstet haben wollte“ *(Erster Lehrentscheid über die Kirche Christi des I. Vatikanischen Konzils, 4. Sitzung, 1870).* Den **Jurisdiktionsprimat** des Papstes beschreibt das I. Vatikanische Konzil als höchste und vollständige unmittelbare bischöfliche Leitungsgewalt über die gesamte Kirche in Sachen des Glaubens, der Sitte und der Disziplin, die keiner anderen menschlichen Autorität unterworfen ist.
- Das **II. Vatikanische Konzil*** hat die Verengung dieser Entwicklung korrigiert und gegenüber dem Jurisdiktionsprimat des Papstes den Gedanken der **Kollegialität der Bischöfe** betont (vgl. S. 96 f.). Das II. Vaticanum konnte dabei an die Ausführungen des I. Vatikanischen Konzils anknüpfen, das auch den Ortsbischöfen eine ordentliche, unmittelbare bischöfliche Jurisdiktionsgewalt zusprach, welche von der päpstlichen Autorität nicht beeinträchtigt wird.

Für die zukünftige Rolle des Papstamtes – besonders hinsichtlich des ökumenischen Dialogs – wird es wohl darauf ankommen, „eine Form der Primatsausübung zu finden, die zwar keineswegs auf das Wesentliche ihrer Sendung verzichtet, sich aber einer neuen Situation öffnet" *(Papst Johannes Paul II.: Enzyklika „Ut unum sint" über den Einsatz für die Ökumene, 1995, Nr. 95).*

Synoden und Räte

Außer den synodalen Gremien des Bischofskollegiums (Konzil*, römische Bischofssynode*, Deutsche Bischofskonferenz) gibt es in der Kirche heute vielfältige synodale Elemente in der Kirchenverfassung, durch welche auch die „Laien" **Mitverantwortung** tragen.
Auf der Ebene der deutschen Kirche hat die **Gemeinsame Synode der Bistümer in der Bundesrepublik Deutschland** in Würzburg („Würzburger Synode") 1971–1975 die Aufbrüche des II. Vatikanischen Konzils in konkrete Beschlüsse gefasst. Ständige, gewählte synodale Gremien auf der Ebene der Diözesen (**Diözesanrat),** der Dekanate (**Dekanatsrat)** und der Pfarreien (**Pfarrgemeinde-/ Kirchengemeinderat)** gestalten das kirchliche Leben heute maßgeblich mit. Im **„Zentralkomitee der Deutschen Katholiken"** haben sich die katholischen Laien offiziell zusammengeschlossen und sind ein ständiger Ansprechpartner der Deutschen Bischofskonferenz.
Die verschiedenen synodalen Vorgänge haben wesentlich zu einem **veränderten Bewusstsein** der Kirche im Blick auf die Identifikation der einzelnen Kirchenglieder zu dem einen „Volk Gottes" beigetragen. Die haupt-, neben- und ehrenamtliche Tätigkeit von Männern *und* Frauen in den pastoralen, sozialen und kulturellen Aufgabenbereichen der Kirche hat zu einer größeren theologischen Mündigkeit der Laien und zu einer verbesserten Sozialkompetenz der Kirche geführt.

Pastorale Dienste

Die Beauftragung von Laien für die vielfältigen pastoralen Aufgaben hat ihren Ursprung in der Notwendigkeit der „Großinstitution Kirche", die Sachkompetenz von Experten in Anspruch zu nehmen. Schon seit der Zeit vor dem II. Vatikanischen Konzil* gibt es Laien als Religionslehrer an öffentlichen Schulen, zunehmend auch als Hochschullehrer an den theologischen Fakultäten, die durch die **„missio canonica"** (‚Aussendung unter kirchlichen Rechtsvorschriften') des Bischofs ausdrücklich in den pastoralen Dienst berufen sind.

Seit dem Konzil haben sich neue **Berufe der Kirche** herausgebildet: Diplomtheologinnen und -theologen arbeiten als Pastoralreferentinnen und -referenten hauptsächlich auf Dekanats-, aber auch auf Diözesanebene oder als Lehrerinnen/Lehrer im höheren Schuldienst; Gemeindereferentinnen und -referenten sind als Mitarbeiter/innen der Gemeindepfarrer in der Sakramentenkatechese und im Besuchsdienst, aber auch in ihrer Mitwirkung bei liturgischen Tätigkeiten nicht mehr wegzudenken.

5.3.4 Die Amtsträger als Diener der Kirche

Im Blick auf Auswüchse der Kirchengeschichte muss der Kirche immer wieder vor Augen gestellt werden, dass **Jesus selbst** gegen Macht und Machtmissbrauch polemisiert (z. B. Mk 10,42–45; vgl. S. 61). „Amt und Würden" wurden auch von den Aposteln abgelehnt, wie das Beispiel aus dem 2. Korintherbrief des Apostels PAULUS zeigt:

> Wir wollen ja nicht Herren über euren Glauben sein, sondern wir sind Helfer zu eurer Freude; denn im Glauben seid ihr fest verwurzelt. *2 Kor 1,24*

Der Verfasser des 1. Petrusbriefs – nach der Tradition der Apostel PETRUS, also der Erste unter den Zwölf – ermahnt die Ältesten zur Demut:

> 2 Sorgt als Hirten für die euch anvertraute Herde Gottes, nicht aus Zwang, sondern freiwillig, wie Gott es will; auch nicht aus Gewinnsucht, sondern aus Neigung; 3 seid nicht Beherrscher eurer Gemeinden, sondern Vorbilder für die Herde! 4 Wenn dann der oberste Hirt erscheint, werdet ihr den nie verwelkenden Kranz der Herrlichkeit empfangen. *1 Petr 5,2–4*

5.3.5 Gemeindeverfassungen

Die erste Begegnung mit der Kirche geschieht in der Regel durch die Begegnung mit einer konkreten Gemeinde. Daher hängt die Wirksamkeit der Kirche maßgeblich von deren Erscheinungsform ab.

Pfarrgemeinde – Personalgemeinde

Die ursprüngliche Erscheinungsform der Kirche ist die Gemeinde „vor Ort". Durch die heutige Größe der „Ortskirchen" (Diözesen) ist deren Einteilung in überschaubare Gebietseinheiten **(Pfarreien/Pfarrgemeinden)** notwendig geworden.

Historisch gesehen ist die Gemeinde territorial bestimmt, doch haben sich auch andere Gemeindeformen entwickelt. In einer **Personalgemeinde** sind bestimmte Personengruppen zusammengefasst, z. B. Studentinnen und Studenten, Soldaten, Arbeiterinnen und Arbeiter.

Neue Gemeindeformen

Immer wieder werden neue Gemeindeformen erprobt. Bekannt ist etwa die **Integrierte Gemeinde,** in der Menschen aus den verschiedensten Berufen und sozialen Bindungen innerhalb einer „normalen" Pfarrgemeinde ein besonders intensives geistliches Gemeinschaftsleben mit Gütergemeinschaft nach dem Vorbild der Urgemeinde (z. B. Apg 2,44–47; vgl. S. 74) pflegen.
Die Form der **Basisgemeinde** ist in Lateinamerika entstanden und kommt heute in vielen Teilen der Welt (z. B. Afrika) vor. Auch in den kommunistischen Staaten vor 1990 (z. B. Ungarn) war die Basisgemeinde, in der sich Christinnen und Christen meist ohne Amtsträger zusammenschließen und in den Häusern einzelner Gemeindeglieder treffen, oft die einzige Möglichkeit den christlichen Glauben in der Situation der Unterdrückung und Verfolgung gemeinschaftlich zu leben.

Das Problem der priesterlosen Gemeinden

In den westeuropäischen Diözesen ist der zunehmende Priestermangel Anlass dafür geworden, dass eine Entwicklung von der „versorgten" Gemeinde zur „selbstsorgenden" Gemeinde eingesetzt hat, bei der die Gemeindeglieder ihre **Eigenverantwortung** wahrnehmen. In den deutschen Diözesen werden „Wege kooperativer Pastoral und Gemeindeleitung in pfarreiübergreifenden Seelsorgeeinheiten" (so der Titel der *Freiburger Leitlinien* von 1995) diskutiert und erprobt. Dabei sind mehrere Pfarreien der Verantwortung eines Pfarrers anvertraut, der jedoch seine Aufgaben in der Pastoral *und* der Leitung mit haupt- und ehrenamtlichen Laien teilt.
Es zeichnet sich ab, dass den ständigen **Diakonen,** die es bereits in vielen Pfarrgemeinden gibt, in Zukunft eine größere Verantwortung für das gesamte Gemeindeleben zukommen wird. Insgesamt könnte die Notsituation der priesterlosen Gemeinde als „Kairos" gesehen werden (als ‚von Gott gegebene Stunde'), in der die Charismen der einzelnen Frauen und Männer die Kirche von der **Basis** her erneuern.

6 Das Verhältnis von Kirche und Staat in Deutschland

In den letzten Jahren mehren sich die Fälle, wo das Bundesverfassungsgericht grundlegende Standortbestimmungen zum Verhältnis zwischen Staat und Kirche vorzunehmen hat (z. B. „Kruzifix-Urteil“ 1995). Dies ist ein Hinweis darauf, dass die bisherige feste Verankerung der Kirchen im gesellschaftlichen Leben und im Bewusstsein der Bevölkerung schwindet bzw. – wie etwa in den neuen Bundesländern – nicht mehr vorhanden ist. So gerät das Verhältnis von Kirche und Staat verstärkt in die Diskussion.

6.1 Die rechtliche Situation der Kirche im deutschen Staat

Das Zusammenleben der Individuen und der gesellschaftlichen Gruppen ist in der neuzeitlichen demokratischen Gesellschaft durch eine **Verfassung** geregelt, die auf der Basis der Menschenrechte aufbaut. In der Bundesrepublik Deutschland sind dies das Grundgesetz sowie die Verfassungen der einzelnen Bundesländer. Für das Verhältnis von Staat und Kirche ist darüber hinaus von grundlegender Bedeutung, dass die Zuständigkeitsbereiche durch ihre jeweiligen Vertreter ausgehandelt und in Form von Verträgen **(Konkordate)** fixiert werden.

Für die rechtliche Stellung der Kirche im Staat sind in der heutigen Welt verschiedene **Modelle** verwirklicht:

- Eine strikte Trennung von Kirche und Staat ist z. B. in Frankreich vorhanden. Die Kirche hat hier keinerlei bevorzugten Einfluss auf das öffentliche Leben. Der Staat pflegt eine weltanschauliche Neutralität (laizistischer Staat).
- Eine staatskirchliche Verfassung, wie sie etwa Großbritannien verwirklicht, wo die Königin bzw. der König zugleich Oberhaupt der Anglikanischen Kirche ist, gibt dieser Kirche einen Vorrang vor allen anderen religiösen und weltanschaulichen Gemeinschaften.
- Das in Deutschland verwirklichte Modell ist auf eine **Kooperation selbstständiger Partner in konstruktiver Zusammenarbeit** angelegt.

Kirche und Staat bilden beide souveräne Gemeinschaften, die „in der Wurzel getrennt“ sind, d. h. sie unterscheiden sich in ihrem Wesen und Auftrag. Während die Kirche in erster Linie eine Glaubensgemeinschaft ist, stellt der Staat eine politische Gemeinschaft dar, in der die Menschen das Wohlergehen für sich und für die Gesamtheit in Frieden nach innen und außen zu verwirklichen suchen. Die **Überschneidung von Kirche und Staat** ergibt sich zum einen dadurch, dass die Mitglieder der Kirche zugleich Bürgerinnen und Bürger des Staates sind. Zum anderen haben Staat und Kirche teilweise gleiche Ziele, z. B. im karitativen Bereich der Sozialarbeit und der Krankenfürsorge sowie im Bereich von Bildung und Erziehung.

Modelle des Verhältnisses von Kirche und Staat

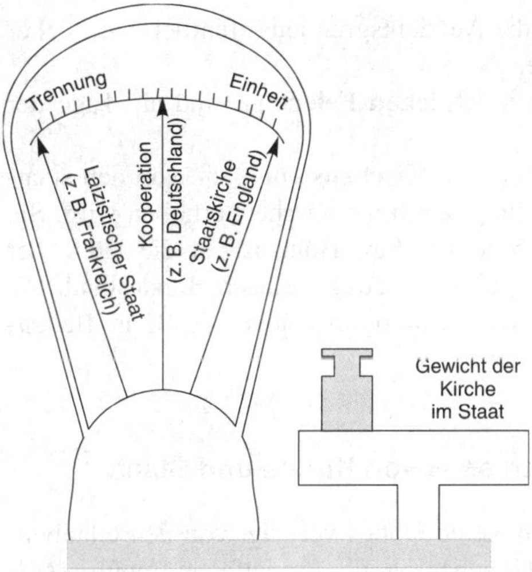

Demnach gelten in der Bundesrepublik Deutschland auf der einen Seite die Prinzipien der **Religionsfreiheit,** der **religiösen Neutralität des Staates** und das **Verbot des Staatskirchentums.** Dennoch räumt die Verfassung den Religionsgemeinschaften das **freie Selbstbestimmungsrecht** in ihren eigenen Angelegenheiten ein und gesteht den Kirchen (sowie der israelitischen Religionsgemeinschaft) die Stellung von **Körperschaften des öffentlichen Rechts** zu (d. h. die Kirchen und ihre Gliedgemeinschaften sind befähigt, wie natürliche Personen Träger von Rechten und Pflichten zu sein).
Die Sonderstellung der Kirche zeigt sich in ihrem Hoheitsrecht für die eigenen Belange sowie in ihrem Öffentlichkeitsauftrag in folgenden Bereichen:

– Im Bereich des Schulwesens findet sich der **Religionsunterricht** als „ordentliches Lehrfach“ (GG Art. 7, Abs. 3); inhaltlich wird er von der Kirche selbst beaufsichtigt. Die Kirche tritt außerdem als Trägerin von freien Schulen auf.

- An den staatlichen Universitäten existieren **theologische Fakultäten,** die den anderen Fakultäten rechtlich gleichgestellt sind.
- Die Kirche unterhält **Krankenhäuser, Pflegeeinrichtungen, Sozialstationen, Kindergärten, Heime** und andere sozial-karitative Einrichtungen, die staatlich bezuschusst werden.
- In besonderen öffentlichen Einrichtungen stellt die kirchliche Seelsorge einen festen Bestandteil dar: **Gefängnisseelsorge; Militärseelsorge; Krankenhausseelsorge.**
- Die Kirche entsendet Mitglieder in die Aufsichtsgremien öffentlich-rechtlicher Einrichtungen, z. B. **Rundfunkräte.**
- Der **Sonntag** und ein Großteil der **kirchlichen Feiertage** sind als Tage der Arbeitsruhe gesetzlich geschützt.
- Die Kirche erhebt für ihre Mitglieder eine **Kirchensteuer,** die von den staatlichen Finanzämtern – gegen Bezahlung durch die Kirche – erhoben wird. Sie ist als Sonderausgabe steuerlich absetzbar. Ihre Höhe ist an die Höhe der Lohn- und Einkommensteuer gekoppelt und beträgt je nach Bundesland 8 % oder 9 % der festgesetzten Lohn- oder Einkommensteuer (z. B. in Baden-Württemberg 8 %).

6.2 Zur Geschichte des Verhältnisses von Kirche und Staat

Der Glaube an die Botschaft Jesu vom Reich Gottes verlangt von den Glaubenden eine **kritische Distanz** zur Welt. Gleichzeitig gibt er vielfache Impulse, sich für das Wohl der Menschen – gleich in welcher Staatsform – zu engagieren.

- Der **frühen Kirche** ist eine Identifikation mit dem Staat verboten, da das Staatsoberhaupt, der Kaiser, sich kultisch verehren lässt. Eine partielle Loyalität zum Staat ergibt sich durch dessen Ordnungsfunktion („Wer sich [...] der staatlichen Gewalt widersetzt, stellt sich gegen die Ordnung Gottes" [Röm 13,2]). In einem Unrechtsstaat besteht für die Christen jedoch die Pflicht zum Widerstand („Petrus und die Apostel antworteten: Man muss Gott mehr gehorchen als den Menschen" [Apg 5,29]).
- Durch die **Konstantinische Wende** (vgl. S. 75) ergibt sich für die Kirche die neue Situation, dass sie zur Staatskirche wird. Es besteht die **Gefahr der Funktionalisierung der Kirche** durch den Staat.
- Mit dem Beginn des Heiligen Römischen Reiches Deutscher Nation im **Mittelalter** versucht die Kirche die **Instrumentalisierung des Staates** für ihre (machtpolitischen) Ziele.

- In der Zeit der **absolutistischen Staaten** findet vielfach eine Verschmelzung von staatlicher und kirchlicher Macht- und Prachtentfaltung statt.
- In der **Neuzeit** erfolgt durch die Aufklärung* eine teilweise heftige Ausgliederung der verschiedenen Lebensbereiche aus der bis dahin einheitlichen religiösen Lebenswelt, verbunden mit einem starken Rückgang des kirchlichen Einflusses auf das öffentliche Leben.
- In Deutschland wird das Verhältnis von Kirche und Staat grundlegend geregelt durch die **Reichsverfassung von Weimar 1918** (Verfassung der „Weimarer Republik"). Deren Artikel 136–139 und 141 sind vom **Grundgesetz der Bundesrepublik Deutschland 1949** unverändert übernommen (GG Art. 140).
- Im Jahr 1933 schließt die römisch-katholische Kirche mit dem Deutschen Reich ein **Konkordat,** das bis heute gültig ist. Die Erfahrung, dass der damalige Reichskanzler ADOLF HITLER den Vertragsabschluss mit der Kirche propagandistisch nutzte, und die nachfolgenden Repressalien der Nazis gegen die Kirche haben das heutige Verhältnis zwischen Kirche und Staat in Deutschland maßgeblich mitgeprägt.

Wichtige Gestalten der Kirchengeschichte haben immer wieder auf die Gefahr einer zu engen Verbindung kirchlicher und staatlicher Institutionen und Interessen hingewiesen (z. B. FRANZ VON ASSISI, PETRUS WALDES, THOMAS MORUS [vgl. Bd. 1, S. 128]). Ihre Kritik hat teilweise zur kirchlichen Erneuerung geführt (FRANZISKUS), teilweise wurde sie unterdrückt (PETRUS WALDES). Heute ist das Bewusstsein dafür geschärft, dass der Staat zwar weltanschauungs-, aber nicht wertneutral ist – und daher darauf angewiesen, dass die Werte, auf denen seine Verfassung beruht, durch weltanschauliche, ethische und religiöse Überzeugungen gestützt werden. Kirche und Staat dürfen daher nicht gegenseitig vereinnahmt sein, Kirche und Staat dürfen aber auch nicht im Widerspruch zueinander stehen. Der demokratische Staat kann seinen Anspruch auf die Verwirklichung freiheitlicher Rechte (z. B. die Religionsfreiheit) nicht aufgeben, umgekehrt darf die Kirche ihre Identität als Gemeinschaft der an Jesus Christus und seine frohe Botschaft Glaubenden nicht verlieren; dennoch darf die Trennung nicht feindlich, sondern muss friedlich sein – im Interesse der Menschen in Kirche *und* Staat.

Aufgaben

6. Stellen Sie Gründe für Distanz zur Kirche und Akzeptanz der Kirche gegenüber.

7. Erläutern Sie den Gemeinschaftscharakter der Kirche und leiten Sie daraus Argumente für die Notwendigkeit des ökumenischen Dialogs ab.

8. Legen Sie am Beispiel eines kirchlichen Weiheamtes dar, in welcher Weise die Grunddienste der Kirche verwirklicht werden, und überlegen Sie, inwiefern diese Aufgaben von Laien wahrgenommen werden können.

9. Untersuchen Sie, welche Einschränkungen und welche Chancen für die kirchliche Arbeit in den verschiedenen Modellen der rechtlichen Zuordnung von Kirche und Staat gegeben sind.

10. Beurteilen Sie die Aussage des Bischofs von Fulda JOHANNES DYBA (in der ZDF-Talkshow „live“): „Die römisch-katholische Kirche wurde von Jesus Christus gegründet.“

Christliche Anthropologie, Freiheit – Verantwortung – Schuld

1 Anthropologie – Wissen um den Menschen

Anthropologische Ansätze

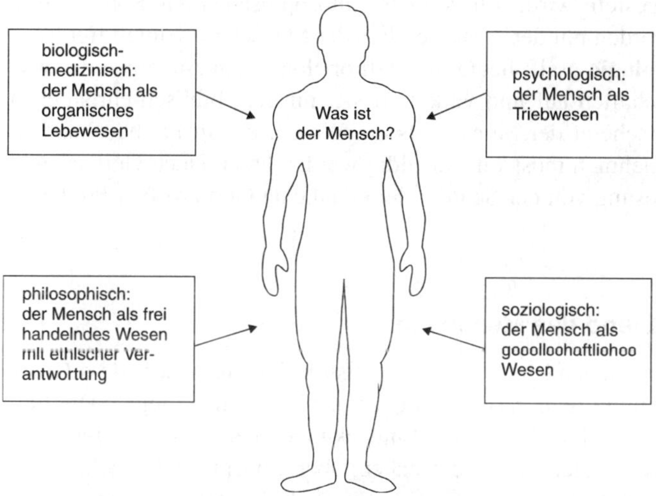

„Was ist der Mensch?“ – Seit den Anfängen der Wissenschaft steht diese Frage im Zentrum menschlicher Forschung. Biologie und Medizin fragen nach dem Menschen als einem organischen Lebewesen; die Psychologie beschreibt den Menschen in der Analyse seiner bewussten bzw. unbewussten Antriebe; die Philosophie untersucht, „was der Mensch als frei handelndes Wesen aus sich selbst macht und machen kann und soll“ (IMMANUEL KANT). – „Anthropologie“ (von griech. „anthropos“: ‚Mensch‘) ist die **‚Lehre vom Menschen‘**, welche dessen Eigenschaften und Verhaltensweisen beschreibt. Je nach ihrem wissenschaftlichen Ansatz sind die Aussagen empirisch-naturwissenschaftlich, psychologisch-soziologisch oder philosophisch geprägt.

Die moderne **philosophische Anthropologie** versucht ihre Ergebnisse empirisch zu begründen, indem die menschliche Eigenart im Vergleich mit der Tierwelt und der übrigen Umwelt beschrieben wird. Dadurch gewinnen die Aussagen der Biologie unmittelbar philosophisches Gewicht. Für MAX SCHELER sind die „Weltoffenheit“ und der „Geist“, der sie ermöglicht, die hervorstechenden Unterscheidungsmerkmale des Menschen. Da die menschlichen Organe vergleichsweise unspezialisiert sind, erscheint der Mensch als „Mängelwesen“ (JOHANN GOTTFRIED HERDER), das – um überleben zu können – seine Umwelt verändern

muss und deshalb Kultur (Sprache, Technik, gesellschaftliche Institutionen) entwickelt: „Der Mensch ist von Natur Kulturwesen“ (ARNOLD GEHLEN). Die vielfältige Determination des Menschen (vgl. S. 123 ff.), welche von den empirischen Wissenschaften festgestellt wird, soll von der philosophischen Anthropologie in Einklang gebracht werden mit der Aussage, dass der Mensch prinzipiell frei ist.
Die **christliche Theologie** greift heute die anthropologischen Aussagen der verschiedenen Wissenschaften auf und verknüpft sie mit dem biblisch-christlichen Menschenbild. So erscheint der Mensch als ein Wesen, das in Freiheit handelt, Verantwortung übernehmen muss und schuldig werden kann. Doch Gott schenkt den Glaubenden Erlösung von der Schuld; der Glaube an Gott eröffnet Freiheitsräume.

1.1 Größe und Elend des Menschen

Es gehört zu den grundlegenden Selbsterkenntnissen des Menschen, dass Glück und Unglück, Größe und Elend in seinem Leben nah beieinander liegen. Die Beispiele von Menschen, die bahnbrechende Entdeckungen gemacht oder unschätzbare künstlerische Leistungen vollbracht haben, aber verarmt und geächtet verstorben sind (z. B. VINCENT VAN GOGH), sind lediglich Spiegelbilder der eigenen Erfahrung, dass im Augenblick des größten Glücks eine plötzliche Leere entstehen kann. Umgekehrt kann gerade im Elend wirkliche Humanität zum Tragen kommen, etwa wenn den Elenden von anderen Menschen geholfen wird. Der Blick auf die folgenden Merkmale des Menschseins verdeutlicht, wie sehr Größe und Elend des Menschen miteinander verbunden sind:

- Die Größe des Menschen zeigt sich in seiner **Weltoffenheit** und in der Fähigkeit, sich **seiner selbst bewusst** zu sein; kein Wesen außer dem Menschen **fragt nach dem Grund** aller Wirklichkeit. Doch besteht zugleich die Versuchung, dass sich der Mensch als „Nabel der Welt“ betrachtet; seine Weltoffenheit kann in Orientierungslosigkeit umschlagen; seine Fragen nach dem letzten Grund können sinnlos erscheinen und damit das Elend des Menschen offenbaren.
- Die **Erkenntnisfähigkeit** und die in der Folge ständig anwachsende wissenschaftlich-technische **Kenntnis** tragen zur Größe des Menschen bei. Andererseits ergeben sich daraus oft Verwirrung sowie der Verlust einer ganzheitlichen Zusammenschau der Wirklichkeit; im Missbrauch von Wissenschaft und Technik bei der Zerstörung der Umwelt und bei der Unterdrückung anderer Menschen zeigt sich das ganze Elend der Menschheit.

- Die freie **Gestaltung der Geschichte** und das **Bewusstsein seiner Geschichtlichkeit** sind Wesensmerkmale des Menschen, die ihn in seiner Größe zur Geltung bringen. Gleichzeitig erweist sich sein Elend im persönlichen Versagen gegenüber geschichtlicher Verantwortung und in der Ohnmacht gegenüber ungerechten Strukturen sowie unbeeinflussbaren Ereignissen.
- Die Erkenntnis der **Gleichwertigkeit aller Menschen,** die sich in den modernen Menschenrechtserklärungen und Staatsverfassungen niederschlägt, ist eine der großen Leistungen der Menschheit. Die Praxis des alltäglichen Rassismus, der sozialen Diskriminierung etwa der Frauen und die vielfältigen anderen Verletzungen der menschlichen Gleichheits- und Freiheitsrechte sind ein ständiger Skandal der menschlichen Wirklichkeit.

1.2 Der Mensch – ein Paradoxon (Pascal)

Der französische Mathematiker und Philosoph BLAISE PASCAL (1623–1662) skizziert in seinen *Pensées* eine Gedankenreise ins unendliche Weltall, dem keine Vorstellung nahe kommt. Der Mensch wirkt hier als **verschwindend kleiner Bestandteil;** gleichzeitig ist es für Pascal „das größte fühlbare Zeichen der Allmacht Gottes: dass unsere Vorstellung sich in diesem Gedanken verliert", d. h. im Gedanken an die Größe des Alls und an seine eigene Winzigkeit erfährt der Mensch seine Transzendenz*.
In Fortsetzung seiner Gedankenreise lenkt Pascal den Blick auf die kleinsten Bestandteile der Natur: Im Bruchstück eines Atoms möchte er erneut die Unermesslichkeit der Natur ausmalen; für die Welt der kleinsten Naturbausteine stellt unser Leib, der sich eben noch in der Weite des Weltalls verloren hat, nun selbst einen Koloss dar: „eine Welt, oder vielmehr ein All, verglichen mit dem Nichts, zu dem wir nicht vordringen können". Der Mensch ist also ein Widerspruch in sich, ein Paradoxon, da er sein eigenes Wesen **mit seinen Möglichkeiten nicht begreifen** kann:

> Was ist denn schließlich der Mensch in der Natur? Ein Nichts im Hinblick auf das Unendliche, ein All im Hinblick auf das Nichts, eine Mitte zwischen dem Nichts und dem All, unendlich weit davon entfernt, die Extreme zu begreifen. Das Ende der Dinge und ihr Anfang sind in einem undurchdringlichen Geheimnis unüberwindlich für ihn verborgen. Er ist ebenso unfähig das Nichts zu sehen, aus dem er gezogen ist, wie die Unendlichkeit, von der er verschlungen ist. Was bleibt ihm also anderes übrig, als dass er einen Schein von der Mitte der Dinge wahrnimmt, in ewiger Verzweiflung, weder ihren Anfang noch ihr Ende zu erkennen? Alle Dinge sind aus dem Nichts hervorgegangen und setzen sich bis ins Unendliche fort. Wer kann diesen

erstaunlichen Schritten folgen? Der Urheber dieser Wunder begreift sie. Kein anderer vermag es. [...]
Was wird also der Mensch in diesem Zustand beginnen? Wird er an allem zweifeln? Wird er daran zweifeln, ob er wacht, ob man ihn kneift, ob man ihn brennt? Wird er zweifeln, ob er zweifelt? Wird er zweifeln, ob er existiert? [...]
Welche Chimäre* ist also der Mensch! Welche Neuheit, welches Monstrum, welches Chaos, welches Gefäß des Widerspruchs, welches Wunder! Richter aller Dinge, armseliger Erdenwurm; Verwalter der Wahrheit, Kloake der Unsicherheit und des Irrtums: Herrlichkeit und Auswurf des Weltalls. Wer wird diese Verwirrung lösen? [...] Erkenne also, du Stolzer, welch ein Paradoxon du dir selber bist. Demütige dich, ohnmächtige Vernunft; schweig, armselige Natur. Lerne, dass der Mensch den Menschen unendlich übersteigt.

Blaise Pascal: Gedanken, Fragmente 72 und 434 (ed. Brunschvicg).
Hrsg. u. übers. v. Wolfgang Rüttenauer. Gerlingen, 1978, Ziff. 313, 336, 349

2 Das Leben des Menschen zwischen Gelingen und Scheitern

Größe und Elend bilden die Pole der Erfahrung, in welcher der Mensch seine **Identität** gewinnt, d. h. zu sich selbst findet und sich selbst durchhält. Dieses Geschehen ist lebenslang, dynamisch und auf Zukunft hin offen. Das bedeutet, der Mensch ist ein offener Prozess: „Wir sind, aber wir haben uns nicht" (HELMUTH PLESSNER). Identitätsfindung ereignet sich in einem endlosen Dialog mit der ganzen „Welt" des Menschen:
- mit dem „Du" anderer Menschen und dem „Du" Gottes,
- mit dem „Wir" der Gesellschaft und
- mit der „Es-Welt" der Schöpfung.

Wenn dieser permanente existenzielle Dialog gelingt, wird die Identität als **Geschenk** erfahren, das weder durch eigene Leistung noch durch einfache Anpassung zu erhalten ist.
Weil jedoch nicht jeder Dialog gelingen kann, bleibt das Scheitern im Identitätsprozess keinem Menschen erspart. Nach christlichem Verständnis kann dieses Scheitern durch ein **dialogisches Verhältnis mit Jesus Christus** aufgefangen werden. In ihm wird das „Du" transzendent*; durch seine Erlösung ist ein Neubeginn eröffnet. Die endgültige Identität ist letztlich nur als Geschenk Gottes zu gewinnen.

Findung und Entfaltung der Identität im Dialog mit ...

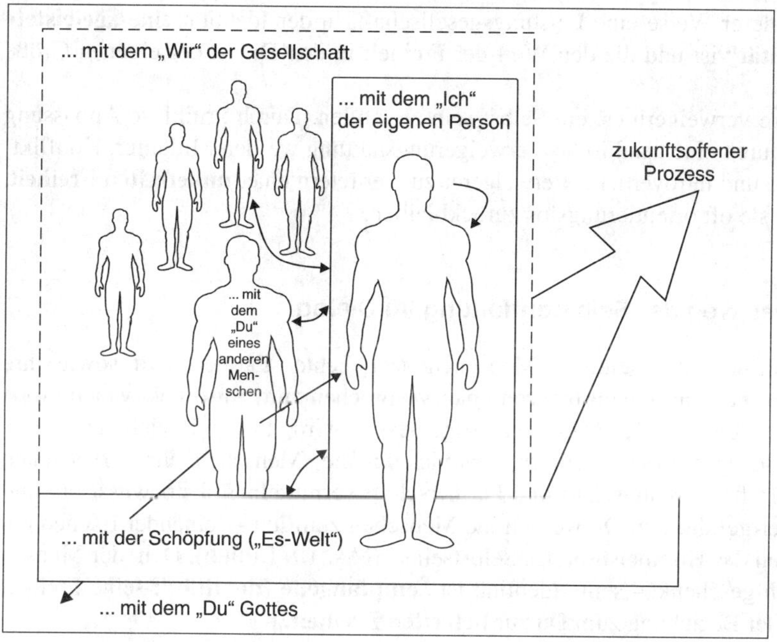

2.1 Aporien der Selbstverwirklichung

Man kann heute die Erfahrung machen, dass der Prozess der Identitätsfindung von vielen Menschen **ohne Rücksicht** betrieben wird: Narzissmus (übertriebene Selbstliebe), Egozentrik und Subjektivismus („Nur ich habe recht!“) äußern sich in Verbindung mit der Tendenz zur Maximierung des eigenen Lustgewinns („Hauptsache, es macht mir Spaß!“) in breiter Entsolidarisierung und Rücksichtslosigkeit auch gegenüber nahen Bezugspersonen.
Wer um sich selbst zu verwirklichen jedoch das Dialogische und das Transzendente* außer Acht lässt, gerät in eine Aporie (Ausweglosigkeit bei der Lösung einer philosophischen Frage; „Sackgasse“). Zwei **Irrwege der Identitätsfindung,** die von Rücksichtslosigkeit geprägt sind, werden in der heutigen Gesellschaft vorwiegend beschritten:

- Viele Menschen wollen mit allen Mitteln ein Selbst sein. Sie suchen ihre Identität in Erfolg, Prestige und Karriere. Diese „Machertypen" verkörpern in besonderer Weise eine Leistungsgesellschaft, in der Identität eine **„geleistete Identität"** ist und die den Wert der Freiheit in den Dienst der eigenen Größe stellt.
- Andere verweigern es, ein Selbst sein zu wollen. Durch kritiklose Anpassung oder durch eine apathische Verweigerungshaltung werden Mitläufer, Konfliktscheue und introvertierte Verweigerer zu Vertretern einer **unbefreiten Freiheit,** in der sie oft orientierungslos zurückbleiben.

2.2 Der Weg der Selbstentfaltung im Dialog

Die Sehnsucht der heutigen Menschen nach echter Partnerschaft sowie ihre Angst vor der Einsamkeit bringen unausgesprochen zum Ausdruck, welch große Bedeutung der Ich-Du-Beziehung beigemessen wird: In der Beziehung zu den ersten Bezugspersonen (Eltern) entwickeln die Menschen ihr Urvertrauen (vgl. S. 16 f.) – Freundschaft und Partnerschaft vermitteln Selbstbewusstsein und Selbstwertgefühl: Am Du werden die Menschen zum Ich – „einander reichen die Menschen das Himmelsbrot des Selbstseins" (MARTIN BUBER). D. h. der Mensch wird sich geschenkt – seine Identität ist **„empfangene Identität";** seine Freiheit wird in der Beziehung zum Du zur **befreiten Freiheit.**

2.3 Die Identität aus der Beziehung mit Jesus

In der Begegnung mit Jesus finden die Menschen zu sich selbst und entdecken ihren eigenen Wert und ihre Würde.

2.3.1 Die Akzeptanz der Menschen durch Jesus

Die Evangelien berichten immer wieder davon, mit welchem Wohlwollen Jesus den Menschen begegnet (z. B. dem Zöllner Zachäus [Lk 19,1–10] oder der Ehebrecherin [Joh 8,1–11]; vgl. Bd. 1, S. 84 f.). Selbst die schuldig Gewordenen verurteilt er nicht, sondern befreit sie aus ihrer Isolation und eröffnet ihnen so eine neue Lebensperspektive. Im sicheren Vertrauen auf seine Übereinstimmung mit dem göttlichen Vater nimmt er sie in Liebe an, wie sie sind.

2.3.2 Das Geschenk der Gotteskindschaft

In der Begegnung mit den Kindern macht Jesus seinen Jüngern klar, dass sich die Menschen Gott gegenüber in der Situation der Kindschaft befinden:

> 15 Man brachte auch kleine Kinder zu ihm, damit er ihnen die Hände auflegte.
> Als die Jünger das sahen, wiesen sie die Leute schroff ab. 16 Jesus aber rief die
> Kinder zu sich und sagte: Lasst die Kinder zu mir kommen; hindert sie nicht
> daran! Denn Menschen wie ihnen gehört das Reich Gottes. 17 Amen, das sage
> ich euch: Wer das Reich Gottes nicht so annimmt wie ein Kind, der wird nicht
> hineinkommen. *Lk 18,15–17*

In Jesus begegnet den Menschen die andere Welt Gottes. Das lässt sie ihr Eigentlichsein – jenseits von Selbstverwirklichung und sozialer Rolle – als Geschenk erfahren: Die **Gotteskindschaft** ist die Zusage eines unbedingten Angenommenseins durch Gott, das zur letztgültigen Identität befreit:

> 14 Denn alle, die sich vom Geist Gottes leiten lassen, sind Söhne Gottes. 15 Denn
> ihr habt nicht einen Geist empfangen, der euch zu Sklaven macht, so dass ihr
> euch immer noch fürchten müsstet, sondern ihr habt den Geist empfangen, der
> euch zu Söhnen macht, den Geist, in dem wir rufen: Abba, Vater! 16 So bezeugt
> der Geist selber unserem Geist, dass wir Kinder Gottes sind. 17 Sind wir aber
> Kinder, dann auch Erben; wir sind Erben Gottes und sind Miterben Christi,
> wenn wir mit ihm leiden, um mit ihm auch verherrlicht zu werden.
> *Röm 8,14–17*

2.4 Die Entfaltung der Identität in der Gemeinschaft mit anderen

Selbstverwirklichung und Selbstentfaltung sind **personal, dialogisch und sozial** zu verstehen. Das Ziel jeder Ich-Findung (personale Dimension) und Ich-Du-Beziehung (dialogische Dimension) ist die Öffnung auf die größere Gemeinschaft, **das Wir** (soziale Dimension). Immer wenn Gemeinschaften gemeinsam handeln (etwa ein Team im Sport, ein Orchester in der Musik, eine Projektgruppe bei einer sozialen oder ökologischen Aktion), lassen sich Erfahrungen machen, die allein oder zu zweit nicht möglich sind (Gruppenerfahrung, „Feeling"). Zwar kann die Gemeinschaft die Einzelnen auch enttäuschen, sie kann Außenseiter hervorbringen, sie kann die Entfaltung der Einzelnen durch zu großen Erwartungsdruck behindern – dennoch kann die Gemeinschaft zur Identitätsfindung **zwei wesentliche Beiträge** leisten:

- **Solidarisches Handeln** nimmt den Einzelnen ihre Angst und macht Hoffnung; d. h. die solidarische Praxis der Gemeinschaft stiftet Sinn.
- Die **Integration** derer, die in der Gemeinschaft keine Stimme haben, lässt Mächtige und Ohnmächtige zusammenfinden; d. h. die integrative Praxis der Gemeinschaft stiftet Frieden.

3 Freiheit und Determination

Menschsein und Freiheit sind eng verbunden; die Freiheitsrechte des Menschen stellen den Kernbestand der **Menschenrechte.** Das bedeutet, dass der Mensch in der ethischen Wahrnehmung seiner Freiheit und in der Entscheidung für das Gute seine **Menschenwürde** verwirklicht.

3.1 Freiheit – Schlüsselwort heutiger Lebensstile

In politischen Programmen, im wirtschaftlichen Leben, im gesamten Lebensgefühl der Menschen spielt „Freiheit" eine zentrale Rolle. Werbung und Unterhaltungsangebote greifen dies auf und vermarkten die Freiheit, indem sie die Freiheitsbedürfnisse der Menschen instrumentalisieren, so dass **Freiheit als unbegrenzte Freizügigkeit** erscheint, in der selbst die intimsten Lebensbereiche enttabuisiert werden: Liebe, Leiden, Sterben und religiöse Gefühle.
Besonders die jüngeren Menschen erleben Freiheit oft vor dem Hintergrund einer **bedrohten Zukunft:** Lehrstellenknappheit und drohende Arbeitslosigkeit, Umweltzerstörung und Gefährdung der Gesundheit, Brüchigkeit der Partnerbeziehungen und Zunahme von Gewalt in Gesellschaft und Weltbevölkerung. Die Orientierungslosigkeit auf Grund der Individualisierung und Liberalisierung der Gesellschaft führt in Verbindung mit der Erfahrung der Hoffnungslosigkeit häufig zu psychosomatischen Erkrankungen.

Frei sein. Frei von gesellschaftlichen Normen und erdrückenden Vorschriften. Frei in der Bestimmung der eigenen Lebensform. Wählen dürfen, ausprobieren können. Dem Wunsch nach Ungebundenheit, nach einem weitgehend selbstbestimmten Leben, in dem man über Beruf, Familie und zwischenmenschliche Beziehungen selbst entscheidet, steht heute eine breite Palette an Möglichkeiten gegenüber. Eine Art Supermarkt, in dem sich die Verheißungen und die Kostproben der unterschiedlichsten Arten, das Leben zu gestalten, stapeln:
Ob Single-Dasein oder Wohngemeinschaft, ob Privatschulen oder zweiter Bildungsweg, ob katholisch oder lieber buddhistisch, ob in der Stadt oder auf dem Land oder gar im Ausland – jeder darf sich aussuchen, was ihm am besten behagt oder bekommt. Aber wie das so ist im Supermarkt – plötzlich weiß man nicht mehr, was man eigentlich will. Das Überangebot an Möglichkeiten erschlägt. Manchmal im wahrsten Sinne des Wortes. Denn wenn die Wahl zur Qual wird, schlagen sich die Entscheidungsnöte aufs Gemüt. Statt freudig zuzupacken, packt den Suchenden die Hilflosigkeit. Denn Rat gibt es selten. In einer Gesellschaft, in der das Individuum wichtig genommen wird wie selten zuvor, bleibt es häufig allein mit seinen Fragen. Was grundsätzlich eine Chance bedeutet, nämlich frei unter vielen Möglichkeiten wählen zu dürfen, kann zur Orientierungslosigkeit und damit zur Hilflosigkeit führen.

> Denn mit dem großen Angebot verknüpfen sich nicht unerhebliche Anforderungen an die eigene Kreativität, Flexibilität verlangt Risikobereitschaft. [...]
> Die Überwindung alter Werte und verbindlicher religiöser und sozialer Ziele galt zunächst als aufklärend* und befreiend. Doch der Verlust übergeordneter, nichtmaterieller Ideale führt im Verein des täglichen Verkraftenmüssens negativer Informationen aus aller Welt zu Depressionen und Resignation.
>
> *Beate Nass: Die Qual der Wahl erschlägt den Menschen. In: Badische Zeitung, 30. Mai 1990*

Wichtig ist, dass die Menschen ein Gefühl für ihre Autonomie entwickeln, das von Selbstvertrauen, aber auch von einer Gelassenheit gegenüber dem Unveränderbaren geprägt ist. Ein freiheitlicher Lebensstil in diesem Sinn ist vor allem dann zu erreichen, wenn die **Freiheit in Verantwortung und Solidarität mit anderen** gelebt wird.

3.2 Aspekte der Freiheitserfahrung

Freiheit ist ein Urerlebnis der Menschen. Man nimmt sie ähnlich wahr wie die Luft zum Atmen – nämlich besonders dann, wenn sie auszugehen droht. Freiheit wird also am intensivsten erlebt, wenn man von einem Zwang befreit worden ist.

3.2.1 „Freiheit von" und „Freiheit zu"

Der Wunsch, möglichst frei von Fremdbestimmung und Bevormundung zu sein **(Emanzipation)**, ist ein natürlicher Antrieb des menschlichen Lebens. „Freiheit von" physischem Zwang und psychischer Nötigung ist notwendig um eigene Entscheidungen treffen zu können. Dennoch ist eine *absolute* Unabhängigkeit schon allein deshalb nicht möglich, weil jeder Mensch von Geburt an in sozialen Bindungen lebt, die von Werten und Normen geprägt ist.
Eine gewonnene Freiheit impliziert daher immer die **Aufgabe,** sich für vermittelte Werte und Normen in Freiheit zu entscheiden. Die „Freiheit zu" der Annahme bestimmter Wertvorstellungen äußert sich in der Bereitschaft, sich selbst zu binden und die Verpflichtung zu einem bestimmten Handeln zu übernehmen.

3.2.2 Äußere und innere Freiheit

In der Praxis müssen äußere und innere Freiheit nicht zusammenfallen. Die äußere Freiheit als Freiheit von Zwang und Nötigung kann beschnitten sein, ohne dass die innere Freiheit in Form der Gedankenfreiheit aufgegeben wird. So ist in Staaten mit totalitärem Regierungssystem (Diktaturen) die innere Freiheit als Freiheit zur Selbstbestimmung gerade dann verwirklicht, wenn sich Menschen trotz einer äußeren Unfreiheit (z. B. Verhaftung, Verschleppung) von der herrschenden Ideologie innerlich frei distanzieren – unter Umständen sogar öffentlich (etwa bei Schauprozessen).

> Einen Gefangenen nennen wir unfrei; und doch kann er in der Weise, wie er seine Strafe auf sich nimmt, ein hohes Maß von innerer Freiheit beweisen. Ähnliches gilt für den Kranken; er ist an das Bett gefesselt und also unfrei; aber er kann in freiem Entschluß sein Schicksal akzeptieren. Auch der Sklave, der seinem Begriff nach der Unfreie ist, kann doch, etwa im Bereich seines Denkens, frei sein. Einen Menschen, der nicht im Gefängnis sitzt, nennt man frei; dieser gleiche Mensch aber kann in der Art, wie er sich in seiner Mitwelt bewegt, einen höchst unfreien Eindruck erwecken. Einem andern erlauben die Lebensumstände in fast schrankenloser Willkür zu leben; er kann tun oder lassen, was er will; er kann jeder Leidenschaft, jedem Affekt hemmungslos nachgehen. Man mag geneigt sein, in solcher Libertinage das Wesen der Freiheit zu erblicken. Aber dann entdeckt man: Dieser Libertin ist in fataler Weise den Objekten seiner Leidenschaft hörig.
>
> *Wilhelm Weischedel: Skeptische Ethik. Frankfurt a. M. 1980, S. 112 f.*

3.3 Begriffsbestimmungen von „Freiheit“

Unter Freiheit versteht man die Möglichkeit des Menschen, entsprechend vernunftgemäßer und willentlich angestrebter Entscheidungen zu handeln und sich damit in seiner wesentlichen Eigenart selbst zu bestimmen. Folgende Begriffe von „Freiheit“ sind zu unterscheiden:

3.3.1 Entscheidungsfreiheit

Aus dem Blickwinkel einer allgemeinen Anthropologie stellt sich die Freiheit als Entscheidungsfreiheit dar. Als solche ist sie sowohl Grund als auch zugleich Ausdruck der **Personalität** des Menschen: Dadurch dass der Mensch sich dazu entscheiden kann, etwas Bestimmtes zu tun, nimmt er eine urmenschliche Anlage wahr; indem der Mensch Entscheidungsfreiheit besitzt, wird er zum Menschen, der nicht nur ein lebendes Individuum, sondern ein ethisch handelndes Wesen ist.

3.3.2 Wahlfreiheit

Die Entscheidungsfreiheit wird realisiert in konkreten Handlungen, bei denen sich Menschen dazu entscheiden, das eine zu tun und das andere zu lassen. Wenn dies nicht nur gedankenlos geschieht, sondern nach gründlicher Überlegung die **Entscheidung für bzw. gegen einen bestimmten Wert** ist, dann handelt es sich um die Aktualisierung der Freiheit als Wahlfreiheit.
Beispiele für die Wahrnehmung der Wahlfreiheit liegen vor bei der Berufswahl, bei der Wahl des Lebenspartners, bei der Wahl zwischen Wehr- und Zivildienst, bei der Wahl zwischen Religionsunterricht und Ethik, in der Bejahung oder Ablehnung der Kirche (Kirchenaustritt oder bewusstes Verbleiben in der Kirche bzw. Wiedereintritt).

3.3.3 Willensfreiheit

Der Begriff der Willensfreiheit betont den Spielraum der Freiheit innerhalb der verschiedenen Determinationen (s. u.) des Menschen: Indem der Mensch sich Ziele frei setzen und zum Erreichen dieser Ziele alle eigene Kräfte einbringen kann, steht sein freier Wille im Dienst der **Selbstverwirklichung** und der Entfaltung seines Selbst (vgl. S. 114 ff.).

3.3.4 Sittliche Freiheit

Wenn Menschen vor der Wahl zwischen zwei Wegen stehen und die Entscheidung für die bessere Möglichkeit als ethische Verpflichtung erkennen, nehmen sie ihre sittliche Freiheit wahr, sobald sie sich **für das Gute entscheiden.** Weil die Menschen sich in ihrem personalen Menschsein verwirklichen, indem sie in konkreten Situationen das sittlich Gute wählen, ist die sittliche Freiheit als „Freiheit zum Guten" das Zentrum der menschlichen Freiheit.
Die Entscheidungsfähigkeit der Person für das Gute besitzt ihre Kehrseite in der ebenso möglichen bewussten **Entscheidung für das Böse.** Diese hat jedoch das Verfehlen der sittlichen Freiheit und damit die Verletzung der personalen Würde zur Folge (vgl. S. 149 ff.). Gleichwohl sind Fehlentscheidungen in Freiheit zu korrigieren, indem die sittliche Freiheit die **Möglichkeit der Revision** offen hält. Dies gilt auch dann, wenn die Folgen einer Fehlentscheidung nicht mehr rückgängig zu machen sind (z. B. bei einem Verkehrsunfall durch Alkohol- oder Drogenmissbrauch, bei dem ein Todesopfer zu beklagen ist).

3.4 Das absolute Gute – Grund und Ziel der Freiheit

Die Begründung von Freiheit und Verantwortung in Gott

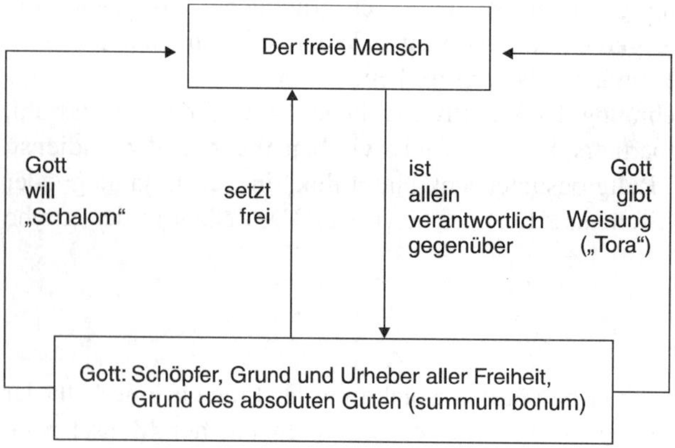

In der pluralen Welt ist der Wert-Relativismus weit verbreitet, d. h. die Auffassung, dass es keine absoluten Werte gebe und dass sich daher grundsätzlich wandeln könne, was als gut und richtig bzw. als falsch und böse angesehen wird.
Der biblisch-christliche Glaube ist davon überzeugt, dass das absolute Gute **(„summum bonum“) in Gott begründet** ist. Gott gibt den Menschen keine *totale* Autonomie, aus der heraus sie über Gut und Böse allein entscheiden könnten. Wer sich aber an Gottes Selbstoffenbarung in Schöpfung und Geschichte orientiert (vgl. Bd. 1, S. 42 f.), darf auf Gottes „Schalom“ hoffen, d. h. auf die umfassende Heilszuversicht eines Lebensglücks in Fülle; wer seine Freiheit an Gottes Weisungen ausrichtet, findet sich wirklich frei; denn er hat sein Ziel in dem, welcher der Grund der Freiheit ist und damit auch der Grund der wahren menschlichen Selbstbestimmung und Selbstverwirklichung. Gott ist der Grund der autonomen Freiheit des Menschen; als verantwortlich handelndes Subjekt steht der Mensch allein in der Verantwortung vor Gott.
Nach christlichem Verständnis geht die Selbstbindung Gottes an die Menschen so weit, dass er ihnen selbst dann noch treu bleibt, wenn sie schuldig werden. Gott als Grund der Freiheit eröffnet ihnen die Möglichkeit der **„Metanoia“** (griech. ‚Sinnesänderung‘), d. h. der Umkehr („Bekehrung“) und des Neuanfangs, die der Mensch in Freiheit ergreifen kann (vgl. S. 156).

3.5 Determinanten der Freiheit

Freiheit ist nicht absolut; Freiheit ist immer **eingeschränkte Freiheit.** Als Determinanten, d. h. als Faktoren, welche die menschliche Freiheit bedingen und einschränken, können verschiedene Einflüsse gelten:

3.5.1 Biologische Determinanten

Die gravierendste biologische Determination ist die **Sterblichkeit** allen Lebens und damit auch der Menschen. Von dieser Vorgabe her leben die Menschen auf den Tod hin; sie erleben ihre Zeit als begrenzt.
Des Weiteren bewirken die **genetischen Bedingungen** eine ausgeprägte Determination des menschlichen Lebens. Von den meisten Biologen werden die Erbanlagen heute nicht mehr als absolut bestimmende Eigenschaften (Determinismus; s. u.), sondern als **Dispositionen** betrachtet, welche bestimmte Reaktions*neigungen* der Menschen auf ihre Umwelt implizieren, so dass ihnen ein Spielraum für ihre Verantwortungsfähigkeit bleibt. In diesem Sinn existieren genetische Determinanten etwa bei der Veranlagung zu bestimmten Krankheiten, die das Leben eines Menschen entscheidend prägen können, oder in der je eigenen Begrenzung der intellektuellen Fähigkeiten.

3.5.2 Psychische Determinanten

Das menschliche Unterbewusstsein, d. h. jener Bereich der menschlichen Existenz, der willentlich nicht beeinflussbar und dessen Wirkung daher nicht zu verantworten ist, erzeugt maßgebliche Handlungsimpulse und stellt so eine gravierende Determination der menschlichen Freiheit dar (z. B. zwanghafte Verhaltensweisen oder unbeeinflussbar starke Affekte, wie Angst, Trauer, Freude, Zuneigung). Vor allem die Psychoanalyse hat auf die Bedeutung der **Triebe** als Motoren der gesamten menschlichen Existenz aufmerksam gemacht.

> Die Verdienste der Psychoanalyse sind unbestritten. Das Bewusstsein des Unbewussten kann die verlorenen oder verdeckten Vorbedingungen der Freiheit wieder herstellen und dem psychisch Kranken dann und wann die Entscheidung zwischen Vernunft und Leidenschaft wieder ermöglichen helfen. Im Übrigen hat sie eine wichtige kritische Funktion gegenüber der Ethik, in der man gar nicht so selten auf allzu idealistische und lebensferne Auffassungen von Verantwortungsunfähigkeit trifft.
>
> *Alfons Auer: Der Mensch als Subjekt verantwortlichen Handelns. In: Johannes Gründel (Hrsg.): Leben aus christlicher Verantwortung. Bd. 1. Düsseldorf 1991, S. 19f.*

3.5.3 Soziale Determinanten

Die soziale Determination der menschlichen Freiheit ergibt sich zunächst dadurch, dass die Menschen soziale Wesen sind, deren eigene unbegrenzte Entfaltungsmöglichkeiten dort enden, wo die **Rechte der anderen Menschen** verletzt würden. Diese wechselseitige rechtliche Verwiesenheit schafft soziale Strukturen, in welche die Individuen eingebunden sind, so dass ihre Freiheit determiniert ist (strukturelle Unfreiheit).
Die Konkretion der sozialen Strukturen in bestimmten Gesellschaftsformen (z. B. westliche Industriegesellschaft) und bestimmten Gesellschaftsschichten (z. B. Arbeiterschaft, Kleinbürgertum usw.) schafft eine Determination durch **Erziehung,** da die soziale Umwelt durch Sanktionierung bestimmte Verhaltensweisen hervorruft, ohne dass sie den Einzelnen zunächst als solche bewusst sind (z. B. Leistungsdenken, Ordnungsmentalität). Dabei besteht ständig die Gefahr der Ideologisierung bzw. der Verfestigung ungerechter sozialer Verhältnisse, welche wiederum ganz massiv die Freiheit der Einzelnen einschränken können.

3.5.4 Die Geschöpflichkeit der Menschen

Nach christlichem Verständnis ist die Determination der menschlichen Freiheit in der Geschöpflichkeit der Menschen begründet, d. h. darin, dass sie vom Schöpfer ins Dasein gerufen und ihm gegenüber für ihr Dasein verantwortlich sind. Das Leben der Geschöpfe ist kontingent (endlich, unvollkommen; vgl. Bd. 1, S. 8 f.). Dies bedeutet aber nicht, dass eine ungerechte Beschränkung der Freiheit „im Namen Gottes“ hingenommen werden muss. Es ist im Gegenteil den Menschen zur Aufgabe gemacht, an der Befreiung aller Geschöpfe zu ihrem Selbstsein mitzuwirken.

3.6 Die Bestreitung der Freiheit durch den Determinismus

„Determinismus“ bezeichnet eine Haltung, die behauptet, dass der Mensch in seinem Verhalten und Handeln *vollständig* determiniert sei, d. h. dass es letztlich keine wirkliche Freiheit für die Menschen gebe. Dabei unterscheidet man verschiedene Formen deterministischer Auffassungen:

- Der vulgäre **Determinismus** kommt in alltäglichen Lebenseinstellungen von Menschen vor, die fatalistisch geprägt sind, d. h. die an eine schicksalhafte

Vorherbestimmung der Ereignisse und Zustände glauben, an denen „man doch nichts ändern" könne. Auch ist man nicht bereit an sich selbst etwas zu ändern („Ich bin halt so!").

- Der **naturwissenschaftlich begründete Determinismus** sieht eine Festlegung des Menschen durch physikalische und biochemische Gesetzmäßigkeiten. Außerdem wird heute nach wie vor die These vertreten, dass der Mensch durch seine genetische Disposition *total* determiniert sei. Aus dieser Sicht müsste den Menschen letztlich jegliche Freiheit abgesprochen werden, da ihr Schicksal zwangsläufig durch die genetischen Determinanten bestimmt wäre.
- Der **psychoanalytisch begründete Determinismus** geht zurück auf den Begründer der Psychoanalyse, SIGMUND FREUD (vgl. Bd. 1, S. 51), der die menschliche Person gegenüber ihren Handlungsmotiven in der ohnmächtigen Rolle einer Waage gegenüber den Gewichten sieht. Der Mensch gilt nicht als frei, sondern wird als ein Individuum gesehen, das von der psychischen Grundwirklichkeit des Unterbewusstseins vollständig disponiert ist. Er ist nicht Herr in seinem eigenen Haus, denn sein Handeln wird von mächtigen Trieben gelenkt, die vom Unterbewusstsein aus wirken. Diese Triebe müssen befriedigt – und diese Befriedigung kann höchstens aufgeschoben, sublimiert* oder verdrängt werden.
- Der **sozialkritisch begründete Determinismus** wird etwa am Beispiel der Milieutheorie des Behaviorismus* deutlich. Sie besagt, dass das Verhalten nicht erblich bedingt sei, sondern in erster Linie durch Erfahrungen mit der Umwelt – dem Milieu – erlernt werde. Diese Erfahrungen könnten jedoch nicht frei gewonnen werden, da die soziale Umwelt des Menschen so fest gefügt sei, dass die Lernprozesse als „programmiert" erscheinen.
- Der **geschichtsphilosophisch begründete Determinismus** ist vor allem im dialektischen Materialismus des Marxismus greifbar (vgl. Bd. 1, S. 13 f., 187 f.): KARL MARX sieht die Geschichte als eine Geschichte von Klassenkämpfen, die sich zwangsläufig aus der Bindung der menschlichen Existenz an die materiellen Bedingungen ergibt. Die menschliche Freiheit besteht demnach lediglich in der „Einsicht in die Notwendigkeit" dieser Entwicklung.
- Der **religiös begründete Determinismus** äußert sich in einem religiösen Fatalismus, der von einer unbeeinflussbaren Vorherbestimmung der Geschichte durch Gott (einseitig verstandene Prädestination*) ausgeht und eine Passivität gegenüber der eigenen Verantwortung zur Lebensbewältigung bzw. gegenüber dem Auftrag zur Weltgestaltung erzeugt. Häufig ist dieser Determinismus mit Weltflucht und Vertröstung auf das Jenseits verbunden. Er ist

gekennzeichnet durch eine Überbetonung der Allmacht Gottes und einer Unterbewertung des Menschen, der ausschließlich als Objekt des göttlichen Handelns erscheint.

Determinanten und Determinismus

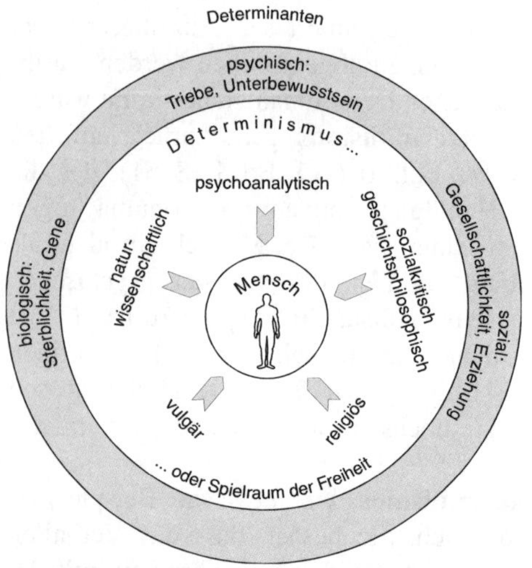

Die **Problematik des Determinismus** besteht darin, dass in allen seinen Formen die Phänomene jeweils monokausal erklärt werden. D. h. das menschliche Verhalten und Handeln wird nicht in seiner Komplexität wahrgenommen, sondern ein einziger – u. U. durchaus richtiger und objektiv beweisbarer – Begründungszusammenhang dient zur Erklärung der gesamten Wirklichkeit.
Gegenüber den deterministischen Auffassungen hat sich in den verschiedenen wissenschaftlichen Ansätzen die Überzeugung durchgesetzt, dass – trotz aller wirksamen Determinanten – ein gewisser **Spielraum der Freiheit** bleibt, in dem die Menschen frei entscheiden und handeln können. Für die innerhalb dieses Spielraums getroffenen Entscheidungen sind die Menschen prinzipiell verantwortlich.

4 Gewissen und Verantwortung

Bei der verantwortlichen Wahrnehmung ihrer Freiheit geraten die Menschen immer wieder in Situationen, in denen sie in besonderer Weise zu abwägenden Entscheidungen herausgefordert sind. Dabei erleben sie das Gewissen als den „Ort“, an dem sie den Anspruch der persönlichen Betroffenheit und die wegweisende Antwort des sittlichen Bewusstseins erfahren. Aus der Sicht des christlichen Glaubens vernehmen die Menschen im Gewissen den unbedingten Anspruch Gottes.

4.1 Entscheidungssituationen und Gewissenskonflikte

Die Entscheidungen, welche Menschen bei der Wahrnehmung ihrer Wahlfreiheit treffen (vgl. S. 121), sind oft von einer Unsicherheit geprägt, weil von zwei möglichen Entscheidungen die eine nicht nur gut und die andere nicht nur schlecht sein muss. Zudem ist es häufig so, dass bei der Entscheidung für die eine Seite gleichzeitig die andere Seite gefährdet wird. Man spricht hier von einem Gewissenskonflikt, der eine gründliche Güterabwägung erfordert. **Beispiele** für solche Gewissenskonflikte können sein:

- die Entscheidung für/gegen eine bestimmte Berufsausbildung, die mit dem Umzug an einen weit entfernten Ort verbunden ist, so dass familiäre und/oder partnerschaftliche Verpflichtungen nur noch sehr eingeschränkt wahrgenommen werden können;
- die Entscheidung für/gegen eine freundschaftliche Bindung, die durch ein Vergehen oder Verbrechen der Freundin/des Freundes belastet wird;
- die Entscheidung für/gegen eine Abtreibung;
- die Entscheidung für/gegen die eigene politische Partei, die in einer maßgeblichen Frage eine andere Position einnimmt.

In solchen Entscheidungssituationen kommt es wesentlich darauf an, möglichst alle Argumente, die für bzw. gegen die entsprechende Wahl sprechen, zu sammeln und in Gesprächen mit vertrauten Personen zu formulieren. Schließlich wird – nach gründlicher Prüfung der Umstände – das Gewissen als **letzte innere Instanz** den Weg aufzeigen, auf den man sich verlassen darf.

4.2 Konkrete Gewissenserfahrung – die „innere Stimme“ des Gewissens

Die konkrete Gewisserfahrung

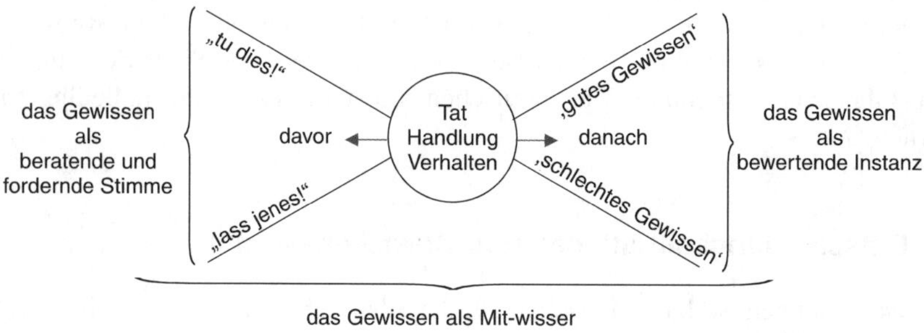

Das Gewissen knüpft an dem ganzheitlich erfahrenen inneren Gespür jedes Menschen für das sittlich Gute und Richtige an. Es äußert sich im **Gewissensspruch,** der *vor* und *nach* einer konkreten Tat als eine Art „innere Stimme“ zu vernehmen ist, indem er dazu rät, das eine zu tun und das andere zu lassen:

- Vor einer Tat erlebt der Mensch die Forderung, das Gute unbedingt zu tun. Die Tat ist dann verantwortbar, wenn sie „vor dem Gewissen“ als gut erscheint.
- Nach der Tat wird das Gewissen als **bewertende Instanz** erlebt: Man hat ein „gutes“ oder ein „schlechtes Gewissen“. Wenn man gegen das Gewissen gehandelt hat, erfährt man durch das Gewissen, dass man eigentlich hätte anders handeln sollen. Wer dem Gewissensspruch gefolgt ist, ist „mit sich im Reinen“ und erfährt dadurch Identität.

In der konkreten Gewissenserfahrung wird deutlich, dass das Wort „Gewissen“ mit „Wissen“ und **„Gewissheit“** zusammenhängt. In unserem Gewissen besitzen wir ein „Wissen“ um Gut und Böse, welches uns meist sehr „gewiss“ ist. Auch wenn wir gegen den Gewissensspruch handeln, ist uns bewusst, dass uns das Gewissen richtig berät. Nach der Tat bleibt es ein **„Mitwisser“** unseres Handelns (lat. „conscientia“, griech. „syneidesis“).

4.3 Anlage und Entfaltung des Gewissens

Offensichtlich ist den Menschen die Fähigkeit, die ethische Sollensforderung zu vernehmen, angeboren. Diese Gewissensanlage, die zugleich die fundamentale Unterscheidung zwischen Gut und Böse ermöglicht, wird als **Urgewissen** (griech. „synderesis") bezeichnet. Bei seiner Entfaltung korrespondiert es mit der menschlichen Fähigkeit vernünftiger Erkenntnis, indem die Wertvorstellungen und Wertmaßstäbe für das Gewissensurteil aus der Erfahrung des Menschseins und seiner Umwelt erschlossen werden. Zwar sind die Grundstrukturen des Einzelgewissens in der frühen Kindheit bereits angelegt, doch spielt die Prägung durch Erziehung und Gesellschaft eine wichtige Rolle.

4.3.1 Stadien der Gewissensbildung

Bei der Gewissensbildung können folgende Stadien unterschieden werden:

- In den ersten Lebensjahren eines Menschen ist das Gewissen davon abhängig, was dem Kind vorgegeben wird. Entscheidungen werden oft – etwa durch Belohnung und Bestrafung – ganz von außen gesteuert, bestimmte Verhaltensweisen durch Gewöhnung eingeübt. Man spricht daher von Gewöhnungs- oder **Gehorsamsgewissen.** Wichtig ist allerdings, dass das Kind in seinem Verhalten nicht einfach nur konditioniert wird, sondern dass ihm die zugrunde liegenden Werte in einem ständigen Dialog, dem jeweiligen Alter und Verständnis angemessen, plausibel gemacht werden.
- Das ältere Kind orientiert sich zunehmend an Autoritäten aus Familie, Schule, Medien, Kirche. Es ahmt das Handeln der Vorbilder nach und identifiziert sich mit deren Einstellungen. Sein **„autoritäres Gewissen"** (ERICH FROMM) verlegt die Stimmen der äußeren Autoritäten ins Innere, so dass deren Wertmaßstäbe als eigene Maßstäbe empfunden werden. In dieser Phase erlernt der Mensch elementare Normen (z. B. Wahrhaftigkeit) und wendet sie auf konkrete Einzelfälle an.
- Ziel der Gewissensbildung während der Pubertät und im jungen Erwachsenenalter sollte die Entwicklung eines **personalen Entscheidungsgewissens** sein, das den Menschen befähigt, in kritischer Verantwortung Entscheidungen autonom zu treffen. In der Auseinandersetzung mit den vorgegebenen Werten und Normen soll der Mensch seine eigene ethische Position finden und im Hören auf die eigene innere Stimme des Gewissens seine sittliche Identität realisieren.

4.3.2 Die Ausrichtung an Werten

Das Gewissen braucht zu seiner Entfaltung die Orientierung an Werten um zu einer verantworteten Entscheidung befähigen zu können. Sittliche Werte bringen zum Ausdruck, was die Einzelnen im weitgehenden Konsens mit den anderen Mitgliedern der Gesellschaft innerhalb ihres Daseins- und Weltverständnisses als grundlegend und erstrebenswert erachten; an den Werten richten sie ihr sittliches Verhalten und Handeln aus. Beispiele für Werte sind Gerechtigkeit, Ehrlichkeit, Freundschaft, Zivilcourage, Mitleid oder die Bewahrung der Schöpfung.
Die Ausrichtung des Gewissens an den Werten erfolgt in Form eines Prozesses, an dessen Beginn die **Empathie** (Einfühlen in einen Wert), sodann die **Werterkenntnis** (bewusste Wahrnehmung eines Wertes) und schließlich das **Werturteil** mit dem entsprechenden verantwortlichen Handeln ausgeprägt werden. Voraussetzung für die Wertentscheidungen des mündigen Gewissens sind demnach sowohl die selbstständige Werterfahrung als auch die Einsicht in überkommene Wertgehalte.
Welche Werte ein Mensch anerkennt, hängt davon ab, worin sein Sinnhorizont besteht, vor dem er lebt. Die innere Ausrichtung auf einen allgemeinen Sinnhorizont nimmt in der konkreten Wertschätzung Gestalt an. In der heutigen Diskussion um den **Wertewandel in der pluralen Gesellschaft,** wo verschiedene Wertstrukturen aufeinander treffen, spielt die Spannung zwischen der Akzeptanz tradierter Werte (z. B. Fürsorgepflicht der Gesellschaft für die sozial Schwachen) und der Ausprägung individualistischer Werte (z. B. soziale Unabhängigkeit) eine große Rolle. Es ist für das Überleben der Gesellschaft von entscheidender Bedeutung, ob der Diskurs über ihre Grundwerte gelingt und zu einem Konsens führt.

4.3.3 Die Aneignung von Normen

Normen sind Maßstäbe im Dienst bestimmter Werte. Sie werden als allgemeine Regeln menschlichen Verhaltens verstanden, die den **Schutz von Werten** zum Ziel haben (z. B. das Verbot der Lüge zum Schutz des Wertes der Wahrheit). Die Existenz der Normen in Form von Konventionen, Sitten und Gebräuchen, moralischen Vorschriften, Geboten und Verboten sowie Gesetzen entlastet die einzelnen Menschen davon, in jeder Situation ohne Vorgaben entscheiden und ständig neue ethisch verantwortbare Lösungen suchen zu müssen. Wenn eine Norm jedoch nicht auf einem Wert gründet, ist sie sittlich nicht verpflichtend; es kann vielmehr eine ethische Pflicht dazu geben, eine solche **Norm abzulehnen**

(z. B. Widerstand gegen die Norm der Nürnberger Rassegesetze von 1935). Umgekehrt erhalten Normen ihre sittliche Verbindlichkeit durch Werte, welche die Menschen in ihrer Würde schützen.

Internalisierung von Normen

Das Handeln nach bestimmten Normen wird erlernt. Dabei spielt der Prozess der Internalisierung eine große Rolle. Dieser Prozess wird von SIGMUND FREUD (vgl. Bd. 1, S. 51 ff.) als eine zunächst beim Kleinkind zu beobachtende **‚Verinnerlichung‘** äußerer Autoritäten, speziell des Vaters, beschrieben: Da das Kind von den Eltern vollständig abhängig ist, verlegt es ihre Anweisungen und Verbote nach innen und generiert dadurch das „Über-Ich“ als eine strenge, verbietende, richtende und urteilende Instanz in sich selbst. Die ursprünglich elterlichen Normen dieses „Über-Ichs“ werden angereichert durch die Internalisierung von Normen des Staates, der Gesellschaft und des gesamten kulturellen Kontextes.
Für Freud steht der Begriff des „Über-Ichs“ in einem engen Zusammenhang mit dem Begriff des Gewissens. Das Gewissen wäre demnach ein Produkt der Erziehung. Die Freud-Schüler ERIK H. ERIKSON (vgl. S. 16 f.) und ERICH FROMM haben jedoch gezeigt, dass die Internalisierung elterlicher Normen zwar tatsächlich stattfindet, dass aber eigene Erfahrungen des Menschen eine **Auseinandersetzung** mit den internalisierten Normen ermöglichen, wobei der Aufweis einer inneren Vernünftigkeit als entscheidendes Kriterium für die Aneignung der Norm anzusehen ist.

Wandel und Grenze der Normen

Da Normen historischen **Wandlungen unterworfen** sind, bleiben sie stets hinter den Anforderungen der komplexen Lebenswirklichkeit zurück. Ein unreflektiertes Handeln nach Normen kann daher unverantwortlich sein und leistet der Unmündigkeit Vorschub. Umgekehrt nutzt das mündige Gewissen die Spielräume, die in der Auseinandersetzung mit Normen gewonnen werden können, für autonome Entscheidungen.
Am Beispiel der Spannungssituation zwischen dem technisch Machbaren und dem ethisch Richtigen zeigt sich die **Grenze der Normen:** Einfache Vorgaben helfen bei den notwendigen Entscheidungen nicht weiter, weil sie der Komplexität der Wirklichkeit nicht gerecht werden. Die Norm: „Gut ist, was Leben rettet!“, hilft z. B. nicht bei der Frage, ob man Menschen grundsätzlich darauf ver

pflichten darf, sich – für den Fall des eigenen Unfalltodes – zur möglichen Organspende definitiv zu äußern (etwa in Form eines Ausweises). Die Fortschritte in der Intensivmedizin und bei Organtransplantationen erfordern jedoch eine gesellschaftliche Auseinandersetzung über die damit implizierten ethischen Fragestellungen.
Es kommt in der heutigen Situation wohl mehr denn je darauf an, die Spannung zwischen Können und Dürfen auszuhalten, durch Information und Kritik Handlungskompetenz zu gewinnen, um mit einem freien, mündigen Gewissen Entscheidungen zu treffen, die möglicherweise normativen Charakter erhalten.

4.3.4 Die Pflicht zur Gewissensbildung

Da das Gewissen im Verlauf eines Menschenlebens verschiedene Stadien einer Entwicklung durchläuft, ist es von größter Bedeutung das Gewissen zu bilden und zu entfalten. In den ersten Lebensjahren übernehmen die erziehenden Instanzen (Eltern, Kindergarten, Schule) diese Aufgabe. Mit zunehmendem Lebensalter jedoch werden die Menschen für ihre ethische Bewusstseinsbildung selbst verantwortlich, indem sie sich mit den tradierten Werten und Normen kritisch auseinander setzen. Hierzu gehört die Pflicht zur **umfassenden Information** und zur Klärung der eigenen Position im Dialog mit anderen Menschen um sein eigenes Handeln verantwortlich zu begründen.
Schwierigkeiten bei der Gewissensbildung ergeben sich durch die unterschiedlichen Wert- und Normsysteme in der pluralen Gesellschaft. Als Reaktion auf diese Situation sind folgende Phänomene zu beobachten:

- Zahlreiche Menschen entwickeln einen **Indifferentismus** („Es ist eigentlich egal, was man tut!"), **Relativismus** („Es kommt ganz auf die Situation an, wie man handelt; außerdem handelt jeder Mensch anders!") oder **Subjektivismus** („Für mich ist das richtig!").
- Andere Menschen richten ihr Handeln danach aus, was **„man tut"** (Statistiken; Moden) oder folgen dem Prinzip des **Utilitarismus** („Richtig ist, was etwas bringt!") bzw. des **Hedonismus** („Gut ist, was Spaß macht!").
- Problematisch ist auch das Phänomen der **Wertblindheit,** bei dem Werte der Mit- und Umwelt aus egoistischen Motiven ausgeblendet oder so „zurecht gedeutet" werden, dass sie den eigenen Zielen nicht im Weg stehen.

Wenn die Pflicht zur Gewissensbildung nicht wahrgenommen wird, entsteht ein **unmündiges Gewissen,** das als bedrohliche Instanz erscheint, hinter der man sich verschanzt. Man verlässt sich auf das, was einem in der Kindheit eingetrich-

tert wurde, und ist kaum fähig seine Entscheidungen zu reflektieren. Häufig lebt man dann mit andauernden Schuldgefühlen, man wirkt ängstlich, engstirnig, herzlos und fanatisch.
Wer in seinem Handeln ständig gegen das Gewissen verstößt und sich das Gewissen gefügig macht, erzeugt ein verbildetes oder gar ein **verstummtes Gewissen** mit einem andauernden Ausfall von Gewissensreaktionen. Hier hilft nur eine totale Umkehr, die durch große eigene Anstrengungen unter Mitarbeit erfahrener Therapeuten und Seelsorger möglich werden kann.

4.4 Würde des Gewissens – die christliche Sicht des Gewissens

Vor allem in der jüngeren Menschheitsgeschichte war das Gewissen massiven **Verunglimpfungen** ausgesetzt (FRIEDRICH NIETZSCHE: „Dieser Narr, der Mensch, wurde Erfinder des ‚schlechten Gewissens', der größten und unheimlichsten Erkrankung, von der er bis heute nicht genesen ist." – ADOLF HITLER: „Das Gewissen ist eine jüdische Erfindung. Es ist wie die Beschneidung, eine Verstümmelung des menschlichen Wesens."). Demgegenüber ist das Gewissen nach dem jüdisch-christlichen Menschenbild das „Sinn-Organ" (VIKTOR E. FRANKL, vgl. Bd. 1, S. 17 f.), welches den Menschen hilft, die ethischen Handlungsmaßstäbe für deren vielfältige Entscheidungssituationen zu entwickeln und anzuwenden.
Die christliche Hochschätzung des Gewissens und des Gewissensurteils korrespondiert mit dem rechtlichen Schutz des Gewissens als der letzten und höchsten Instanz der autonomen menschlichen Person, wie er in den **Menschenrechten** definiert ist. Der historische Prozess, der zur Formulierung der Menschenrechte geführt hat *(Bill of Rights,* 1776; *Déclaration des droits de l'homme,* 1789), ist untrennbar mit der Wahrnehmung der Gewissensfreiheit verbunden. Im *Grundgesetz der Bundesrepublik Deutschland* von 1949 drückt sich das oberste Verfassungsziel der Menschenwürde nach Artikel 4 im **eigenständigen Grundrecht der Gewissensfreiheit** aus; sie umschreibt die Freiheit zu selbstverantwortlichem Handeln und zu einer individuellen Lebensgestaltung gemäß der eigenen Überzeugungen. Die Gewissensfreiheit unterliegt keinerlei Einschränkung durch einen allgemeinen Gesetzesvorbehalt und wird lediglich durch den Gleichheitsgrundsatz begrenzt, der die Rechte der anderen Menschen in gleicher Weise wahren soll.

4.4.1 Das Gewissen in der Bibel

Die Bibel erzählt immer wieder von Menschen in Entscheidungssituationen, die mit **Gewissenskonflikten** verbunden sind (z. B. Adam und Eva im Garten Eden [Gen 3; vgl. S. 151]; Jona vor seinem prophetischen Auftrag [Jona 1,1–3,3]; Jesus bei der Versuchung in der Wüste [Mt 4,1–11; Lk 4,1–13; vgl. Bd. 1, S. 76 f.]; Paulus bei seiner Bekehrung [Apg 9]). In jeder dieser Erzählungen geht es um den herausfordernden Anruf Gottes und die entsprechende Antwort der Menschen.

Der **Begriff „Gewissen"** („syneidesis") wird als solcher in der Bibel – außer einmal vom Buch der Weisheit (AT) – nur von PAULUS (NT) verwendet; er kommt demnach relativ selten vor. Dem Sinn nach wird das Gewissen aber häufig umschrieben mit den Symbolen „Herz" und „Nieren" („Der Herr der Heere richtet gerecht, er prüft Herz und Nieren" [Jer 11,20]). Diese Bilder weisen das Gewissen als Organ aus, das in die Mitte der menschlichen Person gehört.

In Röm 2,14 f. spricht PAULUS davon, dass alle Menschen „von Natur aus" wissen, was sie zu tun und zu lassen haben. Das Gesetz, also das, was Gott zum Heil der Welt von den Menschen will, ist ihnen **„ins Herz geschrieben".** Die Juden wissen von den Forderungen Gottes aus der Tora*; doch auch die Nichtjuden, die die Tora nicht kennen, können von innen heraus – dadurch, dass sie „sich selbst Gesetz" sind, – das Rechte tun. In einer Art **innerem Gerichtshof,** wo die Gedanken in einer ständigen Kontroverse gegenüber stehen, indem sie sich gegenseitig anklagen und verteidigen, legt das Gewissen Zeugnis ab über das Tun des Menschen. Mit dieser Einschätzung bekennt sich Paulus zur Würde auch jener Menschen, die das Gute tun, ohne das Gesetz zum Guten (die Tora) zu kennen: „Nicht die sind vor Gott gerecht, die das Gesetz hören, sondern er wird die für gerecht erklären, die das Gesetz tun" (Röm 2,13).

In Röm 14,23 betont Paulus die **Verbindlichkeit des Gewissensurteils:** Alles, was nicht aus der Überzeugung des Glaubens geschieht, ist Sünde. Denn „die Überzeugung, die du selbst hast, sollst du vor Gott haben. Wohl dem, der sich nicht zu verurteilen braucht bei dem, was er für recht hält" (Röm 14,22). Damit erfährt der Mensch seine Identität in der Gebundenheit an sein Gewissensurteil. Das Gewissen erhält den Rang einer **letzten personalen Instanz** zur Beurteilung des menschlichen Handelns. Selbst das aus Unkenntnis objektiv irrende Gewissen bleibt in seinem Urteilsspruch verbindlich und verliert seine Würde nicht.

4.4.2 Die kirchliche Einschätzung des Gewissens nach dem II. Vatikanischen Konzil

Die paulinische Interpretation des Gewissens ist von der kirchlichen Lehre etwa auf dem II. Vatikanischen Konzil* aufgegriffen worden, wo an der letzten Verbindlichkeit des Gewissensurteils auch gegenüber dem kirchlichen Lehramt festgehalten wurde:

> Im Innern seines Gewissens entdeckt der Mensch ein Gesetz, das er sich nicht selbst gibt, sondern dem er gehorchen muss und dessen Stimme ihn immer zur Liebe und zum Tun des Guten und zur Unterlassung des Bösen aufruft und, wo nötig, in den Ohren des Herzens tönt: Tu dies, meide jenes. Denn der Mensch hat ein Gesetz, das von Gott seinem Herzen eingeschrieben ist, dem zu gehorchen eben seine Würde ist und gemäß dem er gerichtet werden wird. Das Gewissen ist die verborgenste Mitte und das Heiligtum im Menschen, wo er allein ist mit Gott, dessen Stimme in diesem seinem Innersten zu hören ist. Im Gewissen erkennt man in wunderbarer Weise jenes Gesetz, das in der Liebe zu Gott und dem Nächsten seine Erfüllung hat. Durch die Treue zum Gewissen sind die Christen mit den übrigen Menschen verbunden im Suchen nach der Wahrheit und zur wahrheitsgemäßen Lösung all der vielen moralischen Probleme, die im Leben der Einzelnen wie im gesellschaftlichen Zusammenleben entstehen. Je mehr also das rechte Gewissen sich durchsetzt, desto mehr lassen die Personen und Gruppen von der blinden Willkür ab und suchen sich nach den objektiven Normen der Sittlichkeit zu richten. Nicht selten jedoch geschieht es, dass das Gewissen aus unüberwindlicher Unkenntnis irrt, ohne dass es dadurch seine Würde verliert. Das kann man aber nicht sagen, wenn der Mensch sich zu wenig darum müht, nach dem Wahren und Guten zu suchen, und das Gewissen durch Gewöhnung an die Sünde allmählich fast blind wird.
>
> *Pastorale Konstitution „Gaudium et spes“ des II. Vatikanischen Konzils über die Kirche in der Welt von heute, Nr. 16. In: Karl Rahner/Herbert Vorgrimler: Kleines Konzilskompendium. Freiburg i. Br. ^{18}1985, S. 462 f.*

Nach der Darstellung des II. Vatikanischen Konzils ist das Gewissen in seiner Struktur **dialogisch:** Die Menschen erfahren es als Stimme, der zu gehorchen die Würde des Menschen ausmacht. Der unbedingte Anspruch eines absoluten „Du“, der im Gewissen wahrgenommen werden kann, fordert die Treue zu sich selbst, zu den Mitmenschen und zu Gott. Der Anruf des Gewissens ist ein Ruf zur eigenen Identität. Er steht in enger Verbindung mit Gott: Durch das Gewissen schenkt Gott der menschlichen Freiheit die notwendige Orientierung, so dass sie im Sinne einer **theonomen Autonomie** (d. h. Selbstbestimmung in der Bestimmung durch Gott) zu ihren eigentlichen Möglichkeiten befreit wird.

Die Entscheidung mit Hilfe des Gewissens als letzter Instanz kann durch nichts ersetzt werden – auch nicht durch die für unfehlbar erklärten Vorgaben des kirchlichen Lehramts (s. u.; vgl. S. 100). Das Lehramt und die Theologie haben

die wichtige Funktion, das Gewissen qualifiziert zu informieren, doch in ihrer letzten Entscheidung stehen die Menschen im Gewissen Gott allein gegenüber.
Eine **Gefährdung der Würde des Gewissens** sieht das II. Vaticanum nicht darin, dass sich das Gewissen irren kann. Wohl aber können Laxheit in ethischen Entscheidungen, mangelnde Selbstkritik oder selbst verschuldete Unwissenheit einen Gewissensirrtum verursachen, für die der Einzelne verantwortlich ist. D. h. die Menschen sind nicht nur *vor* dem Gewissen verantwortlich, sondern auch *für* das Gewissen.

4.4.3 Der Zusammenhang sittlicher Werte und Normen mit dem Glauben

Glaube und Ethos sind eng miteinander verbunden, da der Glaube das Dasein deutet, dessen Bewältigung ethischen Maßstäben unterliegt. Für den christlichen Glauben gilt dieser Zusammenhang in besonderem Maß, da der **Glaube an Gott unmittelbar ethische Konsequenzen** besitzt (Nächsten- und Feindesliebe). Das christliche Wertbewusstsein bejaht Mitmenschen und Welt und hilft dabei, Widerstand gegen Ungerechtigkeit, Unfrieden und Missbrauch der Schöpfung zu entwickeln.
Für Christen ist die Orientierung an den **Maßstäben des Glaubens** von zentraler Bedeutung, wie sie etwa in der Tora* des Alten (Ersten) Testaments oder in den ethischen Impulsen der Botschaft Jesu sowie in der Tradition der Glaubensgemeinschaft, der Kirche, zu finden sind (vgl. S. 62 f.). Die kirchlichen und – insoweit sie selbst einen historischen Wandlungsprozess spiegeln – auch die biblischen Normsetzungen müssen zwar von der Vernunft nachvollziehbar sein, doch bieten sie ein Normsystem, auf dessen Basis die Menschen hoffen dürfen die Wahl der rechten Mittel zu einem guten Zweck zuverlässig bewältigen zu können.
Im Unterschied zur philosophischen Ethik stützt sich die christliche Ethik auf die biblisch-kirchliche Tradition und begründet die Verbindlichkeit ihrer Aussagen mit der **Autorität des kirchlichen Lehramts.** Diese Autorität besitzt die Funktion, die unverfälschte Tradition zu überprüfen und auf der Basis neuer Erkenntnisse zu korrigieren. Die kirchliche Autorität muss sich allerdings dem offenen Diskurs und Dialog über ethische Fragen stellen, wenn sie einen mündigen Gehorsam ermöglichen und sich nicht dem Vorwurf der Fremdsteuerung ausgesetzt sehen will:

Einen blinden Gehorsam gegenüber menschlicher Autorität kennt der Christ nicht – auch nicht gegenüber Papst und Bischof. Wenn Christen trotz gründlicher Auseinandersetzung mit einer verkündeten kirchlichen Lehre in einen Gewissenskonflikt geraten und schließlich zu einer Entscheidung gelangen, die sich mit den Forderungen der autoritativ vorgetragenen Lehre der Kirche nicht in Einklang bringen lässt – wir haben als klassisches Beispiel die kirchliche Lehre von der Empfängnisverhütung in der 1968 verkündeten Enzyklika „Humanae vitae" –, dann behält ein solcher Gewissensspruch seine Verbindlichkeit. Er kann aber auch nicht von vorn herein als irriger Gewissensspruch bezeichnet werden, da gerade Theologen die hierfür von der Kirche vorgelegte Argumentation für das Verbot einer sog. künstlichen Empfängnisverhütung als nicht überzeugend ansehen. [...]
Wo kirchliche Amtsträger zu konkreten sittlichen Verhaltensweisen Stellung beziehen, tragen diese im Vergleich zu den eigentlichen Glaubenswahrheiten nur subsidiären* Charakter; sie stehen und fallen mit der Plausibilität der vorgelegten Gründe. Sind diese nicht einsichtig, dann kann eine solche Aussage durchaus in Frage gestellt werden, ohne dass damit ein Theologe oder ein Katholik gegen den der kirchlichen Autorität geschuldeten Gehorsam verstößt.

Johannes Gründel: Person und Gewissen. In: Ders. (Hrsg.): Leben aus christlicher Verantwortung. Bd. 1. Düsseldorf 1991, S. 79, 81

4.4.4 Christliche Gewissensbildung

Die Pflicht zur ethischen Bewusstseinsbildung und zur Wahrnehmung der eigenen Verantwortung ergibt sich nicht nur aus der rein humanistischen Verwirklichung der menschlichen Personwürde. Sie ist darüber hinaus ein Wesensmerkmal jeder Religion (vgl. z. B. die buddhistische Ethik vom achtteiligen Pfad*). Im Ethos der **Bergpredigt Jesu** werden die Christen in grundsätzlichen Fragen zur persönlichen Entscheidung gerufen. Um eine solche Entscheidung richtig treffen zu können, ist die lebenslange Gewissensbildung notwendig, deren Ziel es ist sich in Freiheit vor Gott zu verantworten.
So wie sich die Gewissensanlage im Verlauf eines Menschenlebens dialogisch entfaltet, soll sich auch der Glaube als Weisung für ein gelingendes Lebens dialogisch entwickeln. Wenn die Menschen sich des Öfteren darauf einlassen, die eigenen Gesinnungs- und Handlungsmotive zu analysieren und das persönliche Verhalten, Handeln und Nichthandeln kritisch zu bewerten – d. h. **Gewissenserforschung** zu betreiben –, dann trägt die Gewissensbildung an zentraler Stelle zum Prozess der Selbstwerdung sowie zu größerer Freiheit und Entschiedenheit bei. Da der Anruf Gottes aber in ganz konkreten Situationen erfolgt, reicht eine Grundorientierung nicht aus. Notwendig sind Wachsamkeit für Handlungssituationen und Entscheidungsbereitschaft sowie ein möglichst hohes Maß an Sachkenntnis, damit die eigene Verantwortung sachgerecht wahrgenommen werden kann.

4.5 Das Prinzip Verantwortung

Die Menschheit ist heute weltweit vernetzt: kommunikationstechnisch, ökonomisch, ökologisch, politisch, sozial. Mehr denn je wird den Menschen daher heute bewusst, dass sie Verantwortung übernehmen müssen für sich, füreinander und für die Umwelt. Die notwendige **Solidarität** erstreckt sich **räumlich** gesehen auf die ganze Erde und den in ersten Schritten in Besitz genommenen Kosmos; Solidarität ist aber auch in der **zeitlichen Dimension** immer stärker gefordert: Eine menschenwürdige Gegenwart ist nicht mehr möglich ohne die Sorge für eine menschenwürdige Zukunft. Statt einer Haltung nach dem Motto „Nach mir die Sintflut!“ muss die Menschheit eine **„Enkelethik“** entwickeln, in der die Konsequenzen des heutigen Handelns für die kommenden Generationen bedacht werden.
Der deutsch-amerikanische Philosoph HANS JONAS hat in diesem Sinn das „Prinzip Verantwortung“ in den Mittelpunkt einer heutigen Philosophie gerückt:

> Im Zeichen der Technologie [...] hat es die Ethik mit Handlungen zu tun (wiewohl nicht mehr des Einzelsubjekts), die eine beispiellose kausale Richtweite in die Zukunft haben, begleitet von einem Vorwissen, das ebenfalls, wie immer unvollständig, über alles Ehemalige weit hinausgeht. Dazu die schiere Größenordnung der Fernwirkungen und oft auch ihre Unumkehrbarkeit. All dies rückt Verantwortung ins Zentrum der Ethik, und zwar mit Zeit- und Raumhorizonten, die denen der Taten entsprechen. [...]
>
> Das Paradoxe unserer Lage besteht darin, daß wir die verlorene Ehrfurcht vom Schaudern, das Positive vom vorgestellten Negativen zurückgewinnen müssen: die Ehrfurcht für das, was der Mensch war und ist, aus dem Zurückschaudern vor dem, was er werden könnte und uns als diese Möglichkeit aus der vorgedachten Zukunft anstarrt. Die Ehrfurcht allein, indem sie uns ein „Heiliges“, das heißt unter keinen Umständen zu Verletzendes enthüllt (und das ist auch ohne positive Religion dem Auge erscheinbar), wird uns auch davor schützen, um der Zukunft willen die Gegenwart zu schänden, jene um den Preis dieser erkaufen zu wollen. [...] Ein degradiertes Erbe wird die Erben mit degradieren.
>
> *Hans Jonas: Das Prinzip Verantwortung. Versuch einer Ethik für die technologische Zivilisation. Frankfurt a. M. 1984, S. 8 f., 392 f.*

Hans Jonas versucht sein Anliegen ohne Rückgriff auf die Religion einsichtig zu machen. Um so mehr ist die Verantwortung ein **christliches Prinzip,** da aus der Perspektive des Glaubens nicht der Mensch, sondern allein Gott der Herr der Welt ist. Gott vertraut dem Menschen die Erde auf Zeit an, damit er sie „bebaue und hüte“ (Gen 2,15). Indem der Mensch sowohl ein Teil der Natur als auch ihr Gegenüber ist, kann und muss er sie kultivieren und erfährt sich zugleich von ihr determiniert (vgl. Bd. 1, S. 147–149).

Da gerade Christinnen und Christen ihre Verantwortung für die Welt erkennen, greifen sie in die weltweiten Prozesse ein, bei denen Fragestellungen der Ökologie, der Technologie-Anwendung, der Friedenssicherung und der Entwicklung weltweiter sozialer Gerechtigkeit zum Tragen kommen. Der **„konziliare Prozess"** für „Frieden, Gerechtigkeit und Bewahrung der Schöpfung" (vgl. S. 87) ist ein spezifisch christlicher Beitrag, der große Resonanz gefunden hat.

5 Der biblisch-christliche Begriff der Freiheit

Aus der Sicht des christlichen Glaubens verdanken die Menschen ihre Freiheit Gott. Die Weisungen Gottes ermöglichen ihnen die Bewahrung und Verwirklichung der Freiheit. Dadurch dass die Menschen gegen diese Weisungen handeln, ist die Freiheit immer wieder gefährdet.

5.1 Das biblische Menschenbild

Größe und Elend des Menschen (vgl. S. 112 ff.) sind auch den Verfassern der biblischen Texte sehr bewusst:

5.1.1 Die Armseligkeit menschlichen Daseins

Für das Buch der Weisheit erstreckt sich das Menschenleben zwischen dem Schrei der Geburt und dem Schmerz des Sterbens. In ihrer Armseligkeit sind sich alle Menschen gleich:

> 3 Geboren atmete auch ich die gemeinsame Luft,
> ich fiel auf die Erde, die Gleiches von allen erduldet,
> und Weinen war mein erster Laut wie bei allen.
> 4 In Windeln und mit Sorgen wurde ich aufgezogen;
> 5 kein König trat anders ins Dasein.
> 6 Alle haben den einen gleichen Eingang zum Leben;
> gleich ist auch der Ausgang. *Weish 7,3–6*

5.1.2 Der Mensch als „Krone der Schöpfung"

Eines der eindrucksvollsten biblischen Zeugnisse für das Selbstbewusstsein schon des alttestamentlichen Menschen als „Krone der Schöpfung" ist der Psalm 8:

> 4 Seh' ich den Himmel, das Werk deiner Finger,
> Mond und Sterne, die du befestigt:
> 5 Was ist der Mensch, dass du an ihn denkst,
> des Menschen Kind, dass du dich seiner annimmst?
> 6 Du hast ihn nur wenig geringer gemacht als Gott,
> hast ihn mit Herrlichkeit und Ehre gekrönt.
> 7 Du hast ihn als Herrscher eingesetzt über das Werk deiner Hände,
> hast ihm alles zu Füßen gelegt. *Ps 8,4–7*

Vor allem das 20. Jahrhundert hat an solcher Selbsteinschätzung deutlich Kritik geübt. Von GOTTFRIED BENN stammt folgende Formulierung: „Die Krone der Schöpfung, das Schwein, der Mensch". Zu beachten ist allerdings, dass auch im Wortlaut der Verse aus Psalm 8 die **Ambivalenz von Größe und Niedrigkeit** des Menschen zum Ausdruck kommt, indem der Mensch im Kontext des gewaltigen kosmischen Schöpfungswerks gesehen wird. Zieht man die Struktur des großen Schöpfungsliedes Gen 1,1–2,4a hinzu, dann wird deutlich, dass die Vollendung (Krone) der Schöpfung nicht beim Menschen (sechster Schöpfungstag), sondern allein bei Gott liegt:

> 2 Am siebten Tag vollendete Gott das Werk, das er geschaffen hatte, und er
> ruhte am siebten Tag, nachdem er sein ganzes Werk vollbracht hatte. 3 Und Gott
> segnete den siebten Tag und erklärte ihn für heilig; denn an ihm ruhte Gott,
> nachdem er das ganze Werk der Schöpfung vollendet hatte. *Gen 2,2 f.*

5.1.3 Die Gottebenbildlichkeit des Menschen

Die theologische Spitzenaussage zur Größe des Menschen ist begründet mit den Aussagen des Buches Genesis, für das die Menschen dazu berufen sind, **Abbild Gottes** zu sein: Sie sind sichtbare Repräsentanten des unsichtbaren Gottes in der Schöpfung. Auch die **Verantwortung** der Menschen besitzt ihren Ursprung in der Gottebenbildlichkeit: Die Lebensaufgabe der Menschen besteht darin, ihr eigenes Leben und die Welt nach dem Willen Gottes zu gestalten:

> 26 Dann sprach Gott: Lasst uns Menschen machen als unser Abbild, uns ähnlich.
> Sie sollen herrschen über die Fische des Meeres, über die Vögel des Himmels,
> über das Vieh, über die ganze Erde und über alle Kriechtiere auf dem Land.
> 27 Gott schuf also den Menschen als sein Abbild; als Abbild Gottes schuf er ihn.
> Als Mann und Frau schuf er sie. 28 Gott segnete sie, und Gott sprach zu ihnen:
> Seid fruchtbar, und vermehrt euch, bevölkert die Erde, unterwerft sie euch, und
> herrscht über die Fische des Meeres, über die Vögel des Himmels und über alle
> Tiere, die sich auf dem Land regen. *Gen 1,26–28*

Die biblische Schöpfungstheologie nach Gen 1 sieht alle Menschen in gleicher Weise als Gottes Abbild. Daraus folgt für das biblische Menschenbild die **gleiche**

Würde aller Menschen. Am Beispiel der geschlechtlichen Differenzierung – *der* Mensch ist nach Gen 1,27 „Mann und Frau" – wird deutlich, dass Diskriminierungen jeder Art sich gegen die göttliche Schöpfungsordnung richten.
Die Tatsache, dass solche Diskriminierungen Realität sind (Rassismus; Unterdrückung bzw. Benachteiligung der Frau, z. B. auch in der patriarchalischen Struktur der Kirche), zeigt, dass der Mensch weit hinter dem Anspruch des Schöpfers zurückbleibt. Auch das Buch Genesis kennt dieses Elend des Menschen:

> [5] Der Herr sah, dass auf der Erde die Schlechtigkeit des Menschen zunahm und dass alles Sinnen und Trachten seines Herzens immer nur böse war. [6] Da reute es den Herrn, auf der Erde den Menschen gemacht zu haben, und es tat seinem Herzen weh.
> *Gen 6,5 f.*

5.2 Die Freiheit der Menschen – ein Geschenk Gottes

Aus der Sicht des biblischen Glaubens besitzt die menschliche Freiheit ihren Ursprung in Gott: Er ist es, der den Menschen die Freiheit schenkt und mit seiner Weisung deren Bewahrung in der Bewährung des Alltags ermöglicht.

5.2.1 Die Befreiungstat des Exodusgeschehens

Das Volk Israel macht mit dem Erlebnis der Befreiung aus der Sklaverei in Ägypten seine ursprüngliche Glaubenserfahrung: Gott ist JAHWE, der seinem Volk den Weg in die Freiheit eröffnet und einen freien Bund der Zuwendung mit Israel schließt (vgl. Bd. 1, S. 21–24):

> „Ich werde ihr Gott sein, und sie werden mein Volk sein", mit dieser Formel lässt sich der Bund beschreiben, den Jahwe mit seinem Volk eingegangen ist. Dabei handelt es sich um eine *doppelte Zugehörigkeit,* die Gott mit dem Volk Israel verbindet. Dieses gegenseitige Anhangen wird von der Liebe getragen, die Jahwe dadurch zum Ausdruck bringt, dass er das Volk aus der ägyptischen Sklaverei befreit. Im Gegenzug dazu fordert er vom Volk, in der Geschichte Zeugnis von ihm zu geben (vgl. Ez 36). Der Exodus macht die Perspektive verständlich, in der der Bund zu sehen ist, und dieser gibt seinerseits der Befreiung aus Ägypten ihren vollen Sinn. Die Befreiung führt zur Gemeinschaft. In diesem Prozess kommt es zur Bildung des „Volkes Gottes".
>
> *Gustavo Gutiérrez: Die historische Macht der Armen. München/Mainz 1984, S. 15*

5.2.2 Bundesordnung und Dekalog

Der Dekalog (griech. ‚Zehnwort‘, ‚Zehngebot‘) ist das Kernstück der Bundesordnung Israels, die sich in der Tora*, den fünf Büchern des Mose, manifestiert. Die Tora (hebr. ‚Gesetz‘, besser ‚Weisung‘) wird vom biblischen Glauben als **Wegweisung Gottes** verstanden, welche die von Gott geschenkte Freiheit bewahren soll. Die Freiheit erweist sich von daher als gebundene Freiheit, d. h. im Bund mit Gott realisiert sich die menschliche Freiheit in ihrem vollen Sinn (vgl. Bd. 1, S. 25–27).

Die biblische Bundestheologie spiegelt die von der Menschheit immer wieder reflektierte **Dialektik von Freiheit und Bindung:** Die Bindung an eine Ordnung ermöglicht ein freiheitliches Zusammenleben; die freie Bindung an einen Partner begründet erst die Partnerschaft mit ihm (Freiheit durch Bindung). Die Fixierung auf den „Buchstaben des Gesetzes“ jedoch erstickt jede Freiheit. Für das Volk der Bibel garantiert die Treue zum Gott des Bundes die eigene Freiheit.

Die zehn Gebote

Die zehn Gebote (der Dekalog) sind von der Bibel als zentrale Weisungen verstanden, in denen sich Gott offenbart und die daher einer willkürlichen Interpretation entzogen sind. Dennoch haben sie ihren „Sitz im Leben“ und müssen auch im Kontext ihrer Entstehungszeit gelesen werden:

> 1 Dann sprach Gott alle diese Worte: 2 Ich bin Jahwe, dein Gott, der dich aus
> Ägypten geführt hat; aus dem Sklavenhaus. 3 Du sollst neben mir keine anderen
> Götter haben. 4 Du sollst dir kein Gottesbild machen und keine Darstellung von
> irgend etwas am Himmel droben, auf der Erde unten oder im Wasser unter der
> Erde. 5 Du sollst dich nicht vor anderen Göttern niederwerfen und dich nicht
> verpflichten, ihnen zu dienen. Denn ich, der Herr, dein Gott, bin ein
> eifersüchtiger Gott: Bei denen, die mir feind sind, verfolge ich die Schuld der
> Väter an den Söhnen, an der dritten und vierten Generation; 6 bei denen, die
> mich lieben und auf meine Gebote achten, erweise ich Tausenden meine Huld.
> 7 Du sollst den Namen des Herrn, deines Gottes, nicht missbrauchen; denn der
> Herr lässt den nicht ungestraft, der seinen Namen missbraucht.
> 8 Gedenke des Sabbats: Halte ihn heilig! 9 Sechs Tage darfst du schaffen und
> jede Arbeit tun. 10 Der siebte Tag ist ein Ruhetag, dem Herrn, deinem Gott,
> geweiht. An ihm darfst du keine Arbeit tun; du, dein Sohn und deine Tochter,
> dein Sklave und deine Sklavin, dein Vieh und der Fremde, der in deinen
> Stadtbereichen Wohnrecht hat. 11 Denn in sechs Tagen hat der Herr Himmel,
> Erde und Meer gemacht und alles, was dazugehört; am siebten Tag ruhte er.
> Darum hat der Herr den Sabbattag gesegnet und ihn für heilig erklärt.
> 12 Ehre deinen Vater und deine Mutter, damit du lange lebst in dem Land, das
> der Herr, dein Gott, dir gibt.

13 Du sollst nicht morden.
14 Du sollst nicht die Ehe brechen.
15 Du sollst nicht stehlen.
16 Du sollst nicht falsch gegen deinen Nächsten aussagen.
17 Du sollst nicht nach dem Haus deines Nächsten verlangen. Du sollst nicht
nach der Frau deines Nächsten verlangen, nach seinem Sklaven oder seiner
Sklavin, seinem Rind oder seinem Esel oder nach irgendetwas, das deinem
Nächsten gehört. *Ex 20,1–17*

Aktualisierungen des Dekalogs

Da die zehn Gebote in konkreten historischen Situationen entstanden sind, müssen sie im Bezug auf die Probleme der heutigen Zeit **aktualisiert** werden. Dabei sind die Grundprinzipien zu beachten, auf denen die Bundesordnung Israels aufbaut:

- Gott ist der Grund aller Wirklichkeit. Nichts Geschaffenes – kein noch so hoher Wert, auch nicht der Mensch – kann an Gottes Stelle treten.
- Gott ist der Gott des Lebens. Er schenkt das Leben und den Menschen die Freiheit.
- Gott gibt den Menschen den Dekalog als Wegweisung. An ihr muss sich jede Freiheit im Sinne einer theonomen Autonomie (vgl. S. 135) orientieren, wenn sie verantwortete Freiheit sein will.

Ein Aktualisierungsversuch des Dekalogs, der weltweit Beachtung gefunden hat, ist die *Erklärung zum Weltethos,* welche von einem „Parlament der Weltreligionen" am 4. September 1993 in Chicago verabschiedet worden ist. Angestoßen durch das „Projekt Weltethos" von HANS KÜNG, wurde hier auf der **Basis des Dekalogs** ein gemeinsamer Nenner der ethischen Prinzipien praktisch aller Religionen der Welt formuliert, der einen Ausweg aus den heutigen globalen Krisen in Politik, Wirtschaft und Ökologie aufzeigt:

> Wir erklären:
> Wir sind alle voneinander abhängig. Jeder von uns hängt vom Wohlergehen des Ganzen ab. Deshalb haben wir Achtung vor der Gemeinschaft der Lebewesen, der Menschen, Tiere und Pflanzen, und haben Sorge für die Erhaltung der Erde, der Luft, des Wassers und des Bodens.
> Wir tragen die individuelle Verantwortung für alles, was wir tun. All unsere Entscheidungen, Handlungen und Unterlassungen haben Konsequenzen.
> Wir müssen andere behandeln, wie wir von anderen behandelt werden wollen. Wir verpflichten uns, Leben und Würde, Individualität und Verschiedenheit zu achten, so dass jede Person menschlich behandelt wird – und zwar ohne Ausnahme. [...]

Wir betrachten die Menschheit als unsere Familie. [...] Niemand soll jemals als Bürger zweiter Klasse betrachtet oder behandelt oder, in welcher Weise auch immer, ausgebeutet werden. Es sollte eine gleichberechtigte Partnerschaft zwischen Mann und Frau geben. Wir dürfen keinerlei sexuelle Unmoral begehen. Wir müssen alle Formen der Herrschaft oder des Missbrauchs hinter uns lassen.
Wir verpflichten uns auf eine Kultur der Gewaltlosigkeit, des Respekts, der Gerechtigkeit und des Friedens. Wir werden keine anderen Menschen unterdrücken, schädigen, foltern, gar töten und auf Gewalt als Mittel zum Austrag von Differenzen verzichten.
Wir müssen nach einer gerechten sozialen und ökonomischen Ordnung streben, in der jeder die gleiche Chance erhält, seine vollen Möglichkeiten als Mensch auszuschöpfen. Wir müssen in Wahrhaftigkeit sprechen und handeln sowie mit Mitgefühl, indem wir mit allen in fairer Weise umgehen und Vorurteile und Hass vermeiden. Wir dürfen nicht stehlen. Wir müssen vielmehr die Herrschaft der Sucht nach Macht, Prestige, Geld und Konsum überwinden, um eine gerechte und friedvolle Welt zu schaffen.

Parlament der Weltreligionen: Erklärung zum Weltethos. Einführung. Tübingen o. J. [1993], S. 2 f.

5.3 Die Freiheit in Christus

Der christliche Glaube knüpft an das biblische Freiheitsverständnis des Volkes Israel an. Für das Christentum hat Jesus Christus die Menschen ein für allemal von *jeder* Unfreiheit erlöst.

5.3.1 Suche nach Freiheit – Erfahrung der Unfreiheit

Es gehört zu den Grunderfahrungen der Menschen, dass sie gerade dort, wo Freiheitserfahrungen möglich sind, auch unmittelbar Daseinsängste und Entfremdung erleben können: Die Freiheit weltweiter Kommunikation (z. B. Internet) wird überschattet von der Erfahrung der Manipulation; die Vielfalt des freien Marktes korrespondiert mit Konsumdruck und Kaufrausch; die Erfahrung der Selbstverwirklichung in eigener Arbeit und Leistung ist bedroht durch Leistungsdruck und die mögliche – oder reale – Arbeitslosigkeit; die sinnhafte Erfahrung des Glücks wird jäh abgebrochen durch Erfahrungen der Sinnlosigkeit; das Erleben der eigenen Autonomie wird absurd durch die Erfahrung, dass der Mensch „zur Freiheit verdammt" ist (JEAN-PAUL SARTRE, vgl. Bd. 1, S. 54–58), d. h. dass die Menschen unter dem Zwang stehen ihr Leben selbst rechtfertigen zu müssen.

5.3.2 Jesus Christus, der Befreier

Der christliche Glaube an die Befreiung der Menschen von jeder Unfreiheit ist eng mit der Person und der Botschaft Jesu Christi verbunden. Jesus selbst sieht sich ganz in der Tradition der Bundesordnung Israels. In der **Bergpredigt** knüpft er explizit an die Tora* an, indem er sagt:

> Denkt nicht, ich sei gekommen, um das Gesetz und die Propheten aufzuheben. Ich bin nicht gekommen, um aufzuheben, sondern um zu erfüllen. *Mt 5,17*

Dennoch erweist sich Jesus in den anschließenden **Antithesen** der Bergpredigt als souveräner Interpret des Befreiungsglaubens Israels. Beispielsweise führt er die alttestamentlich bereits angedeutete Weiterentwicklung des Vergeltungsgedankens gegenüber einem Verbrechen radikal fort, indem er die Überwindung von Vorurteilen und die Versöhnungsbereitschaft, ja sogar die Liebe zu den Feinden zum Maßstab des Reiches Gottes macht:

> 38 Ihr habt gehört, dass gesagt worden ist: Auge für Auge und Zahn für Zahn.
> 39 Ich aber sage euch: Leistet dem, der euch etwas Böses antut, keinen Widerstand, sondern wenn dich einer auf die rechte Wange schlägt, dann halt ihm auch die andere hin.
> 40 Und wenn dich einer vor Gericht bringen will, um dir das Hemd wegzunehmen, dann lass ihm auch den Mantel.
> 41 Und wenn dich einer zwingen will, eine Meile mit ihm zu gehen, dann geh zwei mit ihm.
> 42 Wer dich bittet, dem gib, und wer von dir borgen will, den weise nicht ab.
> 43 Ihr habt gehört, dass gesagt worden ist: Du sollst deinen Nächsten lieben und deinen Feind hassen.
> 44 Ich aber sage euch: Liebt eure Feinde und betet für die, die euch verfolgen,
> 45 damit ihr Söhne eures Vaters im Himmel werdet; denn er lässt seine Sonne aufgehen über Bösen und Guten, und er lässt regnen über Gerechte und Ungerechte.
> 46 Wenn ihr nämlich nur die liebt, die euch lieben, welchen Lohn könnt ihr dafür erwarten? Tun das nicht auch die Zöllner?
> 47 Und wenn ihr nur eure Brüder grüßt, was tut ihr damit Besonderes? Tun das nicht auch die Heiden?
> 48 Ihr sollt also vollkommen sein, wie es auch euer himmlischer Vater ist. *Mt 5,38–48*

In seiner gewissen-haften Auslegung des Willens Gottes in Wort und Tat zögert Jesus nicht, seine Jünger zu lehren, Gott als „Vater“ anzusprechen: „So sollt ihr beten: Unser Vater im Himmel, dein Name werde geheiligt“ (Mt 6,9). Damit ist in Jesus Christus erkennbar geworden, dass das „absolute Du“, dessen Anruf sich im Gewissen vernehmen lässt (vgl. S. 135), als „Vater“ angesprochen werden kann. Durch die Erfahrung, dass dieser Vater sich den Menschen zuwendet und sie in Liebe annimmt – auch wenn sie in Schuld verstrickt sind –, **werden die Einzelnen zu ihrer je eigenen Identität befreit.**

Aus der Erfahrung der Freiheit heraus können Christinnen und Christen die Welt bejahen; sie fühlen sich geradezu verpflichtet die **Welt aktiv zu gestalten** und sich **in solidarischer Liebe** für die Freiheitsrechte aller Menschen und für eine umfassende Gerechtigkeit einzusetzen, die – in der Nachfolge Jesu – besonders die Armen und Diskriminierten im Blick hat. Denn sie fühlen sich als neue Menschen, in denen die Gottebenbildlichkeit und die Erwählung des Volkes Gottes erst in ihrem vollen Sinn realisiert werden:

> 8 Jetzt aber sollt ihr das alles ablegen: Zorn, Wut und Bosheit; auch Lästerungen und Zoten sollen nicht mehr über eure Lippen kommen. 9 Belügt einander nicht; denn ihr habt den alten Menschen mit seinen Taten abgelegt 10 und seid zu einem neuen Menschen geworden, der nach dem Bild seines Schöpfers erneuert wird, um ihn zu erkennen. [...] 12 Ihr seid von Gott geliebt, seid seine auserwählten Heiligen*. Darum bekleidet euch mit aufrichtigem Erbarmen, mit Güte, Demut, Milde, Geduld! 13 Ertragt euch gegenseitig, und vergebt einander, wenn einer dem andern etwas vorzuwerfen hat. Wie der Herr euch vergeben hat, so vergebt auch ihr! 14 Vor allem aber liebt einander, denn die Liebe ist das Band, das alles zusammenhält und vollkommen macht. 15 In eurem Herzen herrsche der Friede Christi; dazu seid ihr berufen als Glieder des einen Leibes. Seid dankbar! [...] 17 Alles, was ihr in Worten und Werken tut, geschehe im Namen Jesu, des Herrn! Durch ihn dankt Gott, dem Vater! *Kol 4,8–10.12–15.17*

5.3.3 Die Freiheit der Kinder Gottes in der Theologie des Paulus

Immer wieder stellt der Apostel PAULUS in seinen Briefen die *Freiheit eines Christenmenschen* (MARTIN LUTHER) heraus: „Zur Freiheit hat uns Christus befreit" (Gal 5,1). Die **Befreiungstat Gottes im Christusereignis** ist demnach Ursache und Voraussetzung für die Freiheit der Christen. Christliche Freiheit ist geschenkte Freiheit. Durch das Wort und Werk Jesu Christi, durch sein Sterben und Auferstehen ist der Teufelskreis des Bösen durchbrochen und allen Menschen, die darauf vertrauen, die Freiheit der „Kinder Gottes" (Röm 8,16) gegeben: „Er [Gott] hat seinen eigenen Sohn nicht verschont, sondern ihn für uns alle hingegeben – wie sollte er uns mit ihm nicht alles schenken?" (Röm 8,32). Selbst der letzte Freiheitsfeind des Menschen, der Tod, ist überwunden:

> 38 Denn ich bin gewiss: Weder Tod noch Leben, weder Engel noch Mächte, weder Gegenwärtiges noch Zukünftiges, weder Gewalten 39 der Höhe oder Tiefe noch irgendeine andere Kreatur können uns scheiden von der Liebe Gottes, die in Christus Jesus ist, unserem Herrn. *Röm 8,38 f.*

Wenn man von dieser Grundposition des Paulus ausgeht, stellt sich die Frage nach der Ethik völlig neu und radikal: „Heißt das nun, dass wir sündigen dürfen, weil wir nicht unter dem Gesetz stehen, sondern unter der Gnade?" (Röm 6,15). Paulus beantwortet die Frage im Sinne Jesu: Die **Liebe** soll zur Grundlage menschlichen Seins und Handelns werden. Wer Jesus nachfolgt und aus der Liebe lebt, ist wirklich frei:

> 13 Ihr seid zur Freiheit berufen, Brüder. Nur nehmt die Freiheit nicht zum Vor-
> wand für das Fleisch, sondern dient einander in Liebe! 14 Denn das ganze
> Gesetz ist in dem einen Wort zusammengefasst: Du sollst deinen Nächsten lie-
> ben wie dich selbst! 15 Wenn ihr einander beißt und verschlingt, dann gebt Acht,
> dass ihr euch nicht gegenseitig umbringt. 16 Darum sage ich: Lasst euch vom
> Geist leiten, dann werdet ihr das Begehren des Fleisches nicht erfüllen. 17 Denn
> das Begehren des Fleisches richtet sich gegen den Geist, das Begehren des Geis-
> tes aber gegen das Fleisch; beide stehen sich als Feinde gegenüber, so dass ihr
> nicht im Stande seid, das zu tun, was ihr wollt. 18 Wenn ihr euch aber vom Geist
> führen lasst, dann steht ihr nicht unter dem Gesetz.
> 19 Die Werke des Fleisches sind deutlich erkennbar: Unzucht, Unsittlichkeit,
> ausschweifendes Leben, 20 Götzendienst, Zauberei, Feindschaften, Streit, Eifer-
> sucht, Jähzorn, Eigennutz, Spaltungen, Parteiungen, 21 Neid und Missgunst,
> Trink- und Essgelage und ähnliches mehr. Ich wiederhole, was ich euch schon
> früher gesagt habe: Wer so etwas tut, wird das Reich Gottes nicht erben. 22 Die
> Frucht des Geistes aber ist Liebe, Freude, Friede, Langmut, Freundlichkeit,
> Güte, Treue, 23 Sanftmut und Selbstbeherrschung; dem allem widerspricht das
> Gesetz nicht. 24 Alle, die zu Christus Jesus gehören, haben das Fleisch und
> damit ihre Leidenschaften und Begierden gekreuzigt. 25 Wenn wir aus dem
> Geist leben, dann wollen wir dem Geist auch folgen. 26 Wir wollen nicht prah-
> len, nicht miteinander streiten und einander nichts nachtragen. *Gal 5,13–26*

Freiheit erscheint von daher als **Gabe und Aufgabe.** Sie darf nicht zum Egoismus missbraucht werden. Gott schenkt in seiner Befreiungstat dem Menschen die Möglichkeit, sich aus dem Verhaftetsein an das eigene Ich zu lösen und sich in Freiheit für andere zu entscheiden. Außer der Ichfixierung sind aber auch Ichverlust und totaler Altruismus (Einsatz für andere unter völliger Aufgabe des eigenen Ichs) nicht dazu geeignet, ein Leben in Freiheit zu leben; denn Freiheit ist Freiheit der Liebe gegenüber Gott, den Mitmenschen und sich selbst:

> Zur Freiheit hat uns Christus befreit. Bleibt daher fest und lasst euch nicht von neuem das Joch der Knechtschaft auflegen! *Gal 5,1*

5.3.4 Die Freiheit als gebrochene Freiheit

Der christliche Freiheitsbegriff integriert die menschliche Erfahrung, dass bei allem Freiheitsbewusstsein die eigenen Kraftanstrengungen, das eigene Leben in Freiheit und Verantwortung zu gestalten sowie die Strukturen der Freiheit in der Gesellschaft zu realisieren, ungenügend bleiben; Freiheitsbewegungen sind gerade im 20. Jahrhundert immer wieder in Diktaturen umgeschlagen, in denen die Freiheit – etwa unter den Vorzeichen innerweltlich zu verwirklichender Zukunftsutopien (z. B. Leninismus, vgl. Bd. 1, S. 137 f.) – gewaltsam unterdrückt wurde: Die Menschen kennen das **Scheitern in der Freiheit.**

Auch für Paulus bleibt die Freiheit problematisch. Er formuliert in realistischer, selbstkritischer Einschätzung:

> 18 Ich weiß, dass in mir, das heißt in meinem Fleisch, nichts Gutes wohnt; das Wollen ist bei mir vorhanden, aber ich mag das Gute nicht zu verwirklichen.
> 19 Denn ich tue nicht das Gute, das ich will, sondern das Böse, das ich nicht will. [...] 24 Ich unglücklicher Mensch! *Röm 7,18 f. 24a*

Die Gefahr liegt darin, dass Menschen aus dieser Erfahrung die Konsequenz ziehen können, sich in **Fatalismus oder Resignation** zurückzuziehen. Für Paulus ist die Freiheit in ihrem Vollsinn nur in der Hoffnung auf ihre Vollendung in Gott zu realisieren (vgl. Bd. 1, S. 140 f.).

5.3.5 Die Freiheit über den Tod hinaus

Die Freiheit der Menschen steht unter dem **eschatologischen Vorbehalt***. Das macht Paulus im Römerbrief bewusst:

> 21 Auch die Schöpfung soll von der Sklaverei und Verlorenheit befreit werden zur Freiheit und Herrlichkeit der Kinder Gottes. 22 Denn wir wissen, dass die gesamte Schöpfung bis zum heutigen Tag seufzt und in Geburtswehen liegt.
> 23 Aber auch wir, obwohl wir als Erstlingsgabe den Geist haben, seufzen in unserem Herzen und warten darauf, dass wir mit der Erlösung unseres Leibes als Söhne offenbar werden. 24 Denn wir sind gerettet, doch in der Hoffnung.
> *Röm 8,21–24a*

Die Hoffnung, von der Paulus immer wieder schreibt, ist die Hoffnung auf die Vollendung des Reiches Gottes. Die Erwartung dieser Vollendung aber bewahrt einerseits vor resignativem Fatalismus, der das Engagement für Veränderungen verweigert; andererseits schützt die eschatologische* Hoffnung davor, an die „Machbarkeit der Welt“ zu glauben, wie sie von technologischen oder philosophischen Zukunftsutopien behauptet wird. Diese sind nicht selten mit einem Fanatismus verbunden, der die Freiheit aus eigener Kraft und womöglich mit Gewalt herbeiführen will. Die Freiheit der „Kinder Gottes“ befähigt stattdessen dazu, sich für eine **realistische Freiheit aller Menschen** in dieser Welt einzusetzen und offen zu bleiben für die **endgültige Zukunft Gottes.**

6 Schuld und Vergebung

Es gehört zu den leidvollen Erfahrungen der Menschen, dass sie in Schuld verstrickt sind und schuldig werden. Um Schuld und Schuldgefühle zu bewältigen entwickeln sie verschiedene Strategien. Christinnen und Christen glauben an die Befreiung von der Schuld durch Gott. Voraussetzungen für diese Erlösung sind Umkehr und Versöhnungsbereitschaft.

6.1 Schuld: Missbrauch der Freiheit

Die Menschen erleben immer wieder, dass sie schuldig werden, indem sie anderen **Unheil zufügen** oder sich gegenüber dem Anspruch des Guten verweigern **(Unterlassung des Guten),** z. B. bei folgenreicher Rücksichtslosigkeit im Straßenverkehr, bei Aggressionen oder bei unterlassenem Engagement im zwischenmenschlichen Bereich, bei Menschenrechtsverletzungen, im Verhalten gegenüber der Umwelt.

Meist ist **Egoismus** die Ursache für das Schuldigwerden: Die Freiheit des Einzelnen wird missbraucht auf Kosten des Nächsten. In der Folge sind die notwendigen Beziehungen der menschlichen Solidargemeinschaft in Gefahr oder werden zerstört.

Menschen erleben sich nicht nur als Individuen, die durch ihr Verhalten Schuld auf sich laden; sie erfahren sich auch in **struktureller Schuld** verstrickt, bei welcher der Schuld-Anteil des Einzelnen kaum oder überhaupt nicht zu definieren ist, z. B. die ungerechte Weltwährungsordnung und die davon abhängigen ungerechten Weltwirtschaftsstrukturen, die für den Hungertod Tausender von Menschen verantwortlich sind. Die christliche Tradition spricht hier von **„Erbschuld“,** was zum Ausdruck bringt, dass ein Mensch in schuldhafte Verhältnisse hineingeboren wird ohne persönlich etwas dafür zu können.

6.2 Perspektiven der Schuld

Folgende Perspektiven der Schuld können unterschieden werden:

- **Juristische Schuld** liegt vor, wenn gegen ein Gesetz verstoßen wurde und dieser Verstoß durch eine rechtskräftige Verurteilung juristisch geahndet wird (z. B. Raub im Sinne des StGB).

- **Soziologisch** wird von Schuld gesprochen, wenn ein Verhalten vorliegt, zu dessen Verurteilung zwar kein oder noch kein Gesetz existiert, das aber von der Gesellschaft nicht akzeptiert wird (z. B. das Spinnen einer familiären Intrige).
- Aus der Sicht der **Psychotherapie** ist das Schuldgefühl eines Menschen oft Ursache für eine seelische Erkrankung (z. B. psychische Belastung durch Verursachung eines Verkehrsunfalls mit schweren Folgen). Bei manchen psychotherapeutischen Ansätzen wird das Schuldgefühl prinzipiell als krankhaft und als vom Einzelnen letztlich nicht zu verantworten betrachtet, so dass die objektive Realität der Schuld bestritten wird: Die Menschen müssten von ihren Schuldgefühlen befreit werden, weil die Schuldgefühle in Wirklichkeit von außen introjiziert seien. – Andere Psychotherapien versuchen die Hilfe dadurch zu geben, dass sie den Betroffenen eine Identitätserfahrung in der Anerkennung der Schuld ermöglichen. Ziel dieser Psychotherapie ist die Befreiung der Menschen durch die Eröffnung neuer Spielräume des Handelns nach der Erfahrung von Schuld.
- **Ethisch** liegt Schuld vor, wenn sich der Mensch vor seinem eigenen Gewissen als schuldig erfährt (subjektive Schulderfahrung) und wenn gegen anerkannte ethische Werte und Normen verstoßen wird (objektive Schuld). Die subjektive Schulderfahrung ist allerdings auch dann möglich, wenn objektiv keine Schuld vorliegt. Umgekehrt kann eine objektive Schuld vorliegen, ohne dass der Betreffende ein Schuldgefühl verspürt.

  Voraussetzungen einer **persönlich zu verantwortenden Schuld** sind die Freiheit von äußeren und inneren Zwängen, die Einsicht in die moralische Verwerflichkeit des Verhaltens, der Wille zur Verursachung des Bösen sowie die Erkenntnis der bösen Folgen des Verhaltens.

6.3 Schuld und Sünde

Kain

Aus der Sicht des Gottesglaubens ist jede Schuld vor Gott zu verantworten. Was vor Gott als Schuld anzusehen ist, weil es sich aus Selbstmächtigkeit gegen die Liebe Gottes und seine Weisung zum Heil wendet, ist Sünde.
Das Wort „Sünde" meint im biblischen Verständnis die Ab-*sond*erung von Gott. Die **eigentliche Sünde** besteht demnach für die Bibel darin, sich von Gott abzuwenden, nicht auf Gott zu vertrauen, ihm nicht zu glauben, sondern ihm im Gegenteil zu misstrauen und sich an seine Stelle setzen zu wollen. Alle *Sünden* des Menschen sind die Folgen dieser einen *Ur Sünde*. In dem Augenblick, wo der Mensch den Heilszusammenhang mit Gott durch sein Misstrauen zerstört, bringt er das Unheil in die Welt.

An drei **Sündenfallerzählungen der Bibel** lässt sich das biblische Verständnis der Sünde explizieren:

- **Adam und Eva** entwickeln in der Sündenfallerzählung von Genesis 3 Misstrauen gegenüber der Liebe Gottes. Sie vertrauen Gott nicht, wenn er sie durch das Verbot, vom Baum der Erkenntnis zu essen, von der Überschreitung der Grenzen ihrer Freiheit warnen möchte. Im Gegenteil: Sie überschreiten ihre Freiheit bewusst, sie leugnen und projizieren jedoch anschließend ihren Verstoß gegen Gottes Heilsordnung. Die Folge ihrer Sünde ist die Entfremdung des Menschen von Gott (die Vertreibung aus dem Paradies) und von der Natur („So ist verflucht der Ackerboden deinetwegen. Unter Mühsal wirst du von ihm essen alle Tage deines Lebens" [Gen 3,17]).
- **Kain** entwickelt in der Sündenfallerzählung Gen 4,1–16 Misstrauen gegenüber Gott und gegenüber seinem Bruder ABEL. Dass Gott das Opfer Abels annimmt, sein eigenes aber nicht, ist für ihn Anlass zum Brudermord. Er ver-

gewaltigt nicht nur die Freiheit und das Lebensrecht seines Bruders; er überschreitet gleichzeitig die Grenzen seiner eigenen Freiheit, die da endet, wo die Freiheit des Bruders beginnt. Indem er auf den Gewissensanruf „Wo ist dein Bruder Abel?“ antwortet: „Bin ich der Hüter meines Bruders?“ (Gen 4,9), entfremdet er sich auch von sich selbst, weil er das Menschlichsein des Menschen, das Humane, leugnet.

- Die Sündenfallerzählung vom **Turmbau zu Babel** (Gen 11,1–9) schließlich ist eine Parabel von der Selbstüberheblichkeit und Selbstvergötzung des Menschen. Der Turm ist Symbol dafür, wie die Menschen ihren Freiraum in der Vertikale überschreiten und sozusagen in den Raum Gottes hinein expandieren wollen: „Auf, bauen wir uns eine Stadt und einen Turm mit einer Spitze bis zum Himmel, und machen wir uns damit einen Namen“ (Gen 11,4). Die letzte Wendung dieser Aufforderung enthält eine Kampfansage an Gott selbst, dessen Name über alle Namen ist (vgl. Phil 2,9). So setzt sich der Mensch in der Turmbau-Erzählung bedingungslos autonom und verweigert die Anerkennung der göttlichen Norm. Damit sondert er sich von Gott ab und zerstört den Heilszusammenhang von Gott, Welt und Mensch. Die Konsequenz ist eine fundamentale Zerstörung der weltweiten Sozialbezüge im Unverständnis der Menschen untereinander. In der Zerstreuung und im Sprachenwirrwarr kommt die Entfremdung der Menschen voneinander zum Ausdruck.

Bei all dem ist zu beachten, dass die Menschen trotz aller Entfremdung **nicht von Gott verlassen** sind. Gott ist es, der ADAM und EVA bekleidet (Gen 3,21) und der dem Brudermörder KAIN das „Kainsmal“ als Zeichen seines Schutzes auf die Stirn gibt: „Der Herr aber sprach zu ihm: Darum soll jeder, der Kain erschlägt, siebenfacher Rache verfallen. Darauf machte der Herr dem Kain ein Zeichen, damit ihn keiner erschlage, der ihn finde“ (Gen 4,15). In diesen Bildern drückt sich der Glaube der Bibel aus, dass Gott den Menschen selbst dann noch treu bleibt, wenn diese die Treue gebrochen haben, so dass der Weg zur Versöhnung mit Gott immer offen bleibt.

6.4 Der Umgang mit der Schuld

Im Umgang mit der Schuld entwickeln die Menschen verschiedene „Strategien“:

- Schuld kann prinzipiell **geleugnet** werden, indem man sich der Schuld durch eine bewusste Lüge entzieht („Das war ich nicht!“).
- Schuld kann auch **verdrängt** werden, so dass sie nicht wahrgenommen wird (z. B. durch Totschweigen).
- Sehr häufig ist die **Projektion** der Schuld auf andere („Der hat aber ...!“ – „Die sollen doch erst mal ...!“). Hierbei werden nicht selten eigene Defizite und ungelöste eigene Probleme auf andere übertragen.
  Eine besondere Form der Schuldprojektion ist der **Sündenbockmechanismus,** bei dem in einer Gruppe ein Schuldiger gesucht wird, den man ausstößt um sich anschließend von der Schuld befreit zu fühlen.
- Gelegentlich findet sich ein Entschuldigungsmechanismus vor, der bis zum **Unschuldswahn** gesteigert ist („Schuld sind immer die anderen, das Milieu, die Gesellschaft!“).
- Schuld kann aber auch **angenommen** werden, indem die Verfehlung eingesehen wird.
- Problematisch wäre allerdings eine **Verabsolutierung** der Schuld, die eine Ausweglosigkeit ohne Hoffnung auf Vergebung implizieren würde. Am Ende stünde hierbei nicht selten Verzweiflung.

Die verschiedenen Möglichkeiten des Umgangs mit der Schuld spiegeln sich auch in den **biblischen Texten:**

- So geht der Begriff **„Sündenbock“** auf einen alten Ritus des Volkes Israel zurück, der am Versöhnungstag vom Hohenpriester vollzogen wurde:

> 20 Hat er [Aaron] so die Entsühnung des Heiligtums, des Offenbarungszeltes und des Altars beendet, soll er den lebenden Bock herbringen lassen. 21 Aaron soll seine beiden Hände auf den Kopf des lebenden Bockes legen und über ihm alle Sünden der Israeliten, alle ihre Frevel und alle ihre Fehler bekennen. Nachdem er sie so auf den Kopf des Bockes geladen hat, soll er ihn durch einen bereit stehenden Mann in die Wüste treiben lassen, 22 und der Bock soll alle ihre Sünden mit sich in die Einöde tragen. *Lev 16,20–22*

- In der **Sündenfallerzählung** Gen 3 (s. o.) schiebt ADAM, als er von Gott nach den Fakten befragt wird, die Schuld auf EVA; diese projiziert sie auf die Schlange.
- In der Beispielerzählung vom Pharisäer und vom Zöllner (Lk 18,9–14) kritisiert **Jesus** den Pharisäer scharf, weil dieser seine eigene Schuldigkeit leugnet und gleichzeitig im Zöllner die Projektion seiner eigenen Verfehlungen sieht:

„Der Pharisäer stellte sich hin und sprach leise dieses Gebet: Gott, ich danke dir, dass ich nicht wie die anderen Menschen bin, die Räuber, Betrüger, Ehebrecher oder auch wie dieser Zöllner dort“ (Lk 18,11).
In der Bergpredigt mahnt Jesus: „Warum siehst du den Splitter im Auge deines Bruders, aber den Balken in deinem Auge bemerkst du nicht?“ (Mt 7,3).

6.5 Schuldbewältigung und Schuldvergebung

Um Schuld richtig aufarbeiten zu können, muss der schuldig gewordene Mensch **zur Tat stehen,** d. h. die ehrliche Verantwortung für sein Versagen übernehmen, und schließlich eine möglichst weitgehende **Wiedergutmachung** leisten. Sich selbst vergeben kann er jedoch nicht. Wenn er das versucht, bleibt er ausweglos in seiner Schuld gefangen. Die **Absolution** (‚Er-lösung‘) von der Schuld kann nur in der Vergebung durch andere – möglichst durch die von seinem schuldhaften Verhalten Betroffenen – erreicht werden.

6.5.1 Versöhnung mit den Menschen – Versöhnung mit Gott

Aus der Perspektive des christlichen Glaubens ist die **Versöhnung** das Ziel der Schuldbewältigung. Versöhnung beginnt dadurch, dass man zur eigenen Schuld steht (Reue) und sie ausspricht **(Schuldbekenntnis).** Weil alle Menschen in Schuld verstrickt sind, verlangt der Glaube von allen die Bereitschaft zur Vergebung, damit Versöhnung erreicht werden kann. Als Maßstab der Vergebung gilt die **Liebe,** mit der Gott die Menschen in Jesus Christus liebt:

> 26 Lasst euch durch den Zorn nicht zur Sünde hinreißen! Die Sonne soll über eurem Zorn nicht untergehen. [...] 32 Seid gütig zueinander, seid barmherzig, vergebt einander, weil auch Gott euch durch Christus vergeben hat. *Eph 4,26.32*

Letztlich sind die Menschen in ihrem Bemühen um Wiedergutmachung und Versöhnung **auf Gott angewiesen:** In der Bewältigung einer nicht wieder gutzumachenden Verfehlung, in der Umkehr vom Weg des Bösen, in der wahren Versöhnung mit den Menschen und der Welt ist Gott selbst am Werk, der die Liebe ist (vgl. 1 Joh 4,8) und den Menschen auch in seiner Schuld annimmt. In Gott, dem Inbegriff des Heils und Grund des sittlichen Anspruchs, werden Vergebung und Wiedergutmachung (Sühne) in ihrem vollen Sinn geschenkt. So, wie der Mensch sich von Gott absondert in der Sünde, so kehrt er zu Gott zurück in Reue und Sühne.

Der Ausdruck dieser Verwiesenheit der Menschen auf Gott ist das **Gebet.** Das „Vater unser" des Matthäus-Evangeliums spricht in seiner Mitte über die Zusammenhänge von Schuld und Vergebung:

> 9 So sollt ihr beten:
> Unser Vater im Himmel,
> dein Name werde geheiligt,
> 10 dein Reich komme,
> dein Wille geschehe
> wie im Himmel, so auf der Erde.
> 11 Gib uns heute das Brot, das wir brauchen.
> 12 Und erlass uns unsere Schulden,
> wie auch wir sie unseren Schuldnern erlassen haben.
> 13 Und führe uns nicht in Versuchung,
> sondern rette uns vor dem Bösen.
> 14 Denn wenn ihr den Menschen ihre Verfehlungen vergebt, dann wird euer himmlischer Vater auch euch vergeben. 15 Wenn ihr aber den Menschen nicht vergebt, dann wird euch euer Vater eure Verfehlungen auch nicht vergeben.
> *Mt 6,9–15*

Das Gebet allein reicht nach dem Selbstverständnis des „Vater unsers" nicht aus: Ohne das **gute Werk,** den Schuldnern die Schulden erlassen zuhaben (Vers 12), ist die Bitte um die Vergebung Gottes gegenstandslos.

6.5.2 Die Pflicht zur Versöhnung

Für Jesus ist die Versöhnung eine Pflicht der Menschen. Um sie zu erreichen soll die Vergebung ausgesprochen großzügig erfolgen:

> 21 Da trat Petrus zu ihm und fragte: Herr, wie oft muss ich meinem Bruder vergeben, wenn er sich gegen mich versündigt? Siebenmal? 22 Jesus sagte zu ihm: Nicht siebenmal, sondern siebenundsiebzigmal. *Mt 18,21 f.*

Jesus begründet seine Forderung zur Versöhnung im anschließenden Gleichnis vom unbarmherzigen Gläubiger (Mt 18,23–35) damit, dass Gott aus Erbarmen die Schuld der Menschen erlassen hat; er verlangt aber von den Schuldnern untereinander dasselbe Erbarmen. Wer die Vergebung gegenüber einem anderen verweigert, verspielt die Vergebung durch Gott.

6.5.3 Versöhnung als Auftrag und Dienst der Kirche

Es gehört zu den wesentlichen christlichen Glaubensinhalten, dass Jesus Christus in seinem stellvertretenden Tod (als „Lamm Gottes“) die Welt mit Gott versöhnt hat. Die Kirche als **Gemeinschaft der Erlösten** versteht sich als von Jesus Christus beauftragt, diese Erlösungswirklichkeit in der Welt sichtbar und greifbar zu machen.

Formen der Versöhnung

In erster Linie realisiert die Kirche die Versöhnung im **Vorleben** der Erlösungswirklichkeit, z. B. durch Versöhnung einzelner Menschen untereinander oder durch Werke der **Nächstenliebe,** etwa durch Hilfe für Notleidende. Darüber hinaus ist jedes Gespräch mit Gott, worin die eigene Unvollkommenheit zum Thema wird, z. B. im Lesen der Heiligen Schrift oder im **Gebet,** eine Gelegenheit sich mit Gott zu versöhnen. In der **Bußfeier** sucht die kirchliche Gemeinschaft nach einer Neuorientierung im gemeinsamen Bekenntnis der Schuld und in der Erfahrung der gegenseitigen Versöhnungsbereitschaft.
Die **Sakramente** (vgl. S. 81 ff.) drücken in vielfältiger Hinsicht Versöhnung aus, weil sie von Jesus Christus und seinem heilbringenden Handeln her begründet sind: die Taufe als Besiegelung der Umkehr, die Firmung als Befestigung des versöhnten Verhältnisses zwischen Gott und Mensch, die Eucharistie als Zeichen der stellvertretenden Hingabe Jesu Christi und als Zeichen der versöhnten Tischgemeinschaft, die Ehe als Ausdruck der Liebe zwischen zwei Menschen und der ständig zu versöhnenden Gemeinschaft.

Das Sakrament der Buße

Das eigentliche Sakrament der Versöhnung ist das Bußsakrament. In der Form der **Beichte** spendet der Priester als Bevollmächtigter Jesu Christi und der Kirche das Zeichen der gnadenhaften Vergebung der Sünden. Folgende Elemente gehören zur Feier des Bußsakraments:

- die Umkehr (Bekehrung) als Impuls zur Neuorientierung des Lebens am Willen Gottes;
- die Reue als Ausdruck der „metanoia“ (‚Verwandlung‘) des ganzen Menschen;
- das Schuldbekenntnis („Beichte“ des Einzelnen gegenüber dem Priester als dem Repräsentanten der Gemeinde) auf Grund der Gewissenserforschung;

- die Genugtuung (Buße) zur Wiedergutmachung des Vergehens – wo das möglich ist – und zur Erneuerung des Lebens;
- die Lossprechung (Absolution) von den Sünden durch Gott in der sakramentalen Zeichenhandlung des Priesters (Gebetsformel und Kreuzzeichen).

Gottesdienst und Geschwisterdienst im Dienst der Versöhnung

Für Jesus Christus ist jeder **Gottesdienst** sinnlos, wenn nicht die Versöhnung vorausgegangen ist:

> 23 Wenn du deine Opfergabe zum Altar bringst und dir dabei einfällt, dass dein Bruder etwas gegen dich hat, 24 so lass deine Gabe vor dem Altar liegen; geh und versöhne dich zuerst mit deinem Bruder, dann komm und opfere deine Gabe. *Mt 5,23 f.*

Kult ohne Auswirkung im Leben ist wertlos. Dies gilt auch für den Zusammenhang von Gottesdienst und Geschwisterdienst (vgl. S. 80 ff.): Die Kirche ist nur glaubwürdig, wenn sie sich für die **Aussöhnung zwischen Gruppen und Völkern** einsetzt. Der Friede Christi („Pax Christi") verlangt aber als Voraussetzung die Befreiung der Armen und Entrechteten sowie die soziale Gerechtigkeit.

Oft genug ist die Kirche selbst ein Bild für Zerrissenheit und Verhärtung. Als Gemeinschaft der Sünder muss sie selbst immer wieder umkehren und sich aus dem Geist Jesu erneuern (vgl. S. 61, 63 f., 70) um ihren Dienst an der Einheit und der Versöhnung der Menschen erfüllen zu können:

> Wenn wir so verstärkt aus dem Geist der Versöhnung leben, dann wird sich bei uns immer mehr eine Atmosphäre des Friedens verbreiten. Dann wird in unseren Familien, Gemeinden und kirchlichen Verbänden ein Lebensstil der Ehrfurcht vor Gott und des hilfsbereiten Miteinander bestimmend sein. Wo dies schon der Fall ist, haben wir Grund, Gott zu danken. Wo wir es vermissen, bitten wir Gott um die Gnade solch versöhnenden Handelns. Dann wird Neues, für andere Menschen Unerwartetes in unserem Lebensstil aufleuchten. So werden dann in der Kirche immer mehr Orte entstehen und Gemeinschaften leben, von denen man mit den Worten des Kolosserbriefes im vollen Sinn sagen kann, dass „der Friede Christi in ihnen herrscht" (Kol 3,15).
>
> *Erzbischof Oskar Saier: Versöhnung als Lebensvollzug der Kirche und als Element des christlichen Lebens. Fastenhirtenbrief 1984. In: Amtsblatt der Erzdiözese Freiburg Nr. 7/1984, S. 202*

Aufgaben

11. Erklären Sie, weshalb die Freiheitsrechte zu den grundlegenden Menschenrechten gehören.

12. Vergleichen Sie das Normverständnis des Alten (Ersten) Testaments mit dem des Neuen Testaments.

13. Zeigen Sie am Beispiel eines Gewissenskonflikts, auf welche Weise das Gewissen normschöpferisch wirken kann.

14. Grenzen Sie die Begriffe Schuld und Sünde gegeneinander ab und untersuchen Sie, inwiefern die Versöhnung mit Gott die Versöhnung mit den Menschen einschließt.

15. Nehmen Sie Stellung zum Ausspruch des heiligen AUGUSTINUS:
„Liebe – und tu, was du willst!"

Lösungen

1. Naturwissenschaft und Geisteswissenschaft erschließen verschiedene Zugänge zur komplexen Wirklichkeit. Sie entwickeln dafür spezifische Methoden um jeweils allgemeingültige Aussagen machen zu können. Während die Naturwissenschaft den Anspruch erhebt, **objektiv** gültige Ergebnisse zu gewinnen, bezieht die Geisteswissenschaft ausdrücklich den Kontext des erkennenden **Subjekts** in ihre Aussagen ein.

- Die naturwissenschaftliche Erkenntnismethode ist **empirisch,** d. h. sie versucht auf der Basis von Beobachtung und Experiment Ergebnisse zu gewinnen, die jeder andere unter den gleichen Voraussetzungen ebenso finden kann. Eine wichtige Rolle spielt die quantitative Messbarkeit der Daten und die Verknüpfung der Ergebnisse im Sinne der kausalen Logik (Ursache-Folge-Prinzip).
- Eine Methode der Geisteswissenschaft ist die **Hermeneutik,** die das Verstehen als Prozess begreift, in welchem die verschiedenen Beziehungen zwischen dem erkennenden Subjekt und dem zu erkennenden Objekt in ihrer Interaktion berücksichtigt werden.
- Während die Naturwissenschaft **induktiv** vorgeht, indem sie von konkreten Beobachtungen ausgeht und sie unter schrittweiser Verifizierung einzelner Aussagen bis hin zur Theorie bzw. zum vollständigen Denkmodell verallgemeinert, ist die Hermeneutik **ganzheitlich,** d. h. sie begreift ihre Aussagen als Erkenntnis-Urteile über menschliche Geistesäußerungen als Ganze, also auch in deren Entstehungskontext. Indem die Hermeneutik die einmal gewonnenen Urteile ständig reflektiert, erzeugt sie einen „hermeneutischen Zirkel", worin ein Urteil immer wieder Vor-Urteil für ein neu zu gewinnendes Erkenntnis-Urteil darstellt.
- Ziel der Naturwissenschaft ist die möglichst detaillierte **Sacherkenntnis;** die Hermeneutik strebt dagegen **Sinnerkenntnis** an, so dass in ihr ausdrücklich Wertigkeiten zur Sprache kommen, welche die Naturwissenschaft gerade ausklammert: ethische, ästhetische, politische, religiöse Qualitäten. Die naturwissenschaftliche Methode ermöglicht die **technische Anwendung** ihrer Erkenntnisse, während die Hermeneutik in **künstlerisches bzw. politisches Handeln** einmünden kann.

In der heutigen „vernetzten" Welt ist es mehr denn je notwendig, dass die Erkenntnisse der verschiedenen Methoden in eine Zusammenschau gebracht werden, damit die großen Herausforderungen der Menschheit zu bewältigen sind. Zugleich lässt sich im Entdecken der vielfältigen Ordnung des Ganzen eine religiöse Erfahrung machen: Die Faszination der Schöpfung könnte eine Ahnung von der schöpferischen Kraft und der letzten Sinnhaftigkeit vermitteln, die mit dem Glauben an Gott korrespondiert.

2. Das Urvertrauen ist nach ERIK H. ERIKSON eine fundamentale Voraussetzung für die Bewältigung des Daseins. Das grundlegende Vertrauen in die Mitmenschen, in die Umwelt und in sich selbst besitzt auch eine religiöse Dimension. Das Gefühl des Sich-Verlassen-Dürfens „in Bezug auf die Glaubwürdigkeit anderer wie die Zuverlässigkeit seiner selbst" hat seine Entsprechung in den biblischen Aussagen, dass das Vertrauen der **wesentliche Aspekt des Glaubens** an Gott darstellt. Umgekehrt ist der „treue Gott" erst die wirkliche Basis für ein Vertrauen in die Wirklichkeit, denn im absolut vertrauenswürdigen Gott findet das Urvertrauen seine wahre Bezugsperson.
Die biblische Gestalt des ABRAHAM verkörpert den **bedingungslosen Glauben,** der den ganzen Menschen umfasst. Er vertraut selbst da noch auf Gott, wo er dessen Weg nicht mehr versteht, etwa als Gott von ihm verlangt den lange ersehnten Sohn ISAAK zu opfern. Schon bei seinem ersten Aufbruch aus dem Vaterhaus lässt er sich ganz auf Gottes Verheißung ein, „fest überzeugt, dass Gott die Macht besitzt zu tun, was er verheißen hat" (Röm 4,21). D. h. Abraham vertraut sich Gott als seiner absoluten Bezugsperson an und gewinnt aus diesem Vertrauen die Glaubensgewissheit, die sein Verhältnis zu den Mitmenschen (z. B. zu seiner Frau SARA), zur Umwelt (etwa in der Erwartung des Landes, das Gott ihm zeigen wird) und zu sich selbst (in seiner Identität als Stammvater eines großen Volkes) grundlegend prägt. Der vertrauende Glaube gibt Abraham eine solche Sicherheit, dass er sich auf die Zumutung Gottes einlässt und sich auf den ungesicherten Weg macht.
Durch die Schlüsselstellung Abrahams in den biblischen Erzählungen wird seine Form des Glaubens, nämlich der ursprüngliche Vertrauglaube im Sinne des Urvertrauens, zu *der* Weise des Glaubens, welche die Bibel den Menschen als Vorbild empfiehlt.

3. Jesus Christus ist die Mitte des christlichen Glaubens. Davon spricht das Neue Testament in vielfältigster Weise. Im Hebräerbrief wird Jesus Christus am Ende einer langen Liste von Glaubenszeugen des Alten (Ersten) Testaments genannt, welche die Gläubigen wie eine „Wolke von Zeugen umgibt"

(Hebr 12,1). Er selbst aber ist der „Urheber und Vollender des Glaubens", indem er das Kreuz auf sich genommen und sich zur Rechten Gottes gesetzt hat (vgl. Hebr 12,2). Folgende Implikationen sind damit verbunden:

- Jesus Christus hat den **Glauben exemplarisch vorgelebt.** In der Offenheit auf Gottes Anruf, in seiner zustimmenden Antwort, in der Vergewisserung angesichts aufkommender Zweifel (etwa im Garten Getsemani) sowie im letzten vertrauenden Gehorsam auf seinem Weg ans Kreuz hat sein Glaube all das vereint, was die biblischen Glaubenszeugen vorgelebt hatten.
- Jesu Sterben am Kreuz und seine Auferstehung sind der unvergängliche Grund der christlichen **Hoffnung auf das ewige Leben.** Er ist vorangegangen um im Haus des Vaters eine Wohnung zu bereiten (vgl. Joh 14,2). So erschließt er eine absolute Zukunft, in der das Heil Gottes endgültig verwirklicht – und damit auch der Glaube vollendet ist.
- In der Auferweckung Jesu hat Gott seine Sendung bestätigt und Jesus Christus in der Sohnschaft erhöht. Von daher erscheint das Leben des irdischen Jesus im neuen Licht: In ihm ist eine **einzigartige Selbstoffenbarung Gottes** erfolgt; in Jesus ist Gott Mensch geworden und hat sich damit endgültig mit den Menschen solidarisiert.
- Als der Mensch gewordene und auferstandene Sohn Gottes ist Jesus Christus von Raum und Zeit entgrenzt (vgl. die Worte des *Nizäno-Konstantinopolitanums:* „aus dem Vater geboren vor aller Zeit") und kann so jedem Menschen in der Geschichte **personal begegnen.** Auf diese Weise wird Jesus Christus im Sinne des „fides qua" (‚Glaube, aufgrund dessen geglaubt wird') zum Urheber des Glaubens.

4. Die **pränatale Diagnostik** ist heute bereits so weit entwickelt, dass wesentliche Aussagen über die genetische Konstitution eines Menschen schon nach den ersten Zellteilungen des Embryos gemacht werden können. Besonders wenn die Zeugung außerhalb des Mutterleibs – etwa bei der IVF („In-vitro-Fertilisation", d. h. Zeugung im Reagenzglas) – stattgefunden hat, ist eine Zellentnahme zur Gendiagnose anscheinend problemlos möglich. Je weiter die Entschlüsselung des genetischen Codes voranschreitet, um so genauer kann schon in diesem äußerst frühen Stadium der menschlichen Existenz bestimmt werden, welches Geschlecht, welches Aussehen, welche geistigen Fähigkeiten oder welche Anfälligkeiten für Krankheiten dieser Mensch einmal haben wird.

Diese umfassenden Erkenntnisse aus der pränatalen Diagnostik werfen grundlegende **Probleme** auf:

- Soll ein menschlicher Embryo eventuell deswegen nicht in die Gebärmutter eingepflanzt bzw. abgetrieben werden, weil er die genetische Ausstattung für bestimmte Krankheiten besitzt? Inwieweit erfüllen die künftig möglichen Aussagen der pränatalen Diagnostik die Bedingungen einer eugenischen Indikation für die Straffreiheit der Abtreibung? Muss der Abtreibungsparagraph 218 StGB in diesem Bereich nicht neu gefasst werden?
- Mit der steigenden Bedeutung der pränatalen Diagnostik auf der Basis der ersten embryonalen Zellteilungen verschärft sich die Frage nach dem genauen Zeitpunkt für den Beginn des menschlichen Lebens, von dem an das Leben unter grundgesetzlich verankertem Schutz steht: die Zeugung oder die Einnistung des Embryos in die Gebärmutter?
- Soll durch die Möglichkeiten der pränatalen Diagnostik in Zukunft die „In-vitro-Fertilisation“ propagiert werden, um eine „gentechnische Selektion“ der Nachkommenschaft zu ermöglichen? Soll diese Möglichkeit künftigen Eltern zumindest offen stehen? Welche Rolle würde eine solcherart verwendbare pränatale Diagnostik in diktatorischen Staaten spielen (vgl. GEORGE ORWELLS Roman *1984*)? Welche Rolle spielt sie schon heute in Ländern, in denen Eltern unter dem gesellschaftlichen Druck stehen, eine männliche Nachkommenschaft vorweisen zu müssen?
- Welcher Entscheidungsdruck wird auf künftige Eltern zukommen, wenn eine gesellschaftliche Akzeptanz der „gentechnischen Selektion“ eintreten sollte? Welche neue Stufe der Diskriminierung könnte auf behinderte Menschen treffen, wenn die Gesellschaft zur Überzeugung gelangen würde, dass man „solche Kinder nicht mehr bekommen“ müsse? Nach welchen Kriterien würde welche Instanz definieren, welches Leben „lebenswert“ sei?

Die Diskrepanz zwischen dem medizinisch-technisch Machbaren und dem ethisch Verantwortbaren wird im Bereich der pränatalen Diagnostik ständig größer. Es ist dringend notwendig, dass Normen gefunden und definiert werden, die sich an grundlegenden menschlichen Werten orientieren. Das **biblisch-christliche Menschenbild** kann zur Beschreibung dieser Werte wesentlich beitragen:

- Die Menschen sind Geschöpfe Gottes, denen Gott zwar Verantwortung für die Gestaltung der Welt übertragen hat, die jedoch **keine letzte**

Verfügung über Leben und Tod anderer Menschen haben. Diese ist allein Gott vorbehalten. Wenn Menschen sich das Recht nehmen, den Lebenswert eines menschlichen Lebens zu definieren, überschreiten sie ihre Kompetenz. Eine „gentechnische Selektion" ist von daher aus christlicher Sicht klar abzulehnen.

- Alle Menschen sind Geschöpfe Gottes, denen dieselbe Würde zusteht. Das menschliche Leben muss daher unter den **höchsten gesellschaftlichen Schutz** gestellt werden – und zwar um so mehr, je stärker das einzelne Lebewesen anderen schutzlos ausgeliefert ist.
- Das christliche Menschenbild betont in besonderer Weise, dass das **Leiden ein wesentliches Merkmal des Menschseins** ist, das zwar nach Kräften gelindert werden muss, das aber letztlich nicht aus der Welt zu schaffen ist; endgültig wird es erst aufgehoben in Gott, der sich im Leiden seines Sohnes mit dem Leid der Menschen zutiefst solidarisiert. Eine Haltung, die über das Leid eines Menschen sagt, es wäre besser gewesen, dass dieser Mensch gar nie gelebt hätte, ist daher äußerst unmenschlich. Immer wieder berichten beispielsweise Angehörige von Behinderten über glückliche und bereichernde Momente im Zusammenleben; sie werden den Gedanken energisch von sich weisen, ihrem Kind die Möglichkeit zu leben lieber nicht gegeben zu haben.

5. Unter **Grenzüberschreitung** versteht man die Überschätzung der eigenen Methode, wobei man ihre Grenzen missachtet und sie auf Dimensionen der Wirklichkeit anwendet, für die sie aus der Definition der Methode heraus gar keine Aussagen machen kann.
Beim vorliegenden Text besteht die Grenzüberschreitung in der **Übertragung eines physikalischen Denkmodells auf den Schöpfungsglauben.** Die vom Ansatz her völlig verschiedenen Zugänge zur Wirklichkeit werden vor allem begrifflich eng verknüpft, indem Begriffe der Naturwissenschaft – in Form von Klammer-Erklärungen – die Begriffe des Schöpfungsglaubens ersetzen: Schöpfung (Urknall), Gott (Energie), Weltuntergang (Kontraktion des Weltalls), neue Schöpfung (Pulsation des Weltalls). Auf diese Weise wird die Vorstellung erzeugt, dass die Schöpfung nichts anderes sei als ein naturwissenschaftlich erforschbarer und teilweise bereits beschreibbarer Vorgang. Gleichzeitig erscheint Gott als ein innerweltliches bzw. innerkosmisches Phänomen, das zur Natur gehöre.
Zwar kennzeichnet der Text seine Überlegungen als „Spekulation" (Z. 1) und verwendet in der weiteren Darstellung den Konjunktiv. Dennoch wird

die Tendenz deutlich, dass der Schöpfungsglaube in ein **Weltbild** integriert werden soll, welches **allein von den Naturwissenschaften geprägt** ist. Damit sind wesentliche Aussagen des Schöpfungsglaubens verkannt: die Welttranszendenz* Gottes, seine absolute Freiheit und Unverfügbarkeit, seine Personalität, des Weiteren das Andauern des Schöpfungsgeschehens sowie die Entzogenheit der eschatologischen* neuen Welt. Indem der Text die nur im Glauben erfahrbare Welt Gottes in die Teilwirklichkeit des empirisch Erfassbaren einbezieht, setzt er sich der Gefahr aus, als **Ideologie** missbraucht zu werden – eine Ideologie freilich, die heute in großen Teilen esoterischer Welterklärungsmodelle zu entdecken ist, wo das Göttliche als „kosmische Energie" beschrieben wird.

6. Die Kirche steht seit vielen Jahren im Brennpunkt gesellschaftlicher Diskussionen. Dabei prallen Argumente für und gegen die Kirche aufeinander:

- Auf der einen Seite stehen **Enttäuschungen** aus eigenen Erfahrungen, welche zu einer Distanz vieler Menschen gegenüber der Kirche führen: wenn Geborgenheit und Heimat vermisst werden, etwa weil die Pfarrgemeinde verkrustet ist und das eigene Engagement mit Misstrauen beobachtet oder mit Ablehnung quittiert wird.
  Auf der anderen Seite steht die **Freude** an geglückten gemeinschaftlichen Erfahrungen, etwa in Jugendgruppen oder in gemeinschaftlich vorbereiteten Gottesdiensten, die Sinn vermitteln und Hoffnung geben und dadurch zu einer verstärkten Akzeptanz der Kirche führen.
- Während manche Menschen in den kirchlichen Stellungnahmen einen unbeweglichen **Dogmatismus*** und ein Gefühl des Alleingelassenseins mit den eigenen Problemen wahrnehmen – entdecken andere in vielen Gremien und in der persönlichen Begegnung mit Verantwortlichen der Kirche einen **lebendigen Dialog** und eine wirksame Verkündigung der frohen Botschaft von Jesus Christus.
- Zahlreiche Menschen, die auf Distanz zur Kirche gegangen sind, lehnen die teilweise repressive **hierarchische Struktur** der Kirche ab.
  Die meisten Menschen, welche die Kirche akzeptieren, erkennen zwar die Diskrepanz zwischen der real existierenden Kirche und dem Ideal einer Gemeinde, doch erkennen sie gleichzeitig, dass die **geschwisterlich dienende Kirche** im Umgang untereinander oft Wirklichkeit ist.
- Eine grundsätzliche Distanz zur Kirche entsteht aus der Auffassung, dass der Glaube prinzipiell eine individuelle und private Angelegenheit sei,

die mit einer Gemeinschaft nichts zu tun habe. Nicht selten wird die Kirche hierin als **Provokation** erfahren.
Selbst kirchenkritische Menschen akzeptieren dagegen häufig das **soziale Engagement** der Kirche in der Sorge um alte, kranke und sozial schwache Menschen. Die Provokation wird dann u. U. als Wesensmerkmal der Kirche in der Nachfolge Jesu verstanden, der den Einsatz für Frieden, Gerechtigkeit und die Bewahrung der Schöpfung beispielhaft vorgelebt hat.

7. Der Gemeinschaftscharakter der Kirche ist ein Abbild der Gemeinschaftlichkeit der Menschen insgesamt. Die **Koinonia** (lat. **Communio**) der Kirche äußert sich in ihrem Wesen als Überzeugungs-, Erzähl- und Erinnerungsgemeinschaft. Da diese Gemeinschaftlichkeit der Kirche heute in vielfältiger Weise unterbrochen ist, gibt es seit einigen Jahrzehnten den ökumenischen Prozess, wo sich Christinnen und Christen aller Konfessionen um eine sichtbare Einheit der Christenheit im Glauben und im Dienst an der Welt bemühen:

- Die **Überzeugungsgemeinschaft** der Kirche konstituiert sich durch die gemeinsame Überzeugung ihrer Mitglieder von der befreienden Botschaft Jesu Christi. In der Gemeinschaft untereinander und mit Jesus selbst erfahren sie die prägende Kraft des Glaubens und die gemeinsame Hoffnung auf die Vollendung des Reiches Gottes.
  Das Reich Gottes aber ist unteilbar. Daher ist es nicht möglich, aus einer einzigen kirchlichen Gruppe heraus den Anspruch auf die einzig wahre Realisation des Reiches Gottes in ihren Reihen zu erheben. Der ökumenische Dialog ist auch für die eigene Überzeugung unerlässlich. Denn gerade im Dialog und in der Reflexion der Überzeugung kann die gegenseitige Bestärkung im Glauben und die Vergewisserung der Hoffnung erfolgen. Erst eine diskursiv vergewisserte Überzeugung ist auch für Außenstehende überzeugend.
- Die kirchliche **Erzählgemeinschaft** gibt ihre Überzeugung an andere Menschen weiter: dass Gott bereits an seinem erwählten Volk Israel das Zeichen der Befreiung verwirklicht hat; dass die Propheten des Ersten (Alten) Bundes die definitive Erlösung verheißen haben; dass diese Erlösung von Schuld, Leid und Tod in Jesus Christus ein für allemal wahr geworden ist; dass in der Gemeinschaft des Geistes Gottes die Kirche als „Gemeinschaft der Heiligen*" gemeinsam unterwegs ist zum endgültigen Erfahrbarwerden des Reiches Gottes.

Das gemeinsame Unterwegssein der Kirche ist ein Unterwegssein in der Geschichte. Das bedeutet, dass die Geschichtlichkeit der Kirche – auch mit ihrer konfessionellen Verschiedenheit – aufgehoben ist in der geistlichen Gemeinschaft des Volkes Gottes. Die „Gemeinschaft der Heiligen*“ besteht über die konfessionellen Grenzen hinaus – ist also ökumenisch. Es ist einer der wichtigen Lernerfolge der katholischen Kirche im ökumenischen Dialog, dass die Heilige Schrift als „Erzählbuch vom Glauben“ wieder stärker in den Mittelpunkt ihrer kirchlichen Erzählgemeinschaft gerückt ist.

- Die **Erinnerungsgemeinschaft** der Kirche weckt in ihren Lebensvollzügen gemeinschaftlicher Feste, insbesondere den sakramentalen Feiern, die Erinnerung an das Heil, das Gott der Welt und den Menschen verheißen hat und das in Jesus Christus Wirklichkeit geworden ist. Dabei wird Jesus Christus im Glauben buchstäblich er-innert, d. h. in der Mitte der Gemeinde gegenwärtig.
  Es gibt im Leben der Menschen kaum Anlässe, die so wenig dazu geeignet sind, andere Menschen auszuschließen, wie Feste und Feiern. Daher ist der ökumenische Prozess am dringendsten, wo es um kirchliche Feste geht, etwa um gemeinsame Gottesdienste und gemeinsame sakramentale Feiern. Besonders das gemeinsame Herrenmahl ist als Zeichen der Einheit des „Leibes Christi“ zentral anzustreben. Dass gerade im Bereich der Sakramente die Trennung zwischen der katholischen und der evangelischen Konfession so offen aufbricht, ist ein Beleg für die Komplexität des ökumenischen Prozesses.

Das Gebet um die Einheit der Jüngerinnen und Jünger ist eines der wichtigsten Vermächtnisse Jesu vor seinem Tod am Kreuz (vgl. Joh 17). Es sollte daher selbstverständlich sein, dass die Bemühung um eine weitestgehende ökumenische Gemeinschaft der Kirchen zu den wichtigsten Anstrengungen aller Christenmenschen zählen, damit möglicherweise bald eine **„Einheit in der Verschiedenheit“** erreicht wird.

8. Die kirchlichen Weiheämter des Bischofs, des Priesters und des Diakons sind seit jeher in der Struktur der Kirche herausgehoben. Sie werden traditionell von den Laien als den Nichtgeweihten unterschieden; zeitweise hat die Kirche die Trennung relativ stark praktiziert und die „unmündigen“ Laien in vielerlei Hinsicht am kirchlichen Leben nur untergeordnet teilhaben lassen (z. B. in der Gottesdienstpraxis). Am Beispiel des **Priesteramts**

kann gezeigt werden, auf welche Weise die kirchlichen Grunddienste verwirklicht werden und inwiefern die Laien daran mitwirken:

- Der Priester (griech. „Presbyter“) leitet in der Urkirche als ‚Ältester‘ die **Gottesdienste.** Von daher ist die Liturgie dem Priesteramt ursprünglich als Grunddienst zugeordnet. Bis heute sind Liturgie und Sakramentenspendung (Eucharistie, Buße, Krankensalbung, in der Regel auch Taufe sowie Assistenz bei der Eheschließung) die zentralen priesterlichen Aufgaben.
- Darüber hinaus vertritt der Priester den Bischof vor Ort in der Praxis und der Aufsicht über die kirchliche Lehrverkündigung. Er verantwortet und begleitet – etwa als Pfarrer oder Dekan – die Organisation der Gemeindekatechese und des Religionsunterrichts und übernimmt teilweise selbst diese Aufgaben. Der **Glaubensdienst** des Priesters wird schließlich vor allem im persönlichen Zeugnis geleistet, welches die Öffentlichkeit allgemein von ihm erwartet.
- Jeder geweihte Priester hat auch die Weihe zum Diakon empfangen. Die sozialen Aufgaben des **Geschwisterdienstes,** welche diesem Amt ursprünglich zugeordnet waren, sind daher auch Aufgaben des Priesters: Besuch von Kranken, Alten, Gefangenen, Unterstützung oder Leitung der Arbeit von Sozialstationen, Krankenhäusern, Hospizen, Kindergärten, Kinderheimen usw. Nicht zuletzt zeichnet der Priester als Pfarrer verantwortlich für die Durchführung großer Kollekten (z. B. Misereor) in seiner Pfarrgemeinde.

Trotz der Besonderheit der Weiheämter sieht sich die Kirche – seit dem II. Vatikanischen Konzil* verstärkt – als **wanderndes Gottesvolk,** welches in der Geschichte gemeinsam unterwegs ist. Da der Begriff „Laien“ vom griechischen Wort „laos“ (‚Volk‘) abgeleitet ist, gehören streng genommen auch die Amtsträger zu den Laien. In diesem Sinn leisten alle Mitglieder der Kirche die Dienste gemeinsam. So werden etwa die Aufgaben des Priesters von den Laien mitgetragen:

- Im **Gottesdienst** wirkt der Priester immer zusammen mit der Gemeinde. Außerdem übernehmen einzelne Laien besondere Funktionen, z. B. Lektoren- oder Kommunionhelferdienst, Ministrantinnen und Ministranten, musikalische Gestaltung. In einigen Gottesdienstformen ist auch die Laienpredigt möglich bzw. stehen Laien dem Gottesdienst insgesamt vor (Andachten, Wortgottesdienste mit Kommunionfeier). In vielen Gebieten der „Dritten Welt“ sind die Gemeinden mehrere Monate des

Jahres ohne Priester, so dass die Existenz der kirchlichen Gemeinschaft undenkbar wäre ohne die Verantwortung der Laien.
- Der **Glaubensdienst** wird auf vielfältige Weise von Laien praktiziert. So stellt das Glaubenszeugnis der Laien im alltäglichen Leben für viele kirchenferne Menschen die einzige Konfrontation mit dem christlichen Glauben dar. Darüber hinaus wird die Gemeindekatechese (Taufgespräche; Vorbereitung auf Erstkommunion, Firmung, Eheschließung) sowie der Religionsunterricht zum großen Teil bzw. oft ausschließlich von Laien getragen. In Bildungswerken, Akademien und Hochschulen haben Laien maßgeblichen Anteil an der kirchlichen Bildungsarbeit und der Theologie.
- Der **Geschwisterdienst** ist als Verwirklichung des Gebotes der Nächstenliebe für die Laien eine selbstverständliche Praxis. Unzählige Menschen engagieren sich hier besonders, z. B. im Besuchsdienst der Pfarrgemeinde, in der Betreuung und Pflege von sozial Schwachen (auch hauptamtlich, etwa als Angestellte der Caritas), in Eine-Welt-Projekten, in der Kinder- und Jugendarbeit.

Bei all dem ist zu bemerken, dass jede Christin und jeder Christ Anteil hat am **gemeinsamen Priestertum** aller Getauften: als Empfänger und Verkünder des Wortes Gottes, als Akteure des gemeinsamen sakramentalen Handelns der Gemeinde und als Zeugen Jesu Christi im Dienst an den Mitmenschen. Die Selbstverständlichkeit, mit der die Laien in der katholischen Kirche mittlerweile Verantwortung tragen, kann auch von solchen ängstlichen kirchenamtlichen Erklärungen wie der römischen *Instruktion zu einigen Fragen über die Mitarbeit der Laien am Dienst der Priester* vom 15. August 1997 nicht geschmälert werden.

9. Im ganzen Spektrum möglicher Modelle rechtlicher Zuordnungen von Kirche und Staat bilden die **absolute Trennung,** wie sie z. B. beim „laizistischen" Kirchenmodell in Frankreich gegeben ist, und die **vollständige Union,** wie sie etwa die staatskirchliche Verfassung Großbritanniens verwirklicht, die Eckpunkte. Dazwischen existieren verschiedene **Kooperationsmodelle,** so beispielsweise in der konstruktiven Zusammenarbeit von Kirche und Staat als selbstständige Partner in der Bundesrepublik Deutschland.
- Die **Staatskirche** besitzt gegenüber der kirchlichen Position in allen anderen Modellen zahlreiche Privilegien. So sind die institutionellen

Rahmenbedingungen in juristischer, sozialer und ökonomischer Hinsicht absolut gesichert. Daher können etwa die karitativen Einrichtungen der Kirche auf einer soliden finanziellen Grundlage arbeiten. Das kirchliche Leben mit den Festen des Kirchenjahres prägt den Rhythmus der gesamten Gesellschaft und schafft eine prinzipiell positiv gestimmte Basis für das Leben aus dem Glauben.
Die Gefahren dieser Einheit von Kirche und Staat sind bereits historisch an der Konstantinischen Wende abzulesen, wo die Institution der Kirche gegenüber dem geistlichen Leben der Gemeinde in den Vordergrund gerückt ist. Die Kirche steht als Staatskirche in ständiger Gefahr, von den jeweils herrschenden Kräften für ihre Zwecke instrumentalisiert zu werden („Mit Gott für Kaiser und Vaterland!"). Kirchlich-öffentliches Leben kann zur bloßen Fassade degradieren, hinter der sich in Wahrheit Sinnleere verbirgt. Der „Sauerteig" der „jesuanischen Provokationen" kann seine Wirkung einbüßen, wo die Verantwortlichen der Kirche in der Sattheit gesellschaftlicher Positionen den Blick für den Anspruch Jesu verlieren.

- Die **Trennung von Kirche und Staat** schränkt umgekehrt die Tätigkeit der Kirche in vielfältiger Weise ein. So muss sie ihre Werte ständig in einer Gesellschaft behaupten, die zu den christlichen Überzeugungen gleichgültig oder gar ablehnend eingestellt ist. Das kann die Mitglieder der Kirche gegenüber den gesellschaftlichen Trends und Standards in eine zwiespältige oder Ghetto-ähnliche Position bringen – mit allen Auswirkungen für die politische, kulturelle und ökonomische Situation der Kirche.
  Auf der anderen Seite ist die Identität der Kirche gerade dann besonders groß und ihr Glaube besonders lebendig und glaubwürdig, wenn die Mitglieder auf Grund ihrer Überzeugung auch soziale Nachteile in Kauf zu nehmen bereit sind.
- Das Modell der **Kooperation** versucht die Nachteile dieser beiden Modelle zu vermeiden, indem weder eine Identifizierung mit dem Staat – und damit Abhängigkeit von den jeweils Herrschenden – noch eine (teilweise erzwungene) Trennung von kirchlichen und staatlichen Interessen angestrebt wird. Gleichzeitig sucht es die Vorteile beider Modelle zu übernehmen, indem der alternative Charakter kirchlichen Lebens durch eine solide soziale Basis abgesichert wird. Dabei lässt es sich nicht vermeiden, dass die oben genannten negativen Auswirkungen graduell auch beim Kooperationsmodell immer wieder eine Rolle spielen. In einem

ständigen Reflexionsprozess muss die Kirche daher ihren gesellschaftlichen Standort immer neu mit ihrem ursprünglichen Anliegen kritisch vergleichen.

10. Der Satz „Die römisch-katholische Kirche wurde von Jesus Christus gegründet" impliziert eine starke **Bindung** der heute existierenden **Institution Kirche an die Person Jesu Christi.** Mit Sicherheit ist diese Kirche nicht denkbar ohne Jesus; ihre Wurzeln liegen in der Sammlungsbewegung auf Grund seiner Reich-Gottes-Botschaft, die zu einer Jüngergemeinde geführt hat. Jesus selbst hat gewissermaßen eine Institution geschaffen, indem er die Zwölf im Vorgriff auf das eschatologische* neue Israel ausgesandt und dadurch – wenn man so will – das kirchliche Apostolat institutionalisiert hat. Eine weitere Institution, das gemeinsame Herrenmahl der Kirche, geht auf die Sündermahlpraxis Jesu sowie sein letztes Pessach-Mahl* mit den Jüngern am Vorabend seiner Hinrichtung zurück.
Die Kirche ist nicht denkbar ohne ihren Bezug zu Jesus Christus – ohne diesen Bezug wäre schon der Begriff „Christentum" sinnlos. Der **Glaube** an den auferstandenen Christus in ihrer Mitte ist seit jeher die stärkste Identität stiftende Kraft für die christlichen Gemeinden. Die **Hoffnung** auf die endgültige Verwirklichung des messianischen Gottesreiches motiviert das christliche Leben. Die **Liebe** von Christinnen und Christen in der Nachfolge Jesu verändert das Gesicht der Welt.
Dennoch ist die Gleichsetzung der römisch-katholischen Kirche mit der ursprünglichen, aus der Jesus-Gemeinde hervorgegangenen Urkirche mehr als problematisch. Der Satz des Fuldaer Bischofs verwendet den Begriff der konkreten **römisch-katholischen Konfession** und scheint dabei die Geschichtlichkeit der Kirche zu übersehen. Denn mit dem Begriff „römisch-katholisch" werden zwangsläufig die zahlreichen anderen christlichen Konfessionen, insbesondere die Orthodoxie und die Kirchen der Reformation, ausgeklammert, die sich im Laufe einer geschichtlichen Differenzierung des Christentums ebenso entwickelt haben wie die römische Kirche.
Möglicherweise ist die Aussage von Bischof DYBA einer Auffassung verpflichtet, die lange Zeit das Selbstverständnis der römisch-katholischen Kirche geprägt hat: nämlich dass sie die einzige christliche Kirche sei, welche die ursprüngliche christliche Glaubenslehre unverfälscht tradiere, und damit die **einzig wahre Kirche,** von der im Lauf der Jahrhunderte die anderen Konfessionen auf der Basis von Irrlehren abgefallen seien. Diese Auffas-

sung würde dadurch legitimiert, dass behauptet wird, Jesus Christus selbst habe diese Kirche mit dieser Konfessionalität gegründet.
Wenn der Satz so gemeint war, dann ist er nicht haltbar. Denn Jesus von Nazaret hat zunächst **keine Kirche,** noch **nicht einmal eine neue Glaubensgemeinschaft** im Blick gehabt: „Denkt nicht, ich sei gekommen, um das Gesetz und die Propheten aufzuheben. Ich bin nicht gekommen um aufzuheben, sondern um zu erfüllen" (Mt 5,17). Darüber hinaus besteht eines der dringenden Anliegen seiner Abschiedsworte an die Jünger darin, dass sie „eins sein" sollen (vgl. Joh 17,21 f.); eine konfessionelle Spaltung ist nicht in seinem Sinn.
Der Satz des Bischofs von Fulda appelliert demnach an autoritative und restaurative Denkstrukturen, die allenfalls vordergründig eine römisch-katholische Identität zu schaffen vermögen. Jedenfalls ist er nicht geeignet, den Willen Jesu Christi zu verwirklichen und verhindert in seiner Konsequenz einen ökumenischen Dialog, der nicht möglich ist ohne Achtung vor den Überzeugungen und Traditionen anderer christlicher Konfessionen.

11. Die Freiheit ist ein grundlegendes Wesensmerkmal des Menschen. Sein natürlicher Antrieb, von Bevormundung und Fremdbestimmung frei zu sein, mündet in seiner Freiheit, sich für ein bestimmtes Handeln bzw. einen bestimmten ethischen Wert zu entscheiden. Diese Entscheidungsfreiheit bzw. Wahlfreiheit des Menschen ist Ausdruck seiner **personalen menschlichen Würde.**
Die **Menschenrechte** zeigen, welche prinzipiellen Folgerungen aus der besonderen Identität des Menschen abzuleiten sind. Weil sie die Menschenwürde konkretisieren, nennen sie die **Freiheitsrechte** an erster Stelle: das Recht auf freie Entfaltung der Persönlichkeit; die Freiheit der Person; Glaubens-, Gewissens- und Bekenntnisfreiheit; Meinungs- und Pressefreiheit; Freiheit von Kunst, Wissenschaft, Forschung und Lehre; Versammlungs- und Vereinigungsfreiheit; Berufsfreiheit (GG Art. 2, 4 f., 8 f., 12).
Obwohl jedes Recht – also auch jedes Freiheitsrecht – da endet, wo das Recht eines anderen Menschen beginnt, obwohl demnach jede Freiheit begrenzt ist, bleibt bei allen **Determinationen** der Freiheit ein gewisser Spielraum, in welchem jeder Mensch wirklich frei sein muss – in welchem er aber auch voll für sein Handeln verantwortlich ist.
Aus biblischer Sicht macht es die besondere Würde des Menschen aus, dass Gott ihn in seiner Schöpfung freisetzt, so dass er allein Gott verantwortlich

ist, ansonsten aber über die anderen Geschöpfe herrschen kann. Daraus lässt sich sogar ein radikalerer Anspruch des Menschen auf seine Freiheitsrechte ableiten, als die rationalen philosophischen Begründungen, welche zur Formulierung der Menschenrechte geführt haben, es tun konnten. In der biblischen Perspektive ist der Mensch autonom – allerdings im Sinne einer **theonomen Autonomie,** d. h. einer Autonomie, welche ihren Sinn und ihr Ziel von Gott her definiert.

12. „Im Zentrum des alttestamentlichen Normverständnisses steht die Tora* (hebr. „Gesetz", „Weisung"). Als Manifest der Bundesordnung soll sie das Fortwirken von Gottes Befreiungstat im Bund zwischen Gott und seinem Volk garantieren. Die Tora enthält zahlreiche Gesetzesvorschriften, deren Kernstück der Dekalog (das Zehngebot) darstellt. Für das Volk des Ersten (Alten) Bundes ist es heilige Pflicht, diese Vorschriften zu verwirklichen. Wer ein Gebot bricht, ist ein „Zerstörer des Bundes".

So entsteht um den Dekalog der **„Zaun der Weisung":** 248 Gebote und 365 Verbote, die verhindern sollen, dass eines der zehn Gebote des Dekalogs auch nur im Ansatz gebrochen werden kann (beispielsweise soll mit der Vorschrift, den Ochsen am Vorabend des Sabbats spätestens eine Stunde vor Sonnenuntergang aus dem Joch zu spannen, verhindert werden, dass am Sabbat gearbeitet wird). Die Vielzahl von Einzelbestimmungen verführt in der Geschichte Israels nicht selten zu einer Fixierung auf den „Buchstaben des Gesetzes".

Gegen ein solches buchstäbliches Normverständnis wendet sich **Jesus** in seiner prophetischen Predigt immer wieder. Er steht dabei in der Tradition der alttestamentlichen Propheten, die schon damals die Bundestreue im Sinne des gerechten Tuns eingefordert haben. Mit der Bindung des neutestamentlichen Christusglaubens an die Person Jesu wird jedoch seine souveräne Interpretation der Gebote zur Grundlage des neutestamentlichen Normverständnisses: „Der Sabbat ist für den Menschen da, nicht der Mensch für den Sabbat" (Mk 2,27).

Der Apostel **Paulus** leitet daraus konsequent die Folgerung ab, dass die Christen nicht mehr unter dem Gesetz stehen, sondern unter der Gnade Gottes, der die Menschen liebt und seinen Sohn zur Erlösung von Schuld, Leid und Tod hingibt. Das Gesetz kann die Menschen nicht vor Gott rechtfertigen; vielmehr muss das Leben der Christen vom Glauben an Jesus Christus bestimmt werden. In der Nachfolge Jesu werden sie die Liebe leben, in der das ganze Gesetz zusammengefasst ist.

13. Wenn ein naher Angehöriger – etwa durch einen Verkehrsunfall – ins Koma fällt, aus dem er wochen- oder gar monatelang nicht mehr erwacht, gerät ein Mensch möglicherweise in die Situation, das entscheidende Wort sprechen zu müssen, ob die lebenserhaltenden Maßnahmen der Intensivmedizin beendet werden sollen, um den Angehörigen sterben zu lassen. Der **Gewissenskonflikt** besteht in der Frage: Soll ich die Zustimmung bzw. die Anordnung zu Maßnahmen geben, welche zum *Tod* eines Menschen (des Ehepartners, eines Elternteils oder Kindes) führen, obwohl die medizinische Versorgung durch Herz-Lungen-Maschine u. ä. ein *Weiterleben* ermöglichen würde?
Die Problematik der Situation entsteht durch die immer größeren Fortschritte der Intensivmedizin, einen Organismus am Leben erhalten zu können. Die Norm, alles tun zu sollen, um ein Leben zu retten, wird relativ angesichts der Frage, ob es überhaupt eine Lebensrettung darstellt, ein Leben im Koma zu erhalten. D. h. die **bisher gültige Norm** gibt für den konkreten Fall **keine definitive Handlungsrichtlinie,** so dass die Entscheidung nach dem Gewissen gefragt ist.
Die Gewissensentscheidung muss möglichst viele Argumente berücksichtigen und auf der **Basis größtmöglicher Informiertheit** fallen. Dazu gehören die Fragen: Wie groß sind die Chancen einer Rückkehr des Angehörigen zum Bewusstsein? Was wird nach größtmöglicher Wahrscheinlichkeit geschehen, wenn die Apparate abgeschaltet werden? Wird der Angehörige möglicherweise ohne Apparate im Koma weiterleben?
Zur Beantwortung der Fragen ist selbstverständlich das Wissen und die Einschätzung der Ärzte zu Rate zu ziehen. Mit Sicherheit kann von ihnen jedoch nicht die eigentliche Entscheidung erwartet oder gar abverlangt werden.
Das Gewissen muss eine **Güterabwägung** vornehmen: Ist es besser den Kampf um das Leben aufzugeben als um das Leben zu kämpfen? Dann muss es für diesen Fall eine Entscheidung treffen, die möglicherweise vom Gedanken geleitet wird: Welche Haltung hätte – nach allem, was ich weiß, – der Betroffene in meiner Situation eingenommen? Auf diese Weise würde das Gewissen eine neue Norm schaffen: Meine Entscheidung wäre maßgeblich vom virtuellen Wunsch des Betroffenen geleitet, für den ich entscheide. Es ist zu fragen, ob eine solche Norm nur für den dargestellten Einzelfall gilt oder ob sie zu einer **allgemeinen Norm** werden könnte. Möglicherweise ist bei der jüngsten Gesetzgebung zur Regelung der Organtransplan-

tation eine entsprechende Norm bereits im Blick, wenn festgestellt wird, dass die Entscheidung der Angehörigen sich weitestgehend nach dem Willen des potentiellen Organspenders zu richten hat.

14. **Schuld** ist ein alltäglicher Begriff, der aus der Sicht verschiedener Disziplinen genauer definiert werden kann. So spricht man juristisch von Schuld, wenn jemand gegen ein Gesetz verstoßen hat und dafür rechtskräftig verurteilt worden ist. Im Sinne der Ethik entsteht Schuld aus dem Verstoß gegen anerkannte ethische Werte und Normen, wobei meist die Schulderfahrung des Gewissens hinzukommt.
Sünde ist Schuld, die aus dem Handeln gegen die Liebe Gottes und gegen seine Weisung zum Heil entsteht. Der Begriff „Sünde" besitzt demnach einen religiösen Kontext. Allerdings wird er im Alltag auch profan verwendet (z. B. beim Ausdruck „Verkehrssünderkartei"). Die Bibel sieht die eigentliche Sünde darin, sich von Gott abzuwenden, ihm zu misstrauen und sich selbst zum Maßstab zu machen, wie das etwa in der Sündenfallgeschichte vom Turmbau zu Babel (Gen 11,1–9) zum Ausdruck kommt.
Die **Versöhnung** ist das Ziel christlicher Schuldbewältigung. Zunächst ist dabei die Versöhnung mit denjenigen Menschen anzustreben, gegenüber denen man schuldig geworden ist. Dies geschieht durch Einsicht und Reue sowie durch Eingeständnis und Bekenntnis der eigenen Schuld.
Die eigentliche **Sühne** ist jedoch nur durch Gott möglich. In der wahren Versöhnung mit den Menschen und der Welt – vor allem dann, wenn eine Verfehlung nicht wieder gutzumachen ist, – wirkt der liebende Gott selbst. Wer sich mit den Menschen versöhnen will, muss sich mit Gott versöhnen; denn die Absonderung von Gott in der Sünde ist nur rückgängig zu machen in der Bekehrung zu Gott.
Dieser Zusammenhang gilt jedoch auch umgekehrt: Wer sich mit Gott versöhnen will, muss sich mit den Menschen versöhnen. Die Bitte um die Vergebung Gottes ist wirkungslos, wenn der Sünder nicht bereit ist, den „Schuldigern" zu vergeben (vgl. die „Vater-unser"-Bitte in Mt 6,12). Wer die Vergebung gegenüber einem anderen verweigert, verspielt – wie Jesus im Gleichnis vom unbarmherzigen Gläubiger (Mt 18,23–35) zeigt – die Vergebung Gottes selbst. Aus der Liebe Gottes zu den sündigen Menschen entsteht die Verpflichtung, diese **Liebe weiterzugeben:** „Seid gütig zueinander, seid barmherzig, vergebt einander, weil auch Gott euch durch Christus vergeben hat" (Eph 4,32).

15. Der Ausspruch des AUGUSTINUS „Liebe – und tu was du willst!" ist auf den ersten Blick eine **Provokation.** Es ist aus der Sicht eines verantwortlichen ethischen Bewusstseins doch gerade *nicht* möglich zu tun, was man will. Dazu aufzufordern käme einem Aufruf zum Libertinismus oder Hedonismus gleich – und das aus dem Mund eines hoch verehrten Heiligen der Kirche …
Allerdings steht die Aufforderung in einem **Bedingungszusammenhang,** der sinngemäß lautet: Wenn du liebst, dann kannst du tun, was du willst. Voraussetzung der scheinbar absoluten Freiheit ist die Liebe: Wer aus Liebe handelt, kann gar nichts Falsches tun – er kann dann tun und lassen, was er will. Die Liebe gibt der Freiheit das richtige Vorzeichen; Liebe erst macht die Freiheit zur wirklichen Freiheit.
In diesem Sinn steht AUGUSTINUS in der Tradition des PAULUS, der im Galaterbrief sagt: „Ihr seid zur Freiheit berufen, Brüder. Nur nehmt die Freiheit nicht zum Vorwand für das Fleisch, sondern dient einander in Liebe! Denn das ganze Gesetz ist in dem einen Wort zusammengefasst: Du sollst deinen Nächsten lieben wie dich selbst!" (Gal 5,13 f.).
Der Bezug zu Paulus zeigt eine **Problematik** auf, die – trotz aller Sinnhaftigkeit des augustinischen Diktums – dem Satz „Liebe – und tu, was du willst!" dennoch anhaftet: Er könnte zum Vorwand genommen werden für ein Tun, welches allzu sehr von einer Selbstliebe geprägt ist. Denn der Begriff „Liebe" ist hier hinsichtlich seines Sinn- und Wertbezugs noch offen. Erst wenn er in den Kontext des Doppelgebots Jesu gestellt wird, bekommt er die Koordinaten, die ihn vor Rücksichtslosigkeit bewahrt: Liebe deinen Nächsten wie dich selbst – dann kannst du tun, was du willst: Du wirst das Richtige tun.

Glossar

achtteiliger Pfad: Buddhistische Lehre vom „Weg zur Aufhebung des Leidens" – eine der vier Wahrheiten aus Buddhas Predigt in Benares: rechtes Denken, rechtes Entschließen, rechtes Wort, rechte Tat, rechtes Leben, rechtes Streben, rechtes Gedenken, rechtes Sichversenken.

ätiologisch: Eine **Ätiologie** ist eine Erzählung, die gegenwärtige oder allgemein zu machende Erfahrungen in eine Anfangsgeschichte projiziert (vgl. S. 43 f.).

Aufklärung: Nach IMMANUEL KANTS programmatischem Essay: *Beantwortung der Frage: Was ist Aufklärung?* ist sie „der Ausgang des Menschen aus seiner selbstverschuldeten Unmündigkeit"; Epochenbezeichnung für die Geistesbewegung des 17./18. Jh., die im Namen der autonomen menschlichen Vernunft die Befreiung von traditionellen Normen und Institutionen erstrebt, insbesondere die Ablösung der Kirchen als zentrale Instanzen der Wahrheitsvermittlung. Weiteres Kennzeichen: Glaube an den unbegrenzten Fortschritt durch die Wissenschaft, die für breite Bevölkerungsschichten zugänglich gemacht werden muss.

Behaviorismus: Richtung der Psychologie, die ihre Aussagen über das Verhalten (amerikan.-engl. „behavior") aus dem Zusammenhang von Reiz und Reaktion ableitet: Auf einen „Input" in die „black box" folge ein bestimmtes „Output", wobei die Vorgänge im Innern der „black box" vom Behaviorismus zunächst außer Acht gelassen werden.

Biblizismus: → *fundamentalistische* Form des Umgangs mit der Bibel, bei der die Tatsache, dass die biblischen Texte in einem bestimmten historischen Zusammenhang für bestimmte Adressaten – d. h. mit einem „Sitz im Leben" – entstanden sind, nicht berücksichtigt wird.

Bischofssynode: Versammlung von Bischöfen der Weltkirche zu einem bestimmten Anlass oder zu einem bestimmten Thema. Seit dem II. Vatikanischen Konzil besteht sie aus gewählten Vertretern der nationalen **Bischofskonferenzen,** die alle drei Jahre in Rom zusammentreffen (→ *Synode).*

Chimäre: Sagen-Ungeheuer der griechischen Mythologie (vorn Löwe, in der Mitte Ziege, hinten Drache). Im übertragenen Sinn: nicht definierbares, erschreckendes Wesen.

dezisionistisch: Der Dezisionismus ist eine Haltung, welche die Begründung einer Handlung ablehnt bzw. für unmöglich hält.

Dogma: Griech. ‚Lehrsatz'; grundlegende Glaubensaussage, die für die ganze Kirche verbindlich ist und für alle Zeiten gilt. In der katholischen Kirche werden Dogmen vom Papst feierlich verkündet (Dogmatisierung).

Dogmatismus: Theologische (oder wissenschaftstheoretische) Argumentationsweise, welche die Begründung für ihre Behauptungen schuldig bleibt bzw. sich auf die bloße Wiedergabe von – unbewiesenen – Lehrsätzen beschränkt.

dualistisch: Der **Dualismus** sieht die Welt zwischen zwei entgegengesetzten (sich ergänzenden oder gegensätzlichen) Prinzipien, z. B. Geist und Materie, Seele und Leib, Ewigkeit und Vergänglichkeit, Gut und Böse, Gott und Satan. Das Christentum setzt sich in der Geschichte immer wieder mit dualistischen Ansätzen auseinander (Platonismus, Manichäismus, Augustinismus [vgl. Bd. 1, S. 48]) Der christliche Glaube ist nicht dualistisch, da in der Anerkennung eines Gott entgegengesetzten Prinzips die Allmacht Gottes in Frage gestellt wäre.

eschatologisch: Die **Eschatologie** ist die Lehre von den „letzten Dingen". In der Theologie gilt sie als Teildisziplin der Dogmatik (systematische Theologie). Sie beschäftigt sich mit den Glaubensaussagen zum Ende der Zeiten („Jüngster Tag") und zur Vollendung der Welt, wobei die apokalyptischen Vorstellungen der Bibel eine große Rolle spielen. Die Eschatologie hält das Bewusstsein dafür wach, dass das Ende ebenso wie der Anfang von allem in Gottes Hand steht **(eschatologischer Vorbehalt).**

fundamentalistisch: Der **Fundamentalismus** ist ein Phänomen, das zuerst im Christentum (seit Ende des 19, Jh. von Nordamerika aus), später im Judentum und im Islam, heute auch im politisch-sozialen Bereich („Fundis") zu beobachten ist. Er bezeichnet ein Denkverhalten, das sich kompromisslos am Buchstaben der ursprünglichen Programme bzw. der Glaubensurkunden (Bibel; Koran) orientiert. Einordnende Interpretationen sind nicht erlaubt. Die komplexe Wirklichkeit wird auf Überschaubares, nicht selten auf einfache Schwarz-weiß-Muster reduziert; gleichzeitig werden aus den schriftlichen Quellen die Verhaltensregeln für alle Einzelfragen des öffentlichen und privaten Lebens abgeleitet. Der Fundamentalismus ist in der Regel antimodernistisch und traditionalistisch (z. B. bekämpft er die Evolutionstheorie oder die Ökumene) und verbindet sich häufig mit konservativen politischen Vorstellungen.

Griechen: *Hier:* im Sinne von → *Heidenchristen (Hellenisten).*

Häretiker: Griech. ‚Irrlehrer'; Vertreter einer Glaubensaussage, die vom → *Dogma* der kirchlichen Lehre abweicht. Ein Synonym dazu ist der Begriff **Ketzer.**

Hebräer: Judenchristen (→ *Heidenchristen).*

Heidenchristen (Hellenisten): Christinnen und Christen aus einem nichtjüdischen – i. d. R. griechisch sprechenden – Volk, die somit als „Heiden" die Taufe empfangen hatten. Im Gegensatz dazu stammten die **Judenchristen (Hebräer)** aus dem Judentum (→ auch *Proselyten).*

Heilige: Christinnen und Christen, die in ihrer Nachfolge Jesu von der Gemeinschaft der Glaubenden als besonders vorbildlich angesehen werden. Ursprünglich wurden – z. B. in den Paulusbriefen – *alle* Christinnen und Christen Heilige genannt. In der katholischen Kirche (und der Orthodoxie) werden die Heiligen besonders verehrt – nicht angebetet! – und um Fürbitte bei Gott angerufen, weil sie nach Auffassung der Kirche in der vollendeten Heilsgemeinschaft mit Gott leben. Seit dem 10. Jh. werden sie formell durch den Papst heilig gesprochen und in den Heiligenkalender aufgenommen. In der Regel ist dem Heiligsprechungsprozess die Seligsprechung vorausgegangen.

Hellenisten: → *Heidenchristen.*

induktiv: Methodische Verfahrensweise, bei der vom Einzelnen zum Ganzen vorangeschritten wird, z. B. Schlussfolgerung von einer Reihe begründeter Einzelaussagen zu einer generellen Aussage. Das Gegenstück zur induktiven Methode ist die deduktive Methode.

Irenäus: Gemeint ist IRENÄUS VON LYON (ca. 130–ca. 202), der als Bischof vermutlich für die christliche Missionierung weiter Teile des östlichen Galliens verantwortlich ist.

Juden: *Hier:* im Sinne von **Judenchristen /Hebräer** (→ *Heidenchristen).*

Kardinäle: Vom Papst ernannte höchste Würdenträger der Kirche, deren wichtigste Funktion – entsprechend der Erfordernis –

die Papstwahl ist. In der Regel wird ein Bischof zum Kardinal ernannt. Auch die Leiter der Kongregationen (Abteilungen der päpstlichen Kurie, d. h. der Verwaltung der Weltkirche) sind Kardinäle.

Konklave: Versammlung der → *Kardinäle* zur Wahl des Papstes unter hermetischem Ausschluss der Öffentlichkeit (lat. ‚verschließbarer Raum'). Das Konklave findet im Vatikan statt. Sobald eine Wahl erfolgt ist, wird dies durch einen rauchenden Kamin nach außen signalisiert (schwarzer Rauch: die Wahl hatte kein Ergebnis; weißer Rauch: ein Papst ist gewählt).

Konversion: *Hier:* Wechsel der christlichen Konfession, z. B. von evangelisch zu katholisch.

Konzilien: Vollversammlungen der Bischöfe mit weitreichenden Impulsen für die gesamte Kirche, z. B. das II. Vatikanische Konzil 1962–1965 (vgl. S. 77 f.).

koptische Kirche: Christliche Kirche in Ägypten mit eigenständiger Sprache und Kultur, die sich im islamischen Umfeld bis heute erhalten hat. Theologisch vertreten die Kopten den Monophysitismus (vgl. Bd. 1, S. 114 f.).

Pessach (Pascha): Hohes jüdisches Fest zur Erinnerung an Gottes Befreiungstat und den Auszug aus Ägypten; wird alljährlich im März/April gefeiert. Am Abend wird das **Seder-Mahl** gehalten, wo die Geschichte von MOSE erzählt sowie das Segensbrot gegessen und der Segenskelch getrunken wird (vgl. S. 81).

Parusie: Wiederkunft des Messias am Ende der Zeiten bzw. endgültiges Offenbarwerden Jesu Christi. In der ersten Generation der Christen bestand die **Naherwartung** der Parusie, d. h. die Hoffnung auf die endgültige Vollendung der Welt noch zu ihren Lebzeiten. Bald setzte sich die Überzeugung durch, dass die endgültige Begegnung mit dem Auferstandenen nicht berechnet werden kann und dass sich die Christenheit auf eine ständig bevorstehende Ankunft (lat. „adventus") einrichten muss.

Positivismus: Weltanschauliche Position, die nur das objektiv ‚Gegebene' (lat. „positum") als Grundlage aller Aussagen über die Wirklichkeit akzeptiert. Neben objektiven Tatsachen und den durch Experimente gewonnenen Erkenntnissen können nach Auffassung des Positivismus nur intersubjektiv überprüfte Erfahrungen zur Grundlage von Wissenschaft und Ethik gemacht werden (vgl. S. 45).

Prädestination: Göttliche Vorherbestimmung des Schicksals. Sie gründet im Glauben an die absolute Freiheit Gottes.

Proselyten: Griech. ‚Hinzugekommene'; Angehörige eines nichtjüdischen Volkes („Heiden"), die vollständig zum Judentum → *konvertiert* sind.

regredieren: Die **Regression** im Sinne der Psychologie ist das Zurückschreiten auf eine frühere Entwicklungsstufe. Sie liegt vor, wenn ein Mensch – anstatt die Aufgaben, die seiner jetzigen Entwicklungsstufe entsprechen, zu bewältigen – auf Zustände und Verhaltensweisen zurückgreift, bei denen er sich wohl fühlt, z. B. auf das Daumenlutschen als Merkmal der oralen Phase.

säkularisiert: Die **Säkularisation** (wörtl. ‚Verweltlichung') ist eine Folge der → *Aufklärung*. 1) politisch: Im „Reichsdeputationshauptschluss" von 1803 kommt es zur umfassenden Aufhebung geistlicher Eigentums- und Hoheitsrechte und zur Aneignung kirchlichen Eigentums durch weltliche Gewalten. 2) geistesgeschichtlich: Vorstellung, dass die Erklärung der Wirklichkeit ohne die Religion zu leisten sei.

sublimiert: Wörtl. ins Erhabene gesteigert, geläutert, verfeinert. In der psychoanalytischen Theorie SIGMUND FREUDS werden bestimmte Verhaltensweisen des Menschen, die zunächst scheinbar keine Beziehung zur Sexualität besitzen (z. B. intellektuelle Arbeit oder künstlerische Betätigung), als **Sublimierungen** betrachtet, da ihnen der Sexualtrieb als psychischer Antrieb zu Grunde liege.

subsidiär: Unterstützend, helfend. Zur **Subsidiarität** als Prinzip der katholischen Soziallehre vgl. Bd. 1, S. 172 f.

synkretistisch: Der **Synkretismus** ist eine Vermischung verschiedener Religionen oder religiöser Elemente. In der Regel wird der Begriff als kritische Bezeichnung gegenüber Tendenzen gebraucht, welche die zentralen Glaubensinhalte auf Grund subjektiver religiöser Auffassungen verändern.

Synode: 1) Bezeichnung für das → *Konzil.* 2) → *Bischofssynode.* 3) Versammlung von Vertretern einer Diözese oder aller Diözesen eines Landes (Bischöfe, Priester, Ordensleute und Laien); z. B. die „Würzburger Synode" 1971–1975 (vgl. S. 101).

Tora: Hebr. ‚Gesetz', ‚Weisung'; dargelegt im **Pentateuch,** den fünf Büchern des Mose; Mittelpunkt der jüdischen Frömmigkeit und des Synagogengottesdienstes, wo aus der Tora in Form einer Schriftrolle gelesen wird (vgl. S. 142).

Transzendenz: Das ‚Übersteigen' (lat. „transcendere") der menschenmöglichen Erfahrung und Erkenntnis; Bewusstsein der Verwiesenheit auf einen – „jenseitigen" – Bereich außerhalb seiner selbst (vgl. S. 18 f.).

Zeloten: Jüdische Gruppierung zur Zeit Jesu, die als religiös-politische Bewegung mit Methoden des Guerillakrieges die römische Fremdherrschaft beenden und einen sozialmessianischen Staat errichten wollte (vgl. Bd. 1, S. 81).

Zöllner: *Hier:* Sozial wenig angesehene Berufsgruppe im Judentum, der sich Jesus in besonderer Weise zuwendet (z. B. ZACHÄUS; vgl. Bd. 1, S. 84). Durch ihren beruflich bedingten Umgang mit Geld und Ausländern unterlagen sie nach damaligem Verständnis der ständigen Verunreinigung und damit Sündhaftigkeit.

Zungenrede: Ekstatische, gestammelte Glaubensäußerung, die jedoch der Interpretation bedarf; von PAULUS als Charisma betrachtet, aber nicht so hoch eingeschätzt wie die prophetische Rede (vgl. 1 Kor 14,5).

Literaturverzeichnis

soweit nicht in Band 1 aufgeführt

ANDRES, WOLFGANG/BECKMANN, M./WEISS, LUDWIG: Glauben und Wissen. Unterrichtshilfe des Instituts für Religionspädagogik der Erzdiözese Freiburg. Freiburg i. Br. 1988

BAUDLER, GEORG: Korrelationsdidaktik: Leben durch Glauben erschließen. Theorie und Praxis der Korrelation von Glaubensüberlieferung und Lebenserfahrung auf der Grundlage von Symbolen und Sakramenten. (UTB 1306). Paderborn 1984

BRISCHAR, SIEGFRIED/EICHERT, NIKOLAUS/RENDLE, LUDWIG/WEBER, ELLEN: Wege 3. Freiheit – Verantwortung – Schuld. Schülerheft für den katholischen Religionsunterricht Jahrgangsstufen 12 und 13 der Gymnasien in Baden-Württemberg. Ulm 1987

BUBER, MARTIN/ROSENZWEIG, FRANZ (Übers.): Die Fünf Bücher der Weisung. Köln/Olten 1954

CAPRA, FRITJOF: Wendezeit. Bausteine für ein neues Weltbild. Bern/München/Wien [15]1987

DEUTSCHER KATECHETEN-VEREIN (Hrsg.): Grundriss des Glaubens. Katholischer Katechismus zum Unterrichtswerk Zielfelder ru. München/Hildesheim [2]1981

DÖRING, HEINRICH: Grundriss der Ekklesiologie. Zentrale Aspekte des katholischen Selbstverständnisses und ihre ökumenische Relevanz. (Grundrisse, Bd. 6). Darmstadt 1986

ERIKSON, ERIK H.: Identität und Lebenszyklus. Frankfurt a. M. [5]1979

ERZBISCHÖFLICHES ORDINARIAT FREIBURG/BISCHÖFLICHES SCHULAMT DER DIÖZESE ROTTENBURG-STUTTGART (Hrsg.): Handreichungen zum Lehrplan für das Fach Katholische Religionslehre in Baden-Württemberg. Gymnasium Oberstufe Grundkurs Lehrplaneinheiten 3 und 6. Rottenburg a. N./Freiburg i. Br. 1996

FRIES, HEINRICH: Abschied von Gott? Eine Herausforderung – Versuch einer Antwort. (Herderbücherei, Bd. 413). Freiburg i. Br. [5]1977

GEMEINSAME SYNODE DER BISTÜMER IN DER BUNDESREPUBLIK DEUTSCHLAND: Beschlüsse der Vollversammlung. (Offizielle Gesamtausgabe, Bd. 1). Freiburg i. Br. [2]1976

GORBAUCH, HORST/MEHNER-WEBER, DOROTHEA (Hrsg.): Materialien Glaube und Fehlformen des Glaubens. Sekundarstufe I. Stuttgart 1992

GRÜNDEL, JOHANNES (Hrsg.): Leben aus christlicher Verantwortung. Ein Grundkurs der Moral. Bd. 1: Grundlegungen. Düsseldorf 1991

HASENHÜTTL, GOTTHOLD: Herrschaftsfreie Kirche. Düsseldorf 1974

HOLLEMANN, A. F./WIBERG, EGON: Lehrbuch der Anorganischen Chemie. Berlin [81–90]1976

JASPERS, KARL: Wahrheit und Wissenschaft. In: Ders.: Philosophische Aufsätze. (Fischer Taschenbuch Nr. 803). Frankfurt a. M. 1967

KATHOLISCHE LANDESARBEITSGEMEINSCHAFT FÜR ERWACHSENENBILDUNG RHEINLAND-PFALZ (Hrsg.): Warum Christen glauben. Begleitbuch zur 13-teiligen Fernsehreihe. Trier 1978

KATTMANN, ULRICH: Von Schöpfungsglauben und Evolutionstheorie. In: Unterricht Biologie 179/November 1992, S. 47

KAMPHAUS, FRANZ: Zur Lebenssituation des Priesters. In: Bibel und Liturgie, Heft 4/1987, S. 29 f.

DERS.: Briefe an junge Menschen. Freiburg i. Br. 1988

KIENZLER, KLAUS: Der religiöse Fundamentalismus. Christentum, Judentum, Islam. (Beck'sche Reihe, Nr. 2031). München 1996.
KÜNG, HANS: Credo. Das Apostolische Glaubensbekenntnis – Zeitgenossen erklärt. München 1992
LEHMANN, KARL: Neuer Mut zum Kirchesein. Freiburg i. Br. 1982
LITTELL, FRANKLIN H.: Atlas zur Geschichte des Christentums. Deutsche Bearbeitung v. Erich Geldbach. Haan 1980
LURZ, NORBERT: Sekten als Gefahr für unsere Demokratie. (Schriftenreihe Im Staate, Oktober 1995). Stuttgart 1995
MEHLING, MARIANNE (Hrsg.): Das große Bibel-Lexikon. Augsburg 1985
MÜLLER, JOACHIM: Auf dem Weg in ein neues Zeitalter. In: EGGENBERGER, OSWALD/KELLER, CARL-A./MISCHO, JOHANNES/ MÜLLER, JOACHIM/VOSS, GERHARD: New Age – aus christlicher Sicht. Freiburg/Schweiz [2]1987, S. 7–21
NASS, BEATE: Die Qual der Wahl erschlägt den Menschen. Wenn die Psyche streikt, wird der Körper krank. Bericht vom „Forum" der Universität Freiburg i. Br. und der „Badischen Zeitung". In: Badische Zeitung, 30. Mai 1990
NELL-BREUNING, OSWALD VON: Worauf es mir ankommt. Freiburg i. Br. [4]1985
PAPST JOHANNES PAUL II.: Enzyklika *Ut unum sint* über den Einsatz für die Ökumene. (Verlautbarungen des Apostolischen Stuhls, Nr. 121). Bonn 1995
PARLAMENT DER WELTRELIGIONEN: Erklärung zum Weltethos. 4. September 1993 in Chicago, USA. Tübingen o. J. [1993]
PASCAL, BLAISE: Gedanken. Übers. v. Wolfgang Rüttenauer. Gerlingen, 1978
RAHNER, KARL: Grundkurs des Glaubens. Einführung in den Begriff des Christentums. Freiburg i. Br. 1976
RATZINGER, JOSEPH: Einführung in das Christentum. Vorlesungen über das Apostolische Glaubensbekenntnis. (dtv wissenschaft, Bd. 4094). München [4]1980
SAIER, OSKAR: Versöhnung als Lebensvollzug der Kirche und als Element des christlichen Lebens. Fastenhirtenbrief 1984. In: Amtsblatt der Erzdiözese Freiburg Nr. 7/1984, S. 201 f.
SÖDING, THOMAS: Gemeinde-Leben im Urchristentum. Nr. 6. In: Christ in der Gegenwart, 19. 11. 1995, S. 391
SPROCKHOFF, HARALD VON: Naturwissenschaft und christlicher Glaube – ein Widerspruch? Darmstadt 1992
TRUTWIN, WERNER/BREUNING, KLAUS/MENSING, ROMAN: Zeichen der Hoffnung. Religion – Sekundarstufe I. Unterrichtswerk für den katholischen Religionsunterricht der Jahrgangsstufen 9/10. Düsseldorf 1989
WEISCHEDEL, WILHELM: Skeptische Ethik. (suhrkamp taschenbuch, Nr. 635). Frankfurt a. M. 1980
WEISS, LUDWIG: Freiheit – Verantwortung – Schuld. Unterrichtshilfe des Instituts für Religionspädagogik der Erzdiözese Freiburg. Freiburg i. Br. 1989
WUKETITS, FRANZ M.: Evolutionstheorien. Historische Voraussetzungen, Positionen, Kritik. (Dimensionen der modernen Biologie, Bd. 7). Darmstadt 1988
ZINSER, HARTMUT: Moderner Okkultismus als kulturelles Phänomen unter Schülern und Erwachsenen. In: Aus Politik und Zeitgeschichte. Beilage zur Wochenzeitung *Das Parlament.* B 41–42/93 vom 08. 10. 1993, S. 16–42

Stichwortverzeichnis

Sachregister

Bildnachweis

Seite 1	Reinhold Löffler, aus: Publik-Forum, Heft 12 vom 20. Juni 1997, S. 72
Seite 25	Hans Georg Anniès: Der Prophet
Seite 53	Jules Stauber, aus: Publik-Forum, Heft 11 vom 6. Juni 1997, S. 27
Seite 72	Karl Schmidt-Rottluff © VG Bild-Kunst, Bonn 1998
Seite 109	J. A. Smolinski © JALS, aus: Sigrid Berg/Horst Klaus Berg: Und siehe, es war gut. Schöpfung und Weltverantwortung (Biblische Texte verfremdet 9), Kösel Verlag, München/Calwer Verlag, Stuttgart, 1988, S.38
Seite 151	Reinhard Herrmann: Kain (1949)

Ihre Meinung ist uns wichtig!

Ihre Anregungen sind uns immer willkommen.
Bitte informieren Sie uns mit diesem Schein über Ihre Verbesserungsvorschläge!

Titel-Nr.	Seite	Fehler, Vorschlag

Bitte hier abtrennen

Bitte hier abtrennen

Zutreffendes bitte ankreuzen!

Die Absenderin/der Absender ist:

- ☐ Lehrer/in
- ☐ Fachbetreuer/in
  Fächer: ____________
- ☐ Seminarlehrer/in
  Fächer: ____________
- ☐ Regierungsfachberater/in
  Fächer: ____________
- ☐ Oberstufenbetreuer/in
- ☐ Schulleiter/in
- ☐ Leiter/in Lehrerbibliothek
- ☐ Leiter/in Schülerbibliothek
- ☐ Referendar/in, Termin 2. Staatsexamen: ____________
- ☐ Sekretariat
- ☐ Schüler/in, Klasse: ____________
- ☐ Eltern
- ☐ Sonstiges: ____________

Unterrichtsfächer: **(Bei Lehrkräften!)**

____

STARK Verlag
Postfach 1852
85318 Freising

9-V1T

Bitte ausfüllen und im frankierten Umschlag an uns einsenden. Für Fensterkuverts geeignet.

Kennen Sie Ihre Kundennummer? Bitte hier eintragen.

Absender (Bitte in Druckbuchstaben!)

Name/Vorname

Straße/Nr.

PLZ/Ort

Telefon privat

Geburtsjahr

Schule/Schulstempel (Bitte immer angeben!)

(Bitte blättern Sie um)